車

老子

福永光司 訳

筑摩書房

目次

凡例

一、本書は二〇〇四年五月三〇日に筑摩書房より刊行された『世界古典文学全集第一七巻』の『老子』部分を文庫化したものである。

二、訳注は、朝日文庫「中国古典選」所収の福永光司著『老子』上下にもとづいている。訓読と口語訳は基本的に同書のものを用いたが、一部書き改めた個所もある。また、注は同書の解説を適宜編纂して充てた。

三、底本には、宇佐見灊水《しんすい》（名は恵、一七一〇〜七六、荻生徂徠の門弟）の校訂した『王注老子道徳経』、いわゆる明和本（明和七年、一七七〇年刊）を用い、若干の部分を他のテクストにより修訂した。

四、テクストの異同、字句の解釈に関しては、主として馬叙倫『老子覈詁《かっこ》』、朱謙之『老子校釈』、武内義雄『老子の研究』、木村英一『老子の新研究』などを参照した。とくに押韻については、朱謙之の説に負うところが大きく、その一部には興膳宏の判断で新たに補ったものがある。

五、近年発見された新資料の馬王堆本帛書（甲本、乙本）については、『馬王堆漢墓帛書（壱）』（一九七四年、北京・文物出版社刊）による。

六、なお、（　）は同義・訓《よ》み替え・注記、〔　〕は補入を表わす。

老子

上篇（道経）

第一章

道《みち》の道とす可きは常《つね》の道に非ず、名の名とす可きは常の名に非ず。(1) 名無し、天地の始めには。名有り、万物の母には。(2) 故に常に無欲にして以て其の妙《みょう》を観《み》、常に有欲《ゆうよく》にして以て其の徼《きょう》（皦）を観る。(3) 此の両者は、(4) 同じく出でて名を異にし、同じく之を玄《げん》と謂《い》う。(5) 玄の又た玄、(6) 衆妙《しゅうみょう》の門。

道可道非常道。名可名非常名。無名天地之始。有名萬物之母。故常無欲以觀其妙。常有欲以觀其徼。此兩者。同出而異名。同謂之玄。玄之又玄。衆妙之門。

【現代語訳】

これが道だと規定しうるような道は、恒常不変の真の道ではなく、これが真理の言葉だと決めつけうるような言葉は、絶対的な真理の言葉ではない。天地開闢《かいびゃく》以前に元始として実在する道は、言葉では名づけようのないエトヴァスであるが、

万物生成の母である天地が開闢すると、名というものが成立する。

だから人は常に無欲であるとき、名をもたぬ道のかそけき実相を観るが、いつも欲望をもちつづけるかぎり、あからさまな差別と対立の相《そう》をもつ名の世界を観る。

この道のかそけき実相およびあからさまな差別と対立の相の両者は、根源的には一つであるが名の世界では二つに分かれ、いずれも不可思議なるものという意味で玄とよばれる。

そして、その不可思議さは玄なるが上にも玄なるものであり、造化の妙用に成る一切万物は、そこを門として出てくるのである。

【注】

○道・道／名・名／始・母／妙・徼／玄・門（江有誥《こうゆうこう》の説）と押韻。

（1）道可道非常道、名可名非常名　「道」は宇宙の真実在。道に言及する章は本章を加えて三十七章の多きにのぼるが、特に原理的な説明を行なっているのは第四、十四、二十一、二十五、三十七章など。なお、河上公本が上篇を道経、下篇を徳経と名づけるのは、それぞれの最初の章が「道」及び「徳」の字で始まるからである。馬王堆《ばおうたい》本甲・乙も同様であるが、徳経を道経の前に置く。「常」は世の常の意とする説もあるが、全章で三十回用いられているこの字はいずれも恒常不変の意である。『韓非子』解老篇にも「死せず衰えざるもの、これを常と謂う」などとあり、馬王堆本甲・乙はともに「恒」に作る。「名」は概念・言葉の意。ただし、名声・名分の意を含むと解することもできる。老子は、戦乱の世にあって自然（農村）に身をひそめ、儒家の説く道と名、都市的な価値体系と文明主義を否定する。老子において、道は言葉《ロゴス》を超えた混沌《カーオス》であるとされる。『荘子』には斉物論篇五に「道は未だ始めより封《ほう》有らず、言は未だ始めより常《つね》有らず」「不言の弁、不道の道」、また知北遊篇一に「至言は言を去《す》つ」などとある。

（2）無名天地之始、有名万物之母　第二十五章に「物有り混成し、天地に先だちて生ず。……之に字《あざな》して道と曰《い》う」、第三十二章に「始め制《き》られて名有り」とある。なお、「無名」「有名」を主語に訓《よ》む説、「無（有）は……名づく」と訓む説もあるが、前者は二句が押韻のための倒装文であることを無視し、後者は「無名」が道の同義語であることを無視している。馬王堆本甲・乙は「無」を「无」、「天地」を「万物」に作り、それぞれの句の下に「也」を加える。『荘子』知北遊篇一〇に「天地に先だちて生ずるもの有り、物ならんや」、達生篇一に「天地は万物の父母なり」とあるのを参照。

(3) 故常無欲以観其妙、常有欲以観其徼 「妙」は古くは「眇」とも書かれ、馬王堆本甲も「眇」に作る。奥深く微かなこと。「徼」は「曒」の借字で、馬王堆本甲・乙は「曒」に作る。明白なこと、形而下的な世界をいう。第十四章に「其の上は曒《あき》らかならず、其の下は昧《くら》からず」とある。なお、『荘子』天下篇五の「常無有」(常無と常有)を参照して、「常無(常有)以て……欲す」と訓み、「常無」を道、「常有」を天地と解することもできるが、第三十四章に「常無欲」が一語として用いられ、「無欲」が老子の欲望論の根本であることを重視して、原訳のように訓んだ。

(4) 両者 「天地之始」と「万物之母」、「常無欲」と「常有欲」、「常無」と「常有」とする説もあるが、すぐ上を承《う》けると解した方が素直である。

(5) 同謂之玄 「玄」は『説文《せつもん》解字』段玉裁注によれば、何度も染められて僅かに赤味を残す黒。暗く定かでないもの、ぼんやりとして捉えどころのないものを意味すると同時に、老成の意をも含む。玄人《くろうと》の玄である。老子の〝玄の哲学〟には、劫《こう》を経た単独者が夜の谷間にたたずんで思いをこらしている趣きがある。馬王堆本甲・乙は「之玄」

の二字を欠き、「同謂」を次句につづける。
(6) 玄之又玄　同類の表現は第四十八章に「之を損し又た損す」、『荘子』天地篇三に「之を深くし又た深くす……之を神《しん》にし又た神にす」、達生篇一に「精にして又た精」などと見える。

第二章

天下皆《み》な美の美為《た》るを知るも、斯《こ》れ悪のみ。皆な善の善為るを知るも、斯れ不善のみ。(1) 故に有無《うむ》相い生じ、難易《なんい》相い成し、長短《ちょうたん》相い較《かたど》（形）り、高下《こうげ》相い傾け、音声《おんせい》相い和し、前後《ぜんご》相い随《したが》う。(2) 是《ここ》を以て聖人(3)は、無為《むい》の事に処《お》り、不言の教えを行なう。(4) 万物作《おこ》りて辞せず、生じて有せず、為して恃《たの》まず、功《こう》成りて居《お》らず。(5) 夫《そ》れ唯《た》だ居らず、是《ここ》を以て去らず。(6)

天下皆知美之爲美。斯惡已。皆知善之爲善。斯不善已。故有無相生。難易相成。長短相較（形）。高下相傾。音聲相和。前後相隨。是以聖人。處無爲之事。行不言之教。萬物作焉而不辭。生而不有。爲而不恃。功成而不居。夫唯不居。是以不去。

【現代語訳】

世の人はみな美の美たるを知って美のみに執着するが、
その美はすなわち醜にほかならぬ。
みな善の善たるを知って善のみに固執するが、
その善はすなわち不善にほかならぬ。
かくて有ると無いとは互いに生じあうセットの概念であり、
難しいは易しいを前提として成立し、
長いは短いがあるから、それぞれに形をもち、
高いと下《ひく》いは互いに取って代わりうる相対的な概念であり、
楽器の音と人の肉声とは相互に調和しあい、
前には後ろが、後ろには前がつきまとうのである。
だから道の体得者である聖人は、
一面的な価値観にとらわれぬ無為のいとなみに身を任せ、
言語概念の相対性を超える不言の教えを行なってゆく。
一切万物が己れの造化のはたらきによって生起してきても黙々として一言も語らず、
万物が生成しても、それを吾がものにしようとはせず、

生成化育の偉大ないとなみを行ないながら手柄がおもせず、大功が成就しても成功者の栄位に居すわらない。居すわろうとしないからこそ、その地位から去ることもないのだ。

【注】

○美・已・已／生・成・(形)・傾／和・随／辞・有・恃・居《キ》／居《キョ》・去と押韻。

(1) 天下皆知……斯不善已　以下の十句は、人間の定立する価値概念や存在規定が相対的なものであることをいう。『荘子』徐無鬼篇二に「凡《およ》そ美を成すは、悪の器《うつわ》なり」、知北遊篇一に「(世人は)其の美とする所の者は神奇と為し、其の悪《にく》む所の者は臭腐と為すも、臭腐は復《ま》た化して神奇と為り、神奇は復た化して臭腐と為る」、天地篇一二に「徳人は……是非美悪《びお》を蔵せず」などとある。より原理的には秋水篇一に「『是《ぜ》を師として非無く、治《ち》を師として乱無からんか』。是れ未だ天地の理、万物の情に明らかならざる者なり。是れ猶《な》お天を師として地無く、陰を師として陽無きがごとし」とある。ちなみに、江戸中期の思想家安藤昌益の「互性活真」の思想は、『老子』の万物相対観に本づくものである。

(2) 故有無相生……前後相随　二句ずつで韻をふんでいるから、「長短相較」の「較」

は、王弼《おうひつ》本以外の諸本に従って「形」に作るべきであろう。馬王堆本乙は「較」を「刑」(「形」と通用)に、甲・乙は「高下相傾」を「高下之相盈」に作り、「前後相随」の下に「恒也」の二字がある。

(3) 聖人 儒家的な聖人ではなく、道に目ざめをもつ者をいう。

(4) 処無為之事、行不言之教 「無為」は何もしないことではなく、正確にいえば「無為の為」であり、人知人為のさかしらを捨てて天地自然のあるがままの働き(すなわち道)と一つになった、無心の振舞いをいう。「不言之教」も、名もなく何も言わない道の在り方に従った自然の教化をいう。第四十三章に「不言の教え、無為の益は、天下 之に及ぶこと希《まれ》なり」とあり、『荘子』大宗師篇六に「(至人は)無為の業に逍遥す」、在宥篇五に「無為に処《お》りて物は自《おの》ずから化せん」、知北遊篇一に「聖人は不言の教えを行なう」、徳充符篇一に「固《もと》より不言の教え有りて、形無くして心に成る者か」などとある。

(5) 万物作焉而不辞……功成而不居 「辞」を辞退(ことわる)の意に解する説もあるが、上文の「不言」との関連を考えて辞(ことば)せずと解すべきである。四句は韻をふんでおり、古語として伝誦されていたものであろう。第三十四章にも「万物 之を恃みて生じて辞せず。功成りて名を有せず。万物を衣養して主と為らず」とある。馬王堆本乙は「作焉而不辞、生而不有」を「昔而弗始」に作る。

（6）夫唯不居、是以不去　「夫唯」は強調の語気をあらわし、『老子』に特徴的な表現である。この二句は後次的に附加された敷衍《ふえん》の文章であろう（武内義雄『老子の研究』）。

第三章

賢《けん》を尚《たっと》ばざれば、民をして争わざらしめ、得《え》難《がた》きの貨《か》を貴《たっと》ばざれば、民をして盗《とう》を為さざらしめ、欲す可きを見《しめ》さざれば、〔民の〕心をして乱れざらしむ。(1)是《ここ》を以て聖人の治《ち》は、其の心を虚《むな》しくし、其の腹を実《み》たし、其の志《こころざし》を弱くし、其の骨を強くし、(2)常に民をして無《む》知《ち》無《む》欲《よく》ならしめ、(3)夫《か》の知者をして敢《あ》えて為さざらしむるなり。無為を為せば(4)則ち治まらざるは無し。

不尚賢。使民不争。不貴難得之貨。使民不爲盜。不見可欲。使心不亂。是以聖人之治。虚其心。實其腹。弱其志。强其骨。常使民無知無欲。使夫知者不敢爲也。爲無爲則無不治。

【現代語訳】

為政者が知者賢人を尊重しなければ、人民を争わないようにさせることができ、

珍しい財宝を価値ありとしなければ、人民に盗みをしないようにさせることができ、
欲しがるものを見せなければ、人民の心を乱れないようにさせることができる。
だから無為自然の道の体得者・聖人が、支配者として政治をおこなう場合には、
人民の心に何の欲念もないようにして、十分に腹ぢからをつけさせ、
外にむかう心の動きを弱くして、体の骨をがっしりとさせるのである。
いつも人民を無知無欲の素朴で健康な状態におき、
あの知者賢人とよばれるさかしら病患者につけこむ隙を与えないようにする。
このようにして無為自然の政治をおこなってゆくならば、平和に治まらぬ国とては
ないのである。

【注】

（1）不尚賢……使心不乱　范応元《はんおうげん》の古本に従って、「使心不乱」の「心」の上に「民」の字を補うべきであろう。馬王堆本乙は「使民不乱」に作る。『荘子』天地篇一三に「賢を尚ばず、能を使わず」、庚桑楚篇一に「賢を挙ぐれば則ち民は相い軋《きし》り、知に任ずれば則ち民は相い盗む」、胠篋篇に「聖を絶ち知を棄つれば、大盗乃《すなわ》ち止《や》み、玉を擿《なげう》ち

珠を毀《くだ》けば、小盗は起こらざらん」、則陽篇六に「栄辱《えいじょく》立ちて、然《しか》る後に病む所を観《み》、貨材聚《あつ》まりて、然る後に争う所を観る」などとある。

(2) 虚其心……強其骨　伝誦されていた古語であろう。第十二章に「腹の為にし、目の為にせず」とあり、『荘子』漁父篇に「虚心」の語が見え、知北遊篇五に「此《これ》(道)に遡《したが》う者は、四枝(肢)彊《つよ》し」とある。

(3) 常使民無知無欲　人間の本来的な在り方は、知力が欲望を肥大化させ、欲望が知力を凶悪化させる人為(都市)的なものではなく、無知無欲な自然(農村)的なものである。人間も道と同様に、本来は理知《ロゴス》的な存在ではなく、渾沌《カーオス》的な存在であるからである。ただし、肉体をもって生きてゆく人間には欲望充足が認められねばならないが、寡欲すなわち「足るを知る」ことが重要である。

(4) 為無為　「為して為すこと無し」とも訓めるが、第六十三章にも「無為を為し、無事を事とし、無味を味わう」とあり、第六十九章には「行く無きに行く」とあるので、訳解のように訓んだ。馬王堆本乙は「使夫知者」以下を「使夫知不敢弗為而已、則无不治矣」に作る。

第四章

道は、沖《むな》しけれども之を用いて或《つね》に盈《み》たず、(1)淵《えん》として万物の宗《そう》に似たり。(2)其の鋭《えい》を挫《くじ》き、其の紛《ふん》を解き、其の光を和《やわ》らげ、其の塵《よこ》れを同じくす。(3)湛《たん》として或《つね》に存するに似たり。(4)吾 誰《たれ》の子なるかを知らず、帝の先《せん》に象《に》たり。

道。沖而用之或不盈。淵兮似萬物之宗。挫其鋭。解其紛。和其光。同其塵。湛兮似或存。吾不知誰之子。象帝之先。

【現代語訳】

道は沖《から》っぽで、いくら注いでも一杯になるということがない。
それは奥深くて万物の生まれ出る大本《おおもと》のようだ。
それは万物の鋭さを挫《くじ》き、万物の紛《もつ》れを解きほぐし、
万物の輝きを和《やわ》らげ、万物の塵《よこ》れに己れを同じくする。
それは深くたたえて常存不滅の存在のようだ。
わたしにはそれが誰の子供なのか分らない。
どうやらそれは天帝《かみ》に先だつ実在のようだ。

【注】

○盈・宗／紛・塵／存・先と押韻。

（1）道、冲而用之或不盈　「冲」は、『説文解字』および段玉裁注によれば、「盅《ちゅう》」の借字で容器のからっぽなさま。「虚」と同義とされ、「冲」または「冲虚」は道のあり方を説明する語として多用される。「或」は「常」と同義（河上公注）。第十五章に「此の道を保《いだ》く者は、盈《み》つるを欲せず」、第四十五章に「大盈《たいえい》は冲《むな》しきが若《ごと》く、其の用窮まらず」などとある。『荘子』秋水篇一の「万川《ばんせん》之に帰《き》して、何《いず》れの時か止《や》むを知らずして盈《み》たず」、田子方篇四の「〔道は〕其の窮まる所を知る莫《な》し」などを参照。

（2）淵兮似万物之宗　「兮」は形容語を作る助字、もしくは語句の中間・末尾などに置いて口調をととのえる助辞。古代中国の南方系の詩文に多く用いられ、訓読の場合は読まないのが普通である。「似」とは、人間の認識を超える道についての断言を避けたのである。第二十五章にも「強《し》いて之が名を為して大と曰う」とある。

（3）挫其鋭……同其塵　四句は第五十六章にも引かれており、古くから伝誦されていた言葉であったことが知られる。多くの先学も指摘しているように、この四句は後次的に挿入されたのであろう。四句のうちの第一、第三句の「其」を道自身と解する説もあるが、ここでは万物と解した。下二句の「和光同塵」は、『老子』の哲学を代表する言葉として古来ことに有名である。
(4) 湛兮似或存 「湛兮」は「湛然」と同義。「冲虚」と同じく道を形容する語として多用され、名や号にも用いられた。天台宗中興の祖とされる唐の荊渓湛然《けいけいたんねん》、元《げん》の文人耶《や》律楚材《りつそざい》『湛然居士《こじ》集』などがある。敦煌《とんこう》本、遂州龍興観碑本は一句を「湛似常存」に作り、景龍碑本『道徳経』(唐・中宗の景龍二年〔七〇八〕、易州〔河北省〕の龍興観〔道教の寺院〕に立てられた石碑に刻まれているテキスト)は「或」を「常」に作る。なお、木村英一『老子の新研究』は、この句が下句の「象帝之先」と韻をふむので、句形の異なる中間の「吾不知誰之子」を後次的な挿入句と見る。

第五章

天地は不仁(1)、万物を以て芻狗《すうく》(2)と為す。聖人は不仁、百姓《ひゃくせい》を以て芻狗と為す。天地の間《かん》は、其れ猶《な》お橐籥《たくやく》(3)のごときか。虚《きょ》にして屈《つ》きず、動きて愈《いよ》いよ出《い》づ。多言《たげん》なれば数《しば》しば窮《きゅう》す、中《ちゅう》を守るに如《し》かず(4)。

天地不仁。以萬物爲芻狗。聖人不仁。以百姓爲芻狗。天地之間。其猶橐籥乎。虚而不屈。

動而愈出。多言數窮。不如守中。

【現代語訳】

天地は無慈悲で、
万物を藁《わら》の犬ころあつかい。
聖人は無慈悲で、
万民を藁の犬ころあつかい。
天と地との間は、鞴《ふいご》のようなものであろうか。
なかはからっぽで無尽蔵の力を秘め、
動けば動くほど万物が限りなく現象してくる。
おしゃべりはすべて行きづまりのもと、
からっぽで物言わぬままでいるのが、
なによりの処世。

【注】

○屈・出／窮・中と押韻。

（1）不仁　孔子学派の仁愛の道徳を批判・否定すると同時に、道の万物に対する非情性をいう。道は無為自然であり、無感動であり無関心である。道に従う聖人もそうであらねばならない。

（2）芻狗　祭りのとき厄払いに使う藁で作った犬。祭りがすめば棄てられる。『荘子』天運篇四を参照。

（3）橐籥　鋳かけをするときに使う鞴《ふいご》。造化のはたらきを鋳物作業に譬《たと》える発想は『荘子』大宗師篇五にも見える。

（4）多言数窮、不如守中　格言的な古語であろう。「多言」は『荘子』人間世《じんかんせい》篇二の「其の溢言《いつげん》を伝うること無ければ、則ち全きに幾《ちか》し」の「溢言」すなわち真実を誇張した言葉の意に解することもできるが、「もの言えば唇寒し秋の風」の「もの言えば」ぐらいの意であろう。馬王堆本甲・乙は「多聞」に作る。「中」は、第四章に見えた「冲」もしくは「盅」の借字。「守中」は第十六章の「守静」とほぼ同義であり、『荘子』在宥篇四の「守一」、漁父篇の「守真」などとも共通する。なお本章は、上六句、中二句、下二句の俚諺的な成語をまとめたものとも解されるが、河上公本が虚用章と名づけているように、一連の叙述として捉えることができる。

第六章

谷神《こくしん》(1)死せず。是《これ》を玄牝《げんぴん》(2)と謂《い》う。玄牝の門、是を天地の根《こん》(3)と謂う。綿綿《めんめん》として存するが若《ごと》く、之を用いて勤《つか》れず。(4)

谷神不死。是謂玄牝。玄牝之門。是謂天地根。綿綿若存。用之不勤。

【現代語訳】

谷間の神霊《ディモン》は永遠不滅、
それを玄妙不可思議なメスという。
玄妙不可思議なメスの陰門《ほと》は、
これぞ天地を産み出だす生命の根源。
綿《なが》く綿く太古より存《なが》えしか、
疲れを知らぬその不死身《ふじみ》さよ。

【注】

○死・牝／門・根・存・勤と押韻。

（1）谷神　谷間の凹地に宿る神霊《ディモン》の意で、女性の陰部を神秘的に表現したもの。谷間を象徴とする表現は、第十五、二十八、三十九、四十一章などにも見える。ただし、加藤常賢『老子原義の研究』は、「谷」を「穀」（やしなう）、「神」を「身」（はらむ）の借字とみ、陸徳明は河上公本（馬王堆《ばおうたい》本甲・乙も）が「谷」を「浴」に作るのを養うと読み、孫炎は『詩経』谷風が万物を養育する東風《こちかぜ》を谷風とよんでいることを指摘する。その場合は、万物を養い妊《はら》む（あるいは養う霊妙なはたらきをもつ）ものの意となる。

（2）玄牝　玄妙な生殖力をもつ牝《めす》の意。「死」と押韻するので、「牝」の音はヒ。『朱子語類』巻一二五は「牝」を穴と解する。『老子』には、道の造化のはたらき、無為自然の在り方を牝・雌・母の強靭な受動性に譬《たと》える叙述が少なくない。第十章に「天門開《かい》闔《こう》して、能《よ》く雌《し》と為らんか」、第五十二章に「其の兌《あな》を塞ぎ、其の門を閉ざせば、身を終うるまで勤《つか》れず」、第六十一章に「牝《ひん》は常に静を以て牡《ぼ》に勝つ」、第五十二章に「既に其の子を知り、復《ま》た其の母を守る」などとある。『荘子』には雌雄という言葉はいくつか見えるが、牝牡のはたらきは陰陽という抽象的な観念に置きかえられ、原始的な生殖神話の痕跡を感じさせる『老子』のような具象性・直截性はない。老子を始祖と仰ぐ道教の教理に房中術が重要な部門を占めているのも、偶然ではないのである。

（3）天地根 「根」は男根・女根の根である。道が天地万物を産み出す根源であることをいう。第二十五章に「〔道は〕以て天下の母と為す可し」（景龍碑本ほかは「天下」を「天地」に作る）とある。

（4）用之不勤 「勤」は『説文《せつもん》解字』によれば「労」（つかる）の意。一句は第五章の「虚にして屈《つ》きず、動きて愈《いよ》いよ出《い》づ」と同義。ちなみに、『列子』天瑞《てんずい》篇は「黄帝の書に曰く」として本章を引き、「故に物を生ずる者は不生にして、物を化するものは不化なり云々」と道を説明する文章をつづけている。

第七章

天は長《とこしな》えに、地は久し。(1) 天地の能《よ》く長えにして且つ久しき所以《ゆえん》の者は、其の自ら生ぜざるを以ての故に能く長えに生ず。(2) 是《ここ》を以て聖人は、其の身《み》を後にして身先《さき》んじ、其の身を外《そと》にして身存《ながら》う。(3) 其の私《わたくし》無きを以てに非ずや、故に能く其の私を成す。(4)

天長地久。天地所以能長且久者。以其不自生。故能長生。是以聖人。後其身而身先。外其身而身存。非以其無私耶。故能成其私。

【現代語訳】

一切万物を生成化育する天地大自然の存在は、まことに悠久永遠である。天地大自然はなぜ永遠かつ悠久であり得るのか、それは己れが生成者であるなどと意識せず無欲無心であるから、永遠の生成者たり得るのである。

だから天地大自然の理法、すなわち「道」の体得者である聖人は、己れを後まわしにして他人を優先させながら、結局は他人に推されて己れが優先し、己れを無視して他人を立てながら、結局は他人に重んじられて我が身が立つことになる。

それというのも聖人が、己れの小さな自我を否定して、全く無欲無心となるからではなかろうか。

だからこそ聖人は大いなる自我を成就することができるのである。

【注】

○先・存と押韻。

（1）天長地久　かつてのわが国の天長節・地久節（天皇・皇后の誕生日）の典拠であり、白楽天「長恨歌」の結び、「天長地久、時有りてか尽きんも、この恨みは綿綿として尽くるの期《とき》なし」によって有名である。

（2）以其不自生、故能長生　敦煌《とんこう》本ほかは「長生」を「長久」に作り、そのほうが論理的には首尾一貫するが、第二、十、五十一章の「生じて有せず」などを参照すれば、この二句は当時の古語であったとも解されるので、「長生」のままとする（馬王堆本甲・乙も「長生」に作る）。そして、本章は前章を承《う》けていることを考慮して（併せて一章と見る説もある）、上下句の「生」を生成するの意に解した。ただし、二句を「みずから生きようとしないからこそ長く生きることができる」とも解せる。その場合は、第五十九章の「長生」の語が参照される。

（3）後其身而身先、外其身而身存　第六十六章に「民に先んぜんと欲すれば、必ず身を以て之に後《おく》る」とあり、『荘子』秋水篇に「衆《もろ》もろの小さき不勝を以て、大勝を為すなり。大勝を為す者は、唯だ聖人のみ之を能くす」とある。

（4）非以其無私耶、故能成其私　この二句は第三十六章の「之を弱めんと将欲《ほっ》すれば、必ず固《しばら》く之を強くす。……之を奪わんと将欲すれば、必ず固く之を与う」などとともに、老子の哲学の陰険な老猾《ろうかい》さの例証としてしばしば引用される。しかし、われわれはそこにむしろ粘り強さ、しぶとい強靭さをこそ見るべきであろう。

第八章

上善《じょうぜん》は水の若《ごと》し(1)。水は善《よ》く万物を利して争わず(2)、衆人《しゅうじん》の悪《にく》む所に処《お》る。故に道に幾《ちか》し(3)。居《お》るには地を善しとし(4)、心は淵《ふか》きを善しとし(5)、与《とも》にするは仁なるを善しとし、言《げん》は信《しん》あるを善しとし(6)、正《おきて》は治まるを善しとし(7)、事は能《のう》あるを善しとし、動くには時なるを善しとす(8)。夫《そ》れ唯《た》だ争わず、故に尤《とが》め無し(9)。

上善若水。水善利萬物而不爭。處衆人之所惡。故幾於道。居善地。心善淵。與善仁。言善信。正善治。事善能。動善時。夫唯不爭。故無尤。

【現代語訳】

最上の善は、たとえば水のようなものである。

水は万物に偉大な恵みを与えるが、万物と争うことはせず、人々の嫌がる低湿の地を居処《すみか》とする。
だから無為自然の道の在り方に近いのだ。
善といえば、こんな言葉がある。
居処としては大地の上が善く、
心の在り方としては淵のように深いのが善く、
仲間としては仁者が善く、
言葉としては真実なのが善く、
政法《おきて》としては世のなかのうまく治まるのが善く、
事に処しては有能なのが善く、
行動としては時宜を得ているのが善いという言葉が。
水もまたこれらの善をことごとく備えているといえるであろう。
水の偉大さは万物に順《したが》って争わぬということにあるが、
いったい争わぬからこそ過失もなく咎《とが》めだてされることもないのである。
道の体得者・聖人の在り方もこれと同じだ。

【注】

○地・仁・治・時と押韻（馬叙倫の説。ただし、「居善地」の上に三字一句が脱けていると見る）。

(1)上善若水　「上善」は最上の善徳の意。「上」といったのは善悪相対の善と区別するためである。第四十一章に「上徳は谷の若し」、第三十八章に「上徳は徳とせず」とあり、『荘子』秋水篇一には「至徳」とある。なお、本章は『荘子』天下篇五の「濡弱謙下」、『漢書』芸文志《げいもんし》の「卑弱自持」の老子的な処世を最もよく説明するものである。第七十八章の「天下に水より柔弱なるは莫《な》し云々」をも参照。

(2)利万物　『荘子』天地篇二に「物を利す」、大宗師篇一に「（聖人の）利沢は万世に施す」とある。

(3)幾於道　「幾《ちか》し」とは、水と道には有形と無形の違いがあるからである。『荘子』人間世篇一には「已《や》むを得ざるに寓すれば、則ち（道に）幾し」とある。

(4)居善地　第三十九章の「地は一《いつ》を得て以て寧《やす》し」、第二十五章の「人は地に法《のっと》る」などと関連する。以下の七句は、先人も多く指摘しているように、後次的に附加されたものであろう。王弼《おうひつ》もこの七句には注釈を加えていない。

(5)心善淵　第四章に「淵《えん》として万物の宗《そう》に似たり」、『荘子』天地篇一に「（聖人の心は）淵静《えんせい》にして百姓《ひゃくせい》定まる」とある。

(6) 与善仁、言善信　『論語』衛霊公篇の「其の士の仁なるを友とす」、子路篇の「言は必ず信」などを意識していよう。ただし、「与」を「与うるには」「挙《おこ》ならには」と訓《よ》む説もある。馬王堆本乙は上句を「予善无」に作る。

(7) 正善治　「正」は「政」と同じく、政法をいう。景龍碑本ほかは「正」を「政」に作る。

(8) 動善時　『易』艮卦《ごんか》の彖伝《たんでん》に「動静　其の時を失わず」、『荘子』養生主篇五に「時に安んじて順に処《お》る」などとある。

(9) 夫唯不争、故無尤　第二十二章にも「夫れ惟《た》だ争わず、故に天下能《よ》く之と争う莫《な》し」とある。なお、不争の主張の根底には万物相対観、農本思想があるが、それは非情な無為自然の道に本づくものである。それがしばしば個人的な全生保身の関心に屈折するのは、当時の苛酷な社会条件のためと考えられる。

第九章

持《じ》して之を盈《み》たすは、其の已《や》むるに如《し》かず。(1) 揣《う》ちて之を鋭くすれば、長く保つ可からず。(2) 金玉堂《きんぎょくどう》に満つるも、(3) 之を能《よ》く守る莫《な》し。富貴《ふうき》にして驕《おご》れば、自ら其の咎《とが》を遺《のこ》す。(4) 功遂《と》げ身退《しりぞ》くは、(5) 天の道なり。(6)

持而盈之。不如其已。揣而鋭之。不可長保。金玉満堂。莫之能守。富貴而驕。自遺其咎。功遂身退。天之道。

【現代語訳】

満水状態を無理につづけようとしても愚《ぐ》の骨頂。
鍛えて鋭く尖《とが》らした刃物《はもの》は長保《ながもち》がしない。
金玉財宝を座敷いっぱいに積みあげたとて、とても守りきれはせぬ。
出世して偉そうな顔をすれば禍いのもと。
仕事をやってのければ、さっさと引退するのが天の道というものだ。

【注】

○已・保・守・咎・道と押韻。

（1）持而盈之、不如其已『管子』白心篇にも「持して之を満たせば、乃《すなわ》ち其れ殆《あや》うし。名の天下に満つるは、其の已むるに如かず」とある。馬叙倫『老子覈詁《かくこ》』は「持」

を「庤」の借字とみて蓄える意と解する。なお、本章は持満もしくは持盈の誡《いまし》めとして、第四十六章の「足るを知らざる」誡めとともに古来中国人にしばしば引用されてきた。

（2）揣而鋭之、不可長保　下文の「能く保つ」とともに「長く保つ」ことに最終的な力点が置かれており、中国民族の強靭な現実主義・現世主義を代表するものである。『荘子』天下篇五に「鋭ければ則ち挫《くじ》かる」という老聃の言葉を引く。

（3）金玉満堂　陸徳明『釈文《しゃくもん》』に引く一本ほかは「満堂」を「満室」「盈室」に、馬王堆本甲・乙は「盈室」に作るが、室（奥部屋）から堂（表座敷）にまで溢れる意としては「満堂」の方が可。

（4）富貴而驕、自遺其咎　『荘子』盗跖篇三に老子の思想を解説して、「貴《たっと》きを以て人に驕らず……財を以て人を戯《あなど》らず。其の患《うれ》いを計り、其の反《そむ》くを慮《おもんばか》り、以て性に害ありと為す」とある。

（5）功遂身退　この句も、第二章の「功成りて居らず」、第十七章の「功成り事遂げて、百姓《ひやくせい》皆な我を自然と謂《い》う」、第三十四章の「功成りて名を有せず」などと関連して、多くの中国人に愛誦されてきた処世訓である。『淮南子《えなんじ》』道応訓の引用、河上公本、龍興碑本ほかは「功成」の後に「名遂」を作り、『釈文』の挙げる一本は「遂」を「成」に作る。『老子』における「功」の字につく動詞はすべて「成」であるが、原文のままとする（馬王堆本乙も原文に同じ）。四字句に揃えたのであろう。

(6) 天之道　『荘子』在宥篇・天道篇・庚桑楚篇などや『書経』湯誥《とうこう》篇、『易』謙卦《けんか》に見える「天道」、『荘子』刻意篇・漁父篇などや『礼記《らいき》』楽記篇に見える「天理」と同義。単に「天」もしくは「道」「理」ともよばれる。人間界と自然界を貫く恒常不変の真理、自然の掟《おきて》、必然の理法を意味する。中国民族においては、それはあらゆる真理の根源であり、一切の行為の究極的な準則であり、非人格的な絶対者であった。

第十章

営魄《えいはく》に載《の》りて(1)一《いつ》を抱き、(2)能《よ》く離るること無からんか。(3)気を専《もっぱ》らにし柔《じゅう》を致《きわ》めて、能く嬰児《えいじ》たらんか。(4)玄覧《げんらん》を滌除《てきじょ》して、能く疵《そこな》うこと無からんか。(5)民を愛し国を治めて、能く無為ならんか。(6)天門開闔《かいこう》して、能く雌《し》と為らんか。(7)明白にして四達《したつ》し、(8)能く無知ならんか。(9)之を生じ之を畜《やしな》う。(10)生じて有せず、為して恃《たの》まず、(11)長じて宰《さい》せず、是《これ》を玄徳《げんとく》と(12)謂《い》う。

載營魄抱一。能無離乎。專氣致柔。能嬰兒乎。滌除玄覽。能無疵乎。愛民治國。能無爲乎。
天門開闔。能爲雌乎。明白四達。能無知乎。生之畜之。生而不有。爲而不恃。長而不宰。

是謂玄徳。

【現代語訳】

生命の車に乗りて、無為の道しっかと抱き、離るることしばしだになし。

精気を外に洩《も》らさず、心身のこよなき柔《しなや》かさを保ち、その生《う》い生いしさは嬰児《みどりご》のごと。

心の鏡に汚れを拭《ぬぐ》い、人の世の塵、そを傷つくることなし。

民を愛し国を治めて、人為のさかしらすべて打ち捨て、

生死《しょうじ》のうつろいには女性《にょしょう》のごとただ身をゆだねゆく。

明《あき》らけき英智《ちえ》は四方《よも》を照らすも、その英智《ちえ》を蔵《おさ》めて愚かなりや其の容貌《かお》。

天地《あめつち》の、万物を生みいだし養い、

生みいだせども吾が所有《もの》とせず、

為《おこな》えども誇ら顔せず、

育つれども支配者を気どらざるがごとくす。

これぞこれ玄《いみ》じき聖人《ひじりびと》の徳。

【注】

○離・児・疵・為・雌・知／有・恃・宰（江有誥の説）と押韻。

（1）載営魄「載」は「乗る」と訓《よ》む（『説文解字』）。ただし、置く、安んずると訓む説もある。「営魄」は『楚辞』遠遊篇にも「載営魄而登霞兮」と見え、朱熹『楚辞集注《しっちゅう》』によれば「熒魄《けいはく》」と同じ（揚雄『法言』修身篇にも「熒魂」の語が見える）。「熒」は「栄」「営」と同義で、明るく輝いているさま、もしくは生きいきとして血色のよいこと。「魄」は「魂」に対する語で、人間の生命を成り立たせる肉体的な要素。「載営魄」とは、生きている体をふまえる、肉体の生理に忠実に従うの意であろう。なお、唐の玄宗は、「載」を「哉」の借字とみ、これを前章の末句「天之道」につづけることによって、前章および本章を四字句で揃えようとする（『冊府元亀《さっぷげんき》』巻四十・帝王部「文学」および『全唐文』巻三十一に引く天宝五載の詔）。馬叙倫は、『老子』中に「載」の字で始まる句が他に見えないこと、第五十三章に「非道也哉」の例証があることなどを理由に、この説を支持するが、玄宗以前に「載」を「哉」に作るテキストは皆無であり（馬王堆本乙も「載営袙（魄）」に作り、甲は欠字）、前引の『楚辞』の用例を考慮すれば、その訓み方は成立しにくいであろう。

（2）抱一　第二十二章にも「一を抱いて天下の式《しき》と為る」とあり、『荘子』庚桑楚篇二には、老聃の語として「衛生の経《けい》は、能く一を抱かんか。能く失うこと勿《な》からんか」とある（在宥篇四の「其の一を守って以て其の和に処《お》る」の「守一」も同義）。

（3）能無離乎　前注を参照。在宥篇の同章には「神《しん》を抱いて以て静にすれば……女《なんじ》の形を労すること無く、女の精を揺《うご》かすこと無し」ともある。「乎」は文章の調子をととのえ詠歎をあらわす助字であるが、景龍碑本・河上公本など多くのテキストが以下の六つの「乎」を省く。

（4）専気致柔、能嬰児乎　「嬰児」は無垢な心身の持ち主として、『老子』ではしばしば無知無欲な有道者の在り方に譬えられ、素朴自然なるものの象徴として用いられる。第二十章に「泊《はく》として其れ未だ兆《きざ》さず、嬰児の未だ孩《わら》わざるが如し」、第二十八章に「常徳離れず、嬰児に復帰す」などとあり、『列子』天瑞《てんずい》篇に「其の嬰孩に在るや、気は専らにして志の一なるは、和の至《きわ》みなり」、『淮南子《えなんじ》』精神訓に「血気能く五臓に専らにして外に越《ち》らさざれば、則ち胸腹充《み》ちて嗜慾省かれん」、『荘子』庚桑楚篇二に「能く児子たらんか」などとある。

（5）滌除玄覧、能無疵乎　古来さまざまな訓み方がされているが、私としては、「玄覧」を「玄冥の処に居りて万事を覧知するもの」、すなわち「心」をさすものと見て、「其の心を洗って潔清《きよ》らかならしむるなり」と解する河上公注の説に従いたい。その理由は、武内義雄『老子の研究』も指摘するように、『淮南子』脩務訓の「玄鑑を心に執《と》る」の注が「鑑」を「鏡」としており、「鑑」は「監」「覧」に通じること（馬王堆本乙は一句を『脩除玄監』に作る）、『荘子』応帝王篇六や天道篇一に心を鏡とする譬えが見えることなどである。ちなみに、王弼《おうひつ》は「邪飾を滌《あら》い除いて極覧するに至り、能く物を以て其の明を介《さまた》げ、其の神《こころ》を疵《そこな》わざらんか、則ち終《つい》に玄と同じくなるなり」と解するが、「滌除」だけに「［心の］邪飾を」と補うところに難点が感じられる。奚侗《けいとう》『老子集解《しっかい》』は「玄」を「眩」の借字と見て、眩覧（すなわち妄見）を除き去って疵われない心眼をもつようにすると解するが、『老子』に数多い「玄」の字をここだけ借字とするところに無理が感じられる。

（6）愛民治国、能無為乎　第五十七章に「我　無為にして民自《おの》ずから化す」、第六十五章に「智を以て国を治めざるは、国の福」とあり、後者は本章と末句を同じくする。明和本は「無為」を「無知」に、下句の「無知」を「無為」に作るが（道蔵本はともに「無知」、馬王堆本乙もともに「毋以知」＝無知に作る）、兪樾《ゆえつ》『諸子平議』巻八も指摘するように、景龍碑本などに従って改めた。

（7）天門開闔、能為雌乎　この二句も古来さまざまに解釈が分かれる。私としては、天の造化の門の開閉によって万物が生滅変化するが、それに対して女性のように従順に応接してゆく、と解したい。第二十八章に「其の雄を知りて、其の雌を守れば、天下の谿《たに》と為る」とあり、『易』繋辞伝《けいじでん》上に「戸を闔《と》ざす、之を坤《こん》と謂い、戸を闢《ひら》く、之を乾《けん》と謂う。一《あるい》は闔ざし、一《あるい》は闢く、之を変と謂う」とある。そして、『荘子』庚桑楚篇**四**に「生有り、死有り、出有り、入有り。入出して其の形を見る無し。是《これ》を天門と謂う。天門とは、有ること無きなり。万物は有る無きに出《い》づ」とあって、「天門」は無（道）の同義語と解釈されている。ちなみに、加藤常賢『老子原義の研究』は、「天門」を第一章の「衆妙の門」、第六章の「玄牝《げんぴん》の門」と同義に見て、玄妙なメスの性器を開閉して異性と接触し、子供の産める女でありたいと解する。范応元『古本道徳経集注』は、『荘子』天運篇**五**の「唯だ大変に循《したが》いて湮《ふさ》がるる所無き者のみ、能く之（怨恩取与諫教生殺の八者）を用うると為す。故に曰く、『正（政）とは正すなり』と。其の心以て然《しか》らずと為す者は、天門開かざらん」を参照して、心にそなわる英智の門が対象世界に応じて開閉し、女性のように柔軟な不死身さをもつと解する。老子の哲学の根底には原初的な生命活動をふまえた発想のあることは否定できないが、『老子』という書が成立し、『荘子』外・雑篇の書かれた戦国時代末期から漢代初期（前三世紀から前二世紀）には、「天門」という語はすでに哲学的・内面的な概念になっていたのである。なお、王弼《おうひつ》は「天門開闔」を世の治乱によって解釈し、成玄英《せいげんえい》は「天門」を直截的に「心なり」と注している。

（8）明白四達　『荘子』天地篇**一一**の「明白にして素《そ》に入り、為すこと無くして朴《ぼく》に復《かえ》る」、知北遊篇**五**の「〔道は〕門無く房《ぼう》無く、四達すること之れ皇皇《こうこう》たり」などは老子の哲学を祖述するものである。

(9) 能無知乎　第二十八章に「其の白《はく》を知りて、其の黒《こく》を守る」、第四十一章に「太白は辱《よご》れたるが若《ごと》し」とある。また、『史記』老子伝に老子の語として「君子は盛徳あれども容貌は愚なるが若し」、『荀子』宥坐《ゆうざ》篇に孔子の語として「聡明聖知、之を守るに愚を以てす」とある。

(10) 生之畜之　薛蕙《せっけい》『老子考異』に引く一本はこの一句を欠く。「生而不有」以下の四句が第五十一章にそのまま見えるところから、同章冒頭の「道生之、徳畜之」をちぢめてここに挿入したものと思われる。馬叙倫・武内義雄ほかは上述の四句を第五十一章の錯簡と見る。ただし、馬王堆本乙には四句があり、それを「明白四達」の句につづける。

(11) 生而不有、為而不恃　第二章に既出。

(12) 玄徳　〃玄の又た玄なる〃道を体得した不思議な在り方、人格性をいう。「徳」は原義が「得」であり、道を得ること、もしくは得ている内容をよぶ語。

第十一章

三十輻一轂《さんじっぷくいっこく》を共にす。(1) 其の無なるに当たって車の用《よう》有り。(2) 埴《ねばつち》を埏《こ》ねて以て器《うつわ》を為《つく》る。(3)

其の無なるに当たって器の用有り。戸牖《こゆう》を鑿《うが》って以て室《しつ》を為《つく》る。(4)其の無なるに当たって室の用有り。故に有《ゆう》の以て利を為すは、無の以て用を為せばなり。(5)

三十輻共一轂。當其無有車之用。埏埴以爲器。當其無有器之用。鑿戸牖以爲室。當其無有室之用。故有之以爲利。無之以爲用。

【現代語訳】

三十本の輻《や》が一つの轂《こしき》に集まっている。轂の真ん中の穴になったところに車の動くはたらきがある。

粘土をこねて陶器《やきもの》を作る。陶器のなかの空《から》っぽの部分に物を容れる使いみちがある。戸や牖《まど》をくりぬいてその奥に居室を作る。その何もない空間に部屋としての用途がある。

だから結論をいえばこうだ。

すべて形有るものが役に立つのは、形無きものがそれを支える役割を果たしているからだ。

【注】

(1) 輻・轂　「輻」は車輻。車輪の矢。「轂」は車輪の中央にある車軸を通す部分。車輻の集まり注ぐこしきである。

(2) 当其無有車之用　古来二種の訓《よ》み方がある。王弼注は最後の二句の訓み方に揃えて「其の無なるに当たって車の用有り」と訓み、河上公注（『周礼《しゅらい》』輪人の唐・賈《か》公彦《こうげん》の疏《そ》に引く）は「其の有る無きに当たって車を之れ用う」と訓む。漢代の大儒鄭玄《じょうげん》が『周礼』に「(轂は)有る無きを以て用と為す」と注していること、『老子』第四十三章や『荘子』斉物論篇・庚桑楚篇に「無有」が一語として用いられていることなどを参照すれば、後者のほうが古い伝承をもつ訓み方である。いずれの訓み方にもそれぞれ根拠があり、意味としてもほとんど変りないが、ここでは一おう論理を整合させるために前者の訓み方に従っておく。下文の二例についても同じ。

(3) 埏埴以為器　「埏《せん》」は粘土をこねて固めること。「挻」に作るテキストもあるが意味は同じ。撃《う》つ、摶《まる》めると訓む説もある。『荀子』性悪篇にも「陶人は埏埴《せんしょく》して器を為る」とあり、『荘子』馬蹄篇には「陶者は曰く、『我善《よ》く埴を治む』」とある。

(4) 鑿戸牖以為室　「鑿《さく》」は鑿《のみ》で穴をあけることで、『荘子』の応帝王篇七に「日に一《いち》竅《きょう》を鑿《うが》つ」とある。戸や横窓を「鑿つ」といったのは、おそらく穴居時代の洞窟を居室にする場合を念頭に置いているのであろう。

(5) 故有之以為利、無之以為用　王弼注の「無は有の利を為す所以《ゆえん》、皆な無に頼《よ》りて以て用を為す」に従った宇佐見恵（明和本）の訓読をそのまま挙げておく。「之れ有る、以て利と為し、之れ無き、以て用と為す」、「有の以て利為《た》るは、無の用為るを以てなり」などと訓む説もある。本章は河上公本が無用章（無の用《はたら》きを論じた章）と名づけているものである。『荘子』にも、外物篇八に「室に空虚無ければ、則ち婦姑《ふこ》勃徯《はいけい》（悖謑）し、心に天遊無ければ、則ち六鑿《りくさく》相い攘《みだ》す」、知北遊篇九に「之を用うる者は、用いざるに仮る者なり」などとある。なお、「無の用」の哲学は中国と日本の芸術論に多大の影響を及ぼした。

第十二章

五色《ごしょく》は人の目をして盲《めし》いしむ。(1) 五音《ごおん》(2)は人の耳をして聾《みみつぶ》れしむ。五味《ごみ》は人の口をして爽《そこな》わしむ。(3) 馳騁田猟《ちていでんりょう》(4)は、人の心をして発狂せしむ。得難《えがた》きの貨《か》は、人の行ないをして妨げしむ。(5) 是《ここ》を以て聖人は、腹の為にし、目の為にせず。(6) 故に彼を去《す》てて此《これ》を取る。(7)

五色令人目盲。五音令人耳聾。五味令人口爽。馳騁田獵。令人心發狂。難得之貨。令人行妨。是以聖人。爲腹不爲目。故去彼取此。

【現代語訳】

人工的な五色の色彩《いろどり》は人間の目を盲《めくら》にし、
人工的な五声の音楽は人間の耳を聾《つんぼ》にし、
人工的な五味の美食は人間の味覚を麻痺させる。
狩猟の遊びは人間の心を狂いたたせ、
珍しい財《たから》は人間の行ないを邪《よこしま》にする。
だからこそ無為の聖人は、
内なる力を腹にたくわえ、
文明の虚飾を外に求めぬのだ。
だからこそ我々は、そちらの耽溺《たんでき》を捨てて、こちらの無為を取るのだ。

【注】

○盲・聾・爽・狂・妨／腹・目と押韻。

(1) 五色令人目盲　「五色」は青・黄・赤・白・黒の色彩。『荘子』駢拇篇にいう「青・黄・黼黻《ほふつ》の煌煌《こうこう》たる」装飾美である。以下、「令人心発狂」までは、ほぼ同一の文章が『荘子』天地篇**一五**（駢拇篇に本づく）、『淮南子《えなんじ》』精神訓などに見える。伝誦されていた格言的な言葉であったのだろう。

(2) 五音　「五声」ともいい、宮・商・角・徴《ち》・羽の音律をいう。駢拇篇にいう「金石糸竹、黄鍾大呂《たいりょ》の声」である。

(3) 五味令人口爽　「五味」は甘さ・辛さ・酸《すっぱ》さ・鹹《しょっぱ》さ・苦さの味覚。「爽」は「傷」と同義で味覚が麻痺すること。差《たが》う、病むなどと訓む説もあるが、意味はほとんど同じ。

(4) 馳騁田猟　「馳」も「騁」も馬をとばせる意。古代中国では狩猟は支配階級の最大の娯楽の一つであった。『荘子』則陽篇**八**に、衛の霊公の放埒な生活を説明して、「田猟畢弋《ひつよく》して、諸侯の際《さい》に応ぜず」とある。

(5) 難得之貨、令人行妨　第三章に「得難きの貨を貴ばざれば、民をして盗を為さざらしむ」、第六十四章に「得難きの貨を貴ばず」とある。

(6) 是以聖人、為腹不為目　「目」とは、視覚によって感覚的な欲望一般を代表させたもの。第三章に「是《ここ》を以て聖人の治は、其の心を虚《むな》しくし、其の腹を実《み》たす」とある。

（7）故去彼取此　第三十八章、第七十二章にも見える。「是以聖人」以下も伝統的な成語をつないだものであろう。

第十三章

寵辱《ちょうじょく》に驚くが若《ごと》くし、大患《たいかん》を貴《たっと》ぶこと身の若くす。[1] 何をか寵辱に驚くが若くすと謂《い》う。寵《ちょう》を下《げ》と為し、[2] 之を得ては驚くが若くし、之を失いては驚くが若くす、是《これ》を寵辱に驚くが若くすと謂う。何をか大患を貴ぶこと身の若くすと謂う。吾大患有る所以《ゆえん》の者は、吾身有るが為なり。吾身無きに及びては、吾何の患《うれ》いか有らん。故に貴ぶに身を以てして天下を為《おさ》むれば、若《すなわ》ち天下を寄す可し。愛するに身を以てして天下を為むれば、若ち天下を托す可し。[3]

寵辱若驚。貴大患若身。何謂寵辱若驚。寵爲下。得之若驚。失之若驚。是謂寵辱若驚。何謂貴大患若身。吾所以有大患者。爲吾有身。及吾無身。吾有何患。故貴以身爲天下。若可寄天下。愛以身爲天下。若可托天下。

【現代語訳】

世の寵《ほま》れと辱《はずか》しめにハッと心いましめ、
帝王の位たっとぶがごと己が身《いのち》たっとぶ。
何をか世の寵れと辱しめにハッと心いましむるというや、
世の寵れをも辱しめと一つに見なし、
世のほまれ得るもハッと心いましめ、
世のほまれ失うもハッと心いましむ、
これをこれ世の寵れにハッと心いましむるという。
何をか帝王の位たっとぶがごと己が身《いのち》たっとぶというや、
己れに帝王の位の有《たも》たるるわけは、
己れにこの身《いのち》あればこそなり。
己れにこの身《いのち》なからんときは、
己れに帝王の位もまたいかでたもたれん。
さればこそ、
この身《いのち》貴びて天《あめ》の下おさめん人は、
天の下、かかる人にぞ寄《あず》けて可《よ》けん。

この身《いのち》いとおしみて天の下おさめん人は、
天の下、かかる人にぞ任せて可けん。

【注】

（1）寵辱若驚、貴大患若身　この二句の主語を聖人とするか世俗の愚人とするかによって、古来、大別して二つの解釈が行なわれている。私としては前者の解釈に従いたいが、その理由は、「若驚」の語が『国語』楚語下に「(呉王）闔廬《こうりょ》は一善を聞けば驚くが若《ごと》くす」とあって王者の美徳と関連して用いられていること、「大患」の語が『荘子』譲王篇三の越の王子捜《そう》の「君と為るの患《うれ》い」を意識した造語であると推定されること（『荘子』ではしばしば帝位を大患とする）、『老子』の体例から見て聖人の処世を説いたものと見るほうが適切であること、そうすることによって全章の論理が素直に接続することなどである。ちなみに、世俗の愚人を主語とする説は、「大患」をその原因となる欲望（価値）と解する。

（2）何謂寵辱若驚、寵為下　馬叙倫『老子覈詁《かくこ》』によれば、「若驚」もしくは「寵為下」を欠くテキストがあり、范応元《はんおうげん》や馬叙倫はそれらに従って聖人を主語として訓む。また、陳景元の纂微本（彭耜《ほうし》『老子集注《しっちゅう》』に引く）・李道純本などは「寵為下」を「寵為上、辱為下」に作り、世俗の愚人を主語と解する人たちはそれらのテキストに従う。すなわち、愚人は寵を上《すぐ》れたもの、辱を下《おと》ったものと考える、ということになる。

（3）　故貴以身為天下、若可寄天下、愛以身為天下、若可托天下　『荘子』在宥篇に「故貴以身於為天下、則可以託天下、愛以身於為天下、則可以寄天下」とあり、『淮南《えなん》子《じ》』道応訓も引用する。景龍碑本は「貴身於天下」に、陳景元本は「貴以身於為天下、愛以身於為天」に、馬《ば》王堆《おうたい》本甲・乙は「貴為身於為天下、若可以迈（＝橐）天下矣、愛以身為天下、女可以寄天下〔矣〕」（「迈」は「托」、「女」は「若」の音訛）に作る。以上に見られるように比較を表わす「於」のあるテキストもあり、武内義雄『老子の研究』はそのように訓むが、ここでは明和本の訓点に従って訓んでおく。「若可寄天下」「若可托天下」の二つの「若」の字を、『淮南子』は「焉」に、『荘子』は「則」に作る。王引之『経伝《けいでん》釈詞』巻七も指摘するように、「若」は「焉」もしくは「則」と同じ意味をもつ接続詞で、ココニもしくはスナワチと訓むべきである。「可托」「可寄」は『論語』泰伯篇の「以て六尺《りくせき》の孤を託す可く、以て百里の命《めい》を寄す可し」を意識しているかもしれない。なお、本章を楊朱一派の貴生思想の混入したもの、もしくは楊朱学徒の間に伝誦された老子の言葉とみる説も有力である。

第十四章

之を視《み》れども見えず、名づけて夷《い》と曰《い》う(1)。之を聴けども聞こえず、名づけて希《き》(2)と曰う。之を搏《う》てども得ず(3)、名づけて微《び》(4)と曰う。此の三者は致詰《ちきつ》(5)す可からず。故に混《こん》じて一《いっ》と為す。其の上は皦《あき》らかならず、其の下は昧《くら》からず(6)、縄縄《じょうじょう》(7)として名づく可からず、無物《むぶつ》に復帰《ふっき》(8)す。是《これ》を無状《むじょう》の状《じょう》(9)、無物の象《しょう》(10)と謂《い》う。是を惚恍《こっこう》(11)と謂う。之を迎えて其の首《こうべ》を見ず、之に随《したが》いて其の後《しりえ》(12)を見ず。古《いにしえ》の道を執《と》りて以て今の有《ゆう》を御《おさ》(13)む。能《よ》く古始《こし》を知る、是を道紀《どうき》(14)と謂う。

視之不見。名曰夷。聽之不聞。名曰希。搏之不得。名曰微。此三者。不可致詰。故混而爲一。其上不皦。其下不昧。繩繩不可名。復歸於無物。是謂無狀之狀。無物之象。是謂惚恍。迎之不見其首。隨之不見其後。執古之道。以御今之有。能知古始。是謂道紀。

【現代語訳】

目をすえて見ても何も見えないから、「夷《い》」――色が無いという。

耳をすまして聴いても何も聞こえないから、「希《き》」――声が無いという。

手で打ってみても何も手ごたえがないから、「微《び》」――形が無いという。

だが、この三つの言葉では、まだその正体が規定しつくされない。

だから、この三つの言葉を混ぜあわせて一つにした存在なのだ。

その上部は明らかでなく、その下部は暗くない。

だだっぴろくて名づけようがなく、物の世界を超えたところに立ち返っている。

これを状《かたち》なき状《かたち》、物の次元を超えた象《もの》というのだ。

これを「惚恍《こっこう》」――ぼんやりとして定かならぬものというのだ。

前から見ても、その頭が見えるわけでなく、後ろから見ても、その尻が見えるわけでない。

太古からの真理を握りしめて、今も眼前の万象を主宰している。

歴史と時間の始原を知ることのできるもの、それを道の本質とよぶのだ。


【注】
○夷・希・微／詰・一／味・物／状・象・恍／首・後／道・有／始・紀と押韻。

（1）視之不見、名曰夷　「夷」は、のっぺらぼう、けじめ・あやめの定かでないさま。武内義雄は『列子』天瑞《てんずい》篇の「易」（渾淪）と同音同義に見る。傅奕《ふえき》本は「幾」に作るが、「幾」も形のはっきりしないさま。「夷」は、下文の「希」「微」「無状之状」「無物之象」とともに、後世、道の同義語とされるようになる。本章は老子の道を哲学的に説明する文章として最も特徴的な発想と独特の表現をもつもので、第一章、第二十五章などとともに古来ことに有名であり、『荘子』外篇にも同様の表現が多く、『韓非子』解老篇、『淮南子』道応訓、『列子』天瑞篇などに引用され、六朝《りくちょう》以後の道教経典における引用祖述に至っては枚挙に遑《いとま》がない。『荘子』知北遊篇七に、「之を視れども形無く、之を聴けども声無し」、同八に「之を視れども見えず、之を聴けども聞こえず、之を搏《う》てども得ざるなり」、天運篇三に「之を聴けども其の声を聞かず、之を視れども其の形を見ず」、天地篇九に「形無く状《すがた》無きものと与《とも》にして皆な存《なが》らうる者」、天運篇三に「之を望みて見る能わざるなり。之を逐《お》いて及ぶ能わざるなり」などとある。

（2）希　第四十一章の「大音は希声」、第二十三章の「希言は自然」の希と同じく、音のかそけきさま。

（3）搏　手で打つこと。さぐる、なでると訓む説もある。

（4）微　手ざわりがかすかである、触覚がほとんどないことをいう。

（5）致詰　つきつめて明らかにする、徹底的に究明するの意。

（6）其上不皦、其下不昧　「上」とは道の本質をいい、「下」とは有形の万物をいう。第一章に「其の妙を観《み》、……其の徼《きょう》（皦）を観る」とある（「妙」は古くは「眇」と書かれ、「眇」は「昧」と同義）。『荘子』大宗師篇三に「夫《そ》れ道は、情《まこと》有り信《しるし》有るも、為す無く形無し」、刻意篇に「万物を化育《かいく》して、象《しょう》を為す可からず」とある。

（7）縄縄　梁の簡文帝は、涯際《はてし》なきさま、無限定の状態とする。

（8）復帰於無物　「無物」「復帰」は『老子』に多用される語で、第二十八章、第五十二章などにも見える。「無物」は形をもつ物が何ひとつ存在しないところ、すなわち道の世界をいい、第四十章の「有は無より生ず」の無と同義。

（9）無状之状　人間の感覚知覚を超えている状《かたち》。『荘子』知北遊篇八に「其の状貌を孰《じゅく》（熟）視《し》するに、窅然《ようぜん》空然たり」とある。

（10）無物之象　「無象之象」と同義であるが、上文の「無物」を承《う》ける。彭耜《ほうし》『老子集注《しっちゅう》』に引く蘇轍《そてつ》本ほかは「物」を「象」に作る。

（11）是謂惚恍　第二十一章にも道を形容して「惚たり恍たり」とある。彭耜『集注』に引く司馬光本は、この句の上に「無物之象」を繰り返すが、このままでも十分に通じる。馬叙倫は「是謂無状之状」で句を切り、「無物之象」をこの句につづけるが、『韓非子』や『淮南子』の引用に従って、原訳のように訓むべきであろう。

（12）迎之不見其首、随之不見其後　「首」と「後」を時間のそれの意に解すれば、道の超時間性をいうことになる。『荘子』秋水篇一に「道は終始無く……終われば則ち有《ま》た始まる」、寓言篇一に「始めと卒《おわ》りと環《わ》の若《ごと》く、其の倫《りん》を得る莫《な》し」とある。

(13) 執古之道、以御今之有　以下の文章の主語を道とするか聖人とするかで解釈が分かれるが、私としては、本章全体を道の説明として一貫させる立場から、一おう前者の解釈に従いたい。すなわち、道を擬人的に説明したものと見る。「今之有」の「有」は上句の「道」(無)に対応し、万象もしくは一切存在をいう。景龍碑本は「御」を「語」に作る。なお、「執古之道」、下文の「能知古始」、第六十八章の「古の極なり」などには老子の復古もしくは尚古の思想が顕著に示されている。

(14) 道紀「紀」は、大すじ、根本、本質。『荘子』説剣篇に「地紀」、達生篇二に「無端之紀」などの語が見える。景龍碑本は「紀」を「已」に作る。

第十五章

古《いにしえ》の善《よ》く士為《た》る者は、(1)微妙玄通《げんつう》にして、(2)深きこと識《し》る可からず。(3)夫《そ》れ唯《た》だ(4)識る可からず、故に強《し》いて之が容《よう》を為す。予《よ》として(5)冬に川を渉《わた》るが若《ごと》く、猶《ゆう》として(5)四隣《しりん》を畏《はば》かるが(6)若く、儼《げん》として其れ客の若く、(7)渙《かん》として氷の将《まさ》に釈《と》けんとするが若く、(8)敦《とん》として其れ樸《あらき》の若く、(9)曠《こう》として其れ谷の若く、(10)混《こん》として其れ濁《にごりみず》の若し。(11)孰《たれ》か能《よ》く濁りて以て之を静めて、徐《おもむ》ろに清《す》むや。(12)孰か能く安らかにして以て之を動かして、徐ろに生ずるや。(13)此の道を保《いだ》く者は、盈《み》つるを欲せず。(14)夫《そ》れ唯《た》だ盈たず、故に能く敝《やぶ》れて新たに成る。(15)

古之善爲士者。微妙玄通。深不可識。夫唯不可識。故强爲之容。豫兮若冬涉川。猶兮若畏四隣。儼兮其若客。渙兮若氷之將釋。敦兮其若樸。曠兮其若谷。混兮其若濁。孰能濁以靜之徐清。孰能安以動之徐生。保此道者。不欲盈。夫唯不盈。故能敝而新成。

【現代語訳】

そのかみの道おさめたる善《うま》し士《びと》は、
奥深き無為の道、奥深く極め悟りて、
その深さ測り知られず。
その深さそも測り知られず、
かるがゆえ、その容《すがた》かりそめに描きて示す。
たゆたいて進まぬさまは、冬空に大川《おおかわ》を渉《わた》るがごと。

ためらいて尻ごむさまは、四方《よも》の敵憚《はばか》るがごと。
いかめしく犯し難きは客人《まろうど》の威儀正せるに似て、
さらさらとこだわりなきは解けそむる春の氷。
飾り気のなさは樸《あらき》にも似て、
とらわれぬ心は谷間のむなしさ、
世とまじりあいて濁水《だくすい》に似たり。
濁水の濁れるままに、その濁りじっと静めて、
おもむろに澄みゆくがごときは、
その無為を何びとか能《よ》くせん。
山あいの谷やすらかにして、静中にまた動あり、
草木のおもむろに生《お》いいづるがごときは、
その無為を何びとか能くせん。
この無為の道、身に抱くものは、
望月《もちづき》の盈《み》ちたることを身に願うことなし。
そも盈ちたるを願うことなし、
かるがゆえ、古びし衣、敝《す》りきれてまた新しく成《つく》らる。

【注】

○通・容／川・隣／客・釈・樸・谷・濁／清・生・盈・盈・成と押韻。

（1）古之善為士者　『荘子』の「古の人」「古の真人」（大宗師篇一を参照）などと同じく、理想を過去に託した言い方。「善為士者」は第六十八章にも見える。なお、『老子』の「善為士者」と『荘子』の「真人」には思想と風土の共通性を感じさせるものが少なくないが、前者のほうが素朴で直截的な比喩を多用していて、より文学的である。「士」を「道」や「天下」に作るテキストがあり（馬王堆本乙は「道」に作る）、「上」の誤写、「事」の借字とみる説などもあるが、第六十五章の冒頭によって「道」に改めた嫌いもあるので、「士」のままとする。

（2）微妙玄通　「微妙」は暗くかすかなさまで、道の在り方を予想した言葉。第一章に「其の妙を観る」、第十四章に「之を摶《う》てども得ず、名づけて微と曰う」とある。「玄通」は第五十六章の「玄同」を参照。馬王堆本乙は「通」を「達」に作る。

（3）深不可識　『淮南子』原道訓や『文子』道原篇も同じ語で道を説明し、『荘子』天道篇九には「道は……淵《えん》（淵《えん》）乎《こ》として其れ測る可からず」とある。范応元本は「識」を「測」に、馬王堆本甲・乙は「志」（＝識）に作る。

(4) 夫唯　第二章に既出。「唯」を「惟」に作るテキストもあるが用法は同じ。

(5) 予・猶　猶予という熟語があるように、いずれもためらうさま。

(6) 畏四隣　「四隣」は四方の隣国。『書経』蔡仲之命《さいちゅうしめい》に「四隣に睦《した》しむ」とある。「畏四隣」とは、四方を敵国に囲まれた国民のように慎重な警戒心をもつこと。

(7) 其若客　「客」を「容」に作るテキストもあるが、ここは五句押韻とみて「客」を採るべきであろう。馬王堆本甲・乙も「客」に作る。

(8) 若氷之将釈　氷が釈《と》けるという比喩は『荘子』庚桑楚篇にも見える。なお、他の四句が「其若□」の三字に作っているので、『文子』上仁篇の「其若氷之液」を参照して、この句を「其若液」の誤衍《ごえん》とみる説もある。

(9) 樸　山から伐《き》り出してきたばかりの、まだ製材してない荒木。

(10) 曠兮其若谷　「曠」は広く虚しいさま。「其若谷」とは、谷間に清濁の水が集まり注ぐように、一切を虚心坦懐に受け入れてゆくこと。

(11) 其若濁　濁り水のように汚辱にまみれて世俗と歩みを共にするの意。第四章にいう「和光同塵」である。このような理想的人間の特徴は、『礼記《らいき》』儒行篇に描く儒家のそれのもつ剛毅・規範・潔癖などと対比すると、いっそう際立ったものとなる。老荘的な人間は、人間の生こそが文明や文化を価値づけること、柔弱が剛強よりも強靭であることを知っている。

(12) 濁以静之徐清　宇佐美恵が校訂に用いた一本もしくは畢沅《ひつげん》の引く河上公本は「以」の下に「止」を、馬王堆本甲・乙は「以」を「而」に、甲はさらに「徐」を「余」(「徐」の略体)に作る。

(13) 安以動之徐生　一般的な論述とみてもいいが、上文の「谷」を承けると解することもできる。「動之」は安定のなかに動きをもつの意で、「徐生」は谷間が草木を生育させることをいう。第六章を参照。明和本には「安以」の下に「久」の字があるが、景龍碑本などに従って削った。馬王堆本乙も「女以重之徐生」(「女」は「徐」の音訛、「重」は「動」の略体)に、甲は「徐」を「余」に作る。あるいは、上句に「止」の字を補って、「久」の字を削らないことも考えられる。

(14) 保此道者、不欲盈　「保此道者」は冒頭の「善為士者」を指し、「保道」は第十章の「抱一」と同義。「不欲盈」は第四章の「道は……或《つね》に盈《み》たず」と承応する。

(15) 夫唯不盈、故能敝而新成　「敝而新成」とは、日に新たな甦《よみがえ》りの力をもつの意。第四章の「或《つね》に存するに似たり」、第六章の「之を用いて勤《つか》れず」を比喩的に表現したもの。第二十二章に「敝《やぶ》るれば則ち新たに」とある。馬王堆本甲は「不」の下に「欲」を作る。明和本以下、「而」を「不」に作るテキストが多いが、馬叙倫も考証するように、唐代の幾種かのテキストが「弊(=敝)復成」に作ること、「而」と「不」の篆書《てんしょ》の字形が似ていて誤写の例が多いこと、上引の第二十二章に「敝則新」とあることなどを参照すれば、「不」に「而」の誤写と断定していいであろう（「敝」を「蔽」に作るテキストもあるが、「敝」のほうが可）。ただし、馬王堆本乙は「㡚而不成」に作り、それに従えば、破れたままにしておくの意となる。

第十六章

虚《きょ》を致すこと極《きわ》まり、静《せい》を守ること篤《あつ》く(1)、万物並《なら》び作《おこ》れども、吾以て復《かえ》るを観《み》る(2)。夫《そ》れ物は芸芸《うんうん》たるも、各おの其の根《こん》に帰る(3)。根に帰るを静《せい》と曰《い》い、是《これ》を命《めい》に復《かえ》ると謂《い》う(4)。命に復るを常《つね》と曰《い》い、常を知るを明《めい》と曰う(5)。常を知らざれば、妄作《もうさく》して凶なり。常を知れば容る。容るれば乃《すなわ》ち公《こう》なり(6)。公なれば乃ち王たり、王なれば乃ち天なり。天なれば乃ち道なり(7)、道なれば乃ち久し(8)。身を没するまで殆《あや》うからず(9)。

致虚極。守靜篤。萬物並作。吾以觀復。夫物芸芸。各歸其根。歸根曰靜。是謂復命。復命曰常。知常曰明。不知常。妄作凶。知常容。容乃公。公乃王。王乃天。天乃道。道乃久。沒身不殆。

【現代語訳】

こころ虚《むな》しさの極みに達し、
ねんごろに無為の静けさ守れば、
万象のあらゆる動きも、
それが道に帰っているのだと観《わか》る。
万象はさまざまに動きはするが、
おのがじし己れの根源に帰っているのだ。
根源に帰っているのを「静《せい》」――無為の静けさといい、
静《せい》であるのを「命《めい》」――己れの本来の在り方に帰っているという。
命《めい》に帰っているのを「常《つね》」――永遠不滅であるといい、
常なる在り方に目ざめるのを「明《めい》」――絶対の智恵という。
常なる在り方に目ざめなければ、
軽挙妄動して不吉である。
常なる在り方に目ざめれば、何びとに対しても寛容となり、
寛容となれば公平無私となり、
公平無私となれば王者の徳をそなえ、

王者の徳をそなえれば天のごとく広大となり、
天のごとく広大となれば、無為の道と一つになり、
無為の道と一つになれば、永遠不滅である。
身を終わるまで安らかに生きられるのだ。

【注】

○極・篤・作・復／芸・根／静・命／常・明・常・凶・容・公・王／道・久・殆と押韻。

(1) 致虚極、守静篤　「虚」と「静」は無為自然の道の在り方。その在り方を最も完全な、また最も充実したものとして身につけるの意。「守静」は第五章の「守中」、『荘子』在宥篇四の「守一」と同類の思想概念。『荘子』天道篇二に「虚静恬淡《てんたん》寂漠無為は、天地の平《へい》にして、道徳の至《し》なり。……万物の本《もと》なり」とある。

(2) 吾以観復　「吾」とは、この文の作者（老子もしくは老子的聖人）を指す。「復」は『易』六十四卦《か》の一つでもあり、范応元《はんおうげん》はそれに関連づけてこの句を解釈する。「復」を「其復」に作るテキストも多い。

(3) 夫物芸芸、各帰其根　河上公注は「芸芸」を草木の繁茂するさまとする。入り乱

れて多いさまと解する説もある。「帰其根」とは、草木の花や葉が枯れ落ちて生命力が根に蓄えられることで、万物が道へ復帰することとの比喩である。『荘子』在宥篇五は二句を「万物云云、各復其根」に作り、「各おの其の根《こん》に復《かえ》りて而も知らざるなり」と補足する。「夫」を「凡」に作るテキストも多い。明和本は下句を「各復帰其根」に、馬《ば》王《おう》堆《たい》本乙も「各復帰於其根」に作り、『老子』には復帰の語が多く見え、『荘子』知北遊篇一にも「根に復帰す」とあるが、前後がみな四字句であり、次句も「帰根曰静」と承《う》けているので、景龍碑本などによって「復」の字を削った。

（4）是謂復命　「命」は天が万物に命じた在り方。万物の側からいえば、己れに与えられた本来的な在り方であり、運命・天命・生命・性命などの意味をも含みうる。『荘子』駢拇篇の「性命」の注を参照。『荘子』則陽篇二に「聖人は……命に復り揺作して、天を以て師と為す」とあり、繕性篇では「復初」の主張が展開されている。「是謂」を「静曰」に作るテキストもある。なお、本章は後の宋学（性理の学）とも密接な関係をもち、特にこの「復命」の思想は宋学の復性説の源流をなすものであり、中国の仏教や道教の修養論も基本的にはすべてこの立場に立つ。『荘子』との相違については巻末の『荘子』内篇解説を参照。

（5）復命曰常、知常曰明　「常」は第一章の「常道」「常名」の常と同義。恒常不変、もしくは永遠不滅なるものをいう。「明」とは明らかな知恵、真智。『荘子』斉物論篇三に「明を以てするに若《し》くは莫《な》し」とある。下句は第五十五章にもそのまま見える。

(6) 知常容、容乃公　『荘子』天道篇九に「夫《そ》れ道は……広広乎《こうこうこ》として其れ容れざる無し」、繕性篇に「徳の容れざる無きは、仁なり」、天下篇四に「公にして党せず、易《たい》(夷)らかにして私無し」、則陽篇九に「道は之（万物）が公為《た》り」などとある。

(7) 公乃王、王乃天、天乃道　第二十五章に「道は大、天は大、地は大、王も亦《ま》た大、域中に四大有り云々」とあり、『荘子』天道篇四に「帝王の徳は、天地を以て宗《そう》と為し、道徳を以て主《しゅ》と為し、無為を以て常《つね》と為す」、天地篇一に「天地は大なりと雖《いえど》も、其の化《か》は均しきなり。……人《ひと》卒は衆《おお》しと雖も、其の主は君なり。君は徳に原《もと》づきて天に成る」、同二に「為すこと無くして之を為すを之れ天と謂う」などとある。

(8) 道乃久　『荘子』大宗師篇三に「道は……天地に先だちて生じて久しと為さず、上古より長じて老いたりと為さず」とある。

(9) 没身不殆　『礼記』内則篇《だいそく》にも「身を没するまで之を敬いて衰えず」とある。

第十七章

大《たい》（太）上《じょう》(1)は下《しも》　之《これ》有るを知るのみ。(2)　其の次《つぎ》は親しみて之を誉《ほ》む。(3)　其の次は之を畏《おそ》れ、其の次は之を侮《あなど》る。(4)　信《しん》足らざれば、信ぜられざる有り。(5)　悠《ゆう》として其れ言《げん》を貴《わす》

（遺）れ、(6) 功《こう》成り事《こと》遂げて、百姓《ひやくせい》皆な我を自然と謂《い》う。(7)

大上下知有之。其次親而譽之。其次畏之。其次侮之。信不足焉。有不信焉。悠兮其貴言。功成事遂。百姓皆謂我自然。

【現代語訳】

人民がただその存在を知っているだけというのが最上で、人民が親しみを感じたり誉《ほ》めそやしたりするのは第二級の支配者。支配者をこわがる政治は、それよりもさらに低級で、人民が侮《あなど》るようになれば最低だ。支配者に言行の一致する誠実さが不足すれば、人民からもまた信用されない。無為の聖人であるこのわたしは、悠々として不言の教えを行ない、化育《かいく》の功を全うして大事を成しとげるが、人民たちはみな、このわたしをあるがままだと考える。

【注】

○誉・侮／焉・言・然（江有誥の説）と押韻。

（1） 大上 至高・最善の意で、次句の「其次」と対《つい》して『春秋左氏伝』や『戦国策』『呂氏《りょし》春秋』などの古典に多用される。

（2） 下知有之 「下知」を「不知」もしくは「下不知」に作るテキストもあり（馬叙倫『老子覈詁《かくこ》』参照）、いずれを採るかによって古来二説の解釈が行なわれているが、「下知」に作るもののほうが古く（馬王堆本甲も「下知」に作る）、「不知」のほうは意味の上から後次的に改められた可能性もあるので、ここでは一おう「下知」のままで訳解しておく。ちなみに「下知」説の論拠は、『韓非子』難三篇や『淮南子《えなんじ》』主術訓に同じ句が見えることである。「（下）不知有之」を採る場合は、人民は支配者の存在を知らないの意となり、その論拠は、第五十七章の「我 無為にして民自《おの》ずから化す」、『荘子』天運篇二の「（聖人の）利沢は万世に施《およ》ぶも、天下知ること莫《な》し」、さらに原理的には斉物論篇三及び庚桑楚篇四の「以て未だ始めより物有らずと為す者有り。……其の次は以て物有りと為す」などである。「物有らず」及び「物有り」と承応させれば、「不知」のほうが「下知」よりも内容的に勝ることになる。

（3）其次親而誉之　儒家の人為的な仁愛の政治を批判し、上句の「大上」が無親・無誉であることを示す。次章に「大道廃《すた》れて、仁義有り」、第三十八章に「道を失いて而《しか》る後に徳あり、徳を失いて而る後に仁あり」、『荘子』庚桑楚篇四に「至仁は親しむこと無し」、至楽篇一に「至誉は無誉」とある。

（4）其次畏之、其次侮之　法家的な権力支配を批判する。人民はまず法治を恐れ、やがては法網をくぐるようになる。『荘子』天道篇五に「礼法度数、刑名比詳は、治の末なり」、『論語』為政篇に「之を斉《ひと》しくするに刑を以てすれば、民免れて恥無し」とある。

（5）信不足焉、有不信焉　第二十三章の結びにもそのまま見えており、おそらく格言的な成語であろう。第八十一章に「信言は美ならず、美言は信ならず」、『荘子』庚桑楚篇四の前引につづいて「至信は金《きん》を辟《しりぞ》く」とある。

（6）悠兮其貴言　「貴」は「遺」の略体で「忘」と同義。『荘子』外物篇八に「意を得て言を忘る」、田子方篇三に「夫子《ふうし》言わずして信あり、比《ひ》せずして周《しゅう》し、……而《しこ》うして然る所以《ゆえん》を知らざるのみ」とある。ただし、河上公注は「貴」をそのままに訓み、太上の政治は言を尊重して軽々しく政令を出さぬの意に解し、一説は「悠」を「猶」に作るテキストに従い（「猶兮」は第十五章に既出）、「貴」を「匱《き》」（すくなし）の略体もしくは「憚《はばか》る」の意として、おずおずと慎重な態度で発言を差し控えると解する。

（7）功成事遂、百姓皆謂我自然　前句とともに初句を説明して章を結ぶ。「功成事遂」

は第二章に「功成りて居らず」、第九章に「功遂げ身退く」とある。初出の「自然」は、自《おの》ずから然《しか》ること、本来的にそうであること、人為人知のさかしらのないことをいう。老子はまずそれを天地造化のいとなみ、田園山野のたたずまいのなかに確認し、さらに人間の在り方と生き方、心のはたらかせ方もそうであるべきであるとする。ちなみに、わが国の親鸞《しんらん》『歎異抄《たんに》』第十六章に「わがはからわざるを自然《じねん》と申すなり」とある。

第十八章

大道廃《たいどうすた》れて、仁義有り、(1)智慧《ちえい》出でて、大偽《たいぎ》有り。(2)六親《りくしん》和せずして、孝慈《こうじ》有り、(3)国家昏乱《こんらん》して、忠臣有り。

大道廢。有仁義。智慧出。有大僞。六親不和。有孝慈。國家昏亂。有忠臣。

【現代語訳】
大いなる道が失われると、愛と正義の道徳が強調せられ、さかしらの智恵が発達すると、人為の掟《おきて》が盛んに作られる。

家のなかがもめてくると、親子の道徳が喧《やかま》しくいわれ、国の秩序が乱れてくると、忠臣の存在が騒ぎたてられる。

【注】

○義・偽・慈と押韻。各句の下に「焉」の字を置くテキストもある（馬王堆本乙は「安」、甲は「案」の字を置く）。

（1）大道廃、有仁義　『荘子』馬蹄篇に「道徳廃れずんば、安《いずく》んぞ仁義を取らん」とある。なお、本章は老子の儒家的な文明への批判、諷刺と逆説の論理を最も明快に示すものとして古来ことに有名であり、特にこの二句と末尾の二句はわが国の古典でもしばしば引用されている。

（2）智慧出、有大偽　「大偽」は、荀子のいう偽としての礼楽の教えなどを意識していよう。明和本は「智慧」を「慧智」に作るが、王弼《おうひつ》の注、陸徳明『釈文《しゃくもん》』などを参照して改めた。馬王堆本乙も「知（＝智）慧」に作る。

（3）六親不和、有孝慈　「六親」は親子・兄弟・夫婦の家族をいう。「孝慈」は孝行と慈愛。『荘子』盗跖篇一に「尭《ぎょう》は不慈、舜《しゅん》は不孝」、天地篇一三に「孝子　薬を操《と》りて以て慈父に修《すす》むるや、其の色燋然《しょうぜん》たり。聖人　之を羞《は》ず云々」、庚桑楚篇四に「市人の足を蹍《ふ》めば、「則ち辞するに放鷔《ほうごう》を以てす。……大親《たいしん》に則ち已《や》む。故に曰く、『至礼は人とせざる有り云々』」とあり、さらに天運篇二では〝忘親の孝〟を説く。

第十九章

聖を絶ち智を棄《す》つれば、民の利は百倍し、仁を絶ち義を棄つれば、民 孝慈《こうじ》に復《かえ》り、巧《こう》を絶ち利を棄つれば、盗賊《とうぞく》有ること無し。(1) 此の三者は、以て文《ぶん》足らずと為す。故に属する所有らしむ。(2) 素《そ》を見《あら》わし樸《ぼく》を抱き、(3) 私《し》を少なくし欲を寡《すく》なくす、(4) と。

絶聖棄智。民利百倍。絶仁棄義。民復孝慈。絶巧棄利。盗賊無有。此三者。以為文不足。故令有所屬。見素抱樸。少私寡欲。

【現代語訳】

為政者が聖智のさかしらを無用として、それを棄《す》ててしまえば、
人民の福利は百倍する。
為政者が仁義の道徳を無用として、それを棄ててしまえば、

人民はもとの孝慈に立ち返る。
為政者が巧利のからくりを無用として、それを棄ててしまえば、
世のなかに盗賊など居なくなる。
この三つの文章では無為がまだ主体的に語られていず、
説明が不十分だと考える。
だから次の言葉にこれを属《つな》げよう。
素《きじ》ごころもあからさまに、あるがままなる己れを守り、
私情を抑えて我欲を寡《すく》なくするのだ、と。

【注】

○智・倍・義・慈・利・有／足・属・樸・欲と押韻。

（1）絶聖棄智……盗賊無有　本章の論旨は第三章と大同小異であるが、この前半の部分（道家の古い文章であろう）については、『荘子』胠篋篇の田氏の斉国簒奪《さんだつ》を非難する箇所を参照。「巧」「利」は財利を目的とする巧智のからくり、もしくはそれによって得られるもろもろの財利を意味する。あるいは精巧な工芸の利得とも解される。

(2) 此三者、以為文不足、故令有所属 以下の後次的な付加と思われる部分に関しては、古来さまざまな説があるが、私は第十四章の「此の三者は致詰《ちきつ》す可からず。故に混《こん》じて一《いつ》と為す」を参照して訳解を施した。したがって、文を文明・文化の意に解する説もあるが採らない。

(3) 見素抱樸 「素」は、まだ着色されていない、きめこまやかな白絹《しろぎぬ》をいい（『説文《せつもん》解字』）、転じて生地のままのもの、本来的であるもの、純粋無雑であることをいう。『荘子』刻意篇に「素とは、其の与《とも》に雑《まじ》わる所無きを謂うなり」とあり、「自然」「一」「全」の同義語としても用いられる。「抱樸」は第十章の「抱一」と同義。「樸」は「朴」と同じで、第十五章に既出。原木の全一さ、転じて事物一般の本来的な全一さをいう。『荘子』馬蹄篇に「樸を残《そこな》いて以て器と為す」とある。老子は無一物の裸の人間を文明文化の虚構に対置させるのである。ちなみに「抱朴」は、六朝《りくちょう》時代（四世紀）、老子の道を祖述して神仙道を確立した葛洪《かっこう》の号であり、その著書も『抱朴子』とよばれる。

(4) 少私寡欲 「寡欲」については第三章の注3を参照。『荘子』山木篇に「其の民は愚にして朴《ぼく》、私少なくして欲寡《すく》なし。作《はたら》くを知りて蔵するを知らず、与えて其の報を求めず」とある。

第二十章

学を絶てば憂い無し。(1) 唯《い》と阿《あ》と、(2) 相い去ること幾何《いくばく》ぞ。善と悪と、相い去ること何若《いかん》。(3) 人の畏《おそ》るる所は、畏れざる可からず。(4) 荒《こう》として其れ未《いま》だ央《つ》きざるかな。(5) 衆人《しゅうじん》は熙熙《きき》として、太牢《たいろう》を享《う》くるが如く、春台に登るが如し。(6) 我独《ひと》り泊《はく》として其れ未《いま》だ兆《きざ》さず、(7) 嬰児《えいじ》の未だ孩《わら》わざるが如し。儽儽《るいるい》として帰《き》する所無きが若《ごと》し。(8) 衆人は皆な余り有りて、我独り遺《とぼ》（匱）しきが若し。(9) 我は愚人《ぐじん》の心なるかな、沌沌《とんとん》たり。(10) 俗人は昭昭《しょうしょう》たるも、我独《ひと》り昏昏《こんこん》たり。(11) 俗人は察察《さつさつ》たるも、(12) 我独り悶悶《もんもん》たり。(13) 澹《たん》として其れ海の若《ごと》く、(14) 飂《りゅう》として止《とど》まる無きが若し。(15) 衆人は皆な以《もち》うる有りて、(16) 我独り頑《がん》にして鄙《ひ》に似る。(17) 我独り人に異なりて食母《しょくぼ》(18) を貴《たっと》ぶ。

絶學無憂。唯之與阿。相去幾何。善之與惡。相去何若。人之所畏。不可不畏。荒兮其未央哉。衆人熙熙。如享太牢。如春登臺。我獨泊兮其未兆。如嬰兒之未孩。儽儽兮若無所歸。衆人皆有餘。而我獨若遺。我愚人之心也哉。沌沌兮。俗人昭昭。我獨昏昏。俗人察察。我獨悶悶。澹兮其若海。飂兮若無止。衆人皆有以。而我獨頑似鄙。我獨異於人而貴食母。

【現代語訳】

学問をやめてしまえば人生に屈託もなし。
ハイと答えるのとアアと返事するのと、
どれほどの違いがあるというのだ。
善と悪とにどのような違いがあるというのだ。
人さまの畏《はば》かることは畏からぬわけにはゆかぬ。
それ以上のあげつらいは、茫漠として、ああ際限《きり》がない。

人々は浮き浮きとして、
まるで大盤《おおばん》ふるまいを受ける招待客、
春の日に高台《たかだい》に登った物見客《ものみきゃく》のようだ。
だが、わたしだけはひっそりとして心動く気配《けはい》もなく、
まだ笑うことを知らぬ嬰児《みどりご》のようだ。
しょんぼりとしおたれて宿なし犬もいいところ。
人々はみな裕福なのに、わたしだけは貧乏くさい。
愚か者の心だよ、わたしの心は。のろのろと間が抜けていて。

世間の人間はハキハキしているのに、
わたしだけはうすぼんやりで、
世間の人間は明快に割り切ってゆくのに、
わたしだけはグズグズとふんぎりがつかない。
ゆらゆらとして海のようにたゆたい、
ヒューッと吹きすぎる風のようにあてどない。
人々はみな有能なのに、
わたしだけは頑《おろ》かで野暮《やぼ》くさい。
わたしだけが変り者で、
乳母《うば》なる〝道〟をじっと大切にしている。

【注】

○阿・何／悪・若／畏・畏／熙・台・孩／帰・遺／昏・悶／海・止・以・鄙・母と押韻。

(1) 絶学無憂　以下、「荒兮其未央哉」までは儒家を辛辣《しんらつ》に皮肉る。「学」とは仁義道徳の学である。前章に「聖を絶ち智を棄《す》つれば、民の利は百倍す」、『荘子』在宥篇三に「聖を絶ち知を棄てて天下大いに治まる」とある。ちなみに、蘇東坡《そとうば》「石蒼舒《せきそうじょ》酔墨堂」詩の「人生　字を識《し》るは憂患の始めなり」はこの句に本づくが（弟の蘇轍《そてつ》にも『老子注』四巻がある）、老子も字を識る知識人でありながら愚人たらんとしたのである。

（2）唯之与阿　「唯」は年長者に対する礼儀正しい応答の語、「阿」は敬意を欠いた生ま返事。『礼記』曲礼《きよくらい》篇上ではその区別を喧《やかま》しくいう。

（3）善之与悪、相去何若　第二章に「天下皆な美の美為《た》るを知るも、斯《こ》れ悪のみ。皆な善の善為るを知るも、斯れ不善のみ」とある。「善」を「美」に作るテキストもあり、馬王堆本甲・乙も「美与悪」に作る。『荘子』至楽篇一に「吾未だ善の誠に善なるか、誠に不善なるかを知らず」、胠篋篇に「〔天下は〕皆な其の善しとせざる所を非《ひ》とするを知るも、其の已《すで》に善しとする所を非とするを知る者莫《な》し」、大宗師篇二に「其の尭《ぎよう》を誉《ほ》めて桀《けつ》を非《そし》る与《よ》りは、両《ふた》つながら忘れて其の道に化するに如《し》かず」とある。

（4）人之所畏、不可不畏　「畏」は「憚」と同義。『荘子』養生主篇一に「悪を為すも刑に近づく無かれ」、人間世篇八に「今の時に方《あた》りては、僅かに刑を免れんのみ」とある。

（5）荒兮其未央哉　「荒」は「慌」「恍」と同じく、とりとめのないさま。もしくは遠くはるかなさま。馬王堆本乙は「望」に作る。「央」は「尽」と同義。「未央」は、学問的な詮索の際限のなさと、真理の世界の広大さとの両義を含む。『荘子』養生主篇一に「涯《かぎ》り有るを以て涯り無きに随《したが》えば、殆《あや》うきのみ」とある。

(6)衆人熙熙、如享太牢、如春登台　以下、「沌沌兮」までは世俗の幸福を逆説的に批判して、第十二章の〝目の為にしない〟人生を説く。「太牢」は牛・羊・豚の肉を併用する最上級のご馳走。「享」を「饗」に作るテキストもあるが、意味は同じ。馬王堆本甲・乙は一句を「郷於大牢」に作る。「春登台」は、玄宗御注《ぎょちゅう》本(『道蔵』)以下多くのテキストが「登春台」に作る。馬叙倫は誤りとするが、いずれにしてもわが江戸期の学者太宰春台の号はこの句に本づく。なお、「登台」が当時の人々の楽しみであったことは、『荘子』天地篇一〇の「其の観台に物《こと》多く、将《まさ》に往きて迹《あと》を投ぜんとする者衆《おお》からん」、則陽篇二の「〔その暢然《よろこば》しきは〕十仞《じん》の台を以て衆《しゅう》の間に県《か》くる者なり」などによっても知られる。

(7)我独泊兮其未兆　「我」は第十七、四十二、五十三、五十七、六十七、七十章などにも現われるが、本章には最も多く用いられている。古来、本章が多くの文人・思想家に愛誦されてきたのは、老子の肌の温《ぬく》もりを感じさせる文学性のためであろう。「泊」を「魄」に作るテキストもあるが、意味は同じ。玄宗御注本は「兮」の字を欠く。「未兆」は第六十四章にも見える。

(8)如嬰児之未孩、儽儽兮若無所帰　「孩」は幼児の笑い。「儽儽」は元気なく疲れたさま。『史記』孔子世家に「儽儽として喪家の狗《いぬ》の若し」とある。『荘子』天地篇一二に「怊乎《ちょうこ》として嬰児《えいじ》の其の母を失えるが若く、儻乎《とうこ》として行きて其の道を失えるが若し」と徳人の容《すがた》を描く。

(9) 若遺　上句の「有余」に対応させて「遺」を「匱」の誤写と見る奚侗《けいとう》の説に従う。「匱」は「乏」と同義で不足の意。なお、「遺」のままであれば、「棄」と同義に解し、「遺《す》てられしが若し」と訓むべきであろう。

(10) 我愚人之心也哉、沌沌兮　倒装文である。『荘子』庚桑楚篇二の老子の語にも「汝は亡人《ぼうじん》なるかな、惘惘乎《ぼうぼうこ》たり」などとある。おそらく楚を中心とする南方系の口語に本づくものであろう。「愚人之心」も『荘子』在宥篇四に「佞人《ねいじん》の心」、天地篇一四に「衆人の心」、天道篇九に「至人の心」などと見える。「沌沌」を「純純」に作るテキストもあるが、意味は同じ。『荘子』在宥篇五に「各おの其の根《こん》に復《かえ》りて而《しか》も知らざるなり。渾渾《こんこん》沌沌、身を終うるまで離れず」とあり、郭象《かくしょう》は無知なるさまと解している。

(11) 俗人昭昭、我独昏昏　以下、分析的な知を有用とする人々を揶揄《やゆ》批判し、末句の強烈な反俗と求道の主張で全体をしめくくる。「昭昭」は才知をひけらかすさま。『荘子』山木篇四に「知を飾りて以て愚を驚かし……昭昭乎として日月を掲げて行くが如し」とある(達生篇にも同じ文章が見える)。「昏昏」は幽深な実在世界と一つになったさま。ただし俗人の目にはうすのろの愚者に見える。明和本は「若昏」に作るが、畢沅《ひつげん》の引く王弼《おうひつ》注本に従って改めた。『荘子』在宥篇四に「至道の極は、昏昏黙黙たり。視ること無く聴くこと無し」とある。

(12) 察察　鋭く分析してゆくさま。『荀子』栄辱篇に「察察にして残《そこな》う者は、忮《さからえば》なり」とある。

(13) 悶悶　にえきらぬさま。『荘子』徳充符篇四の「悶然として而る後に応ず」の悶然と同義。

(14) 澹兮其若海　「澹」は『説文《せつもん》解字』によれば揺れ動くさま。「澹」を「淡」「忽」「漂」に、「海」を「晦」に作るテキストもあるが、体道者の境地の譬《たと》えには海がふさわしい(『荘子』知北遊篇五を参照)。

(15) 飂兮若無止　「飂」は『荘子』斉物論篇一の「之(風)が翏翏《りゅうりゅう》たるを聞かざるか」の翏翏に同じ。「飂」を「飂飂」に、一句を「飄兮似無所止」「寂若無所止」などに作るテキストもあるが、前句同様、風に譬えるのがふさわしい。

(16) 有以　王弼注は「以」を「用」と同義とする。

(17) 鄙　田舎者。『荘子』胠篋篇の「符を焚《や》き璽《じ》を破《こぼ》ちて民は朴鄙なり」は無為自然の道と関連づけて用いられているが、漁父篇の「朴鄙の心、今に至りて未だ去らず」が孔子の言葉であるように、儒家では反価値的な概念である。

(18) 食母　乳母を道に譬える。『礼記』内則《だいそく》篇に「大夫の子には食母あり」とある。

第二十一章

孔徳《こうとく》の容《よう》、惟《こ》れ道に是《こ》れ従う。(1) 道の物為《た》る、惟《こ》れ恍《こう》惟れ惚《こつ》。(2) 惚たり恍たり、其の中《うち》に象《しょう》有り。(3) 恍たり惚たり、其の中《うち》に物有り。(4) 窈《よう》たり冥《めい》たり、其の中《うち》に精《せい》有り。(5) 其の精甚《はなは》だ真《しん》なり、其の中《うち》に信《しん》有り。(6) 古《いにしえ》自《よ》り今に及ぶまで、其の名去らず、(7) 以て衆《しゅう》甫《ほ》を閲《す》ぶ。(8) 吾 何を以て衆甫の状《じょう》を知るや、此《これ》を以てす。(9)

孔徳之容。惟道是從。道之爲物。惟恍惟惚。惚兮恍兮。其中有象。恍兮惚兮。其中有物。窈兮冥兮。其中有精。其精甚眞。其中有信。自古及今。其名不去。以閱衆甫。吾何以知衆甫之狀哉。以此。

【現代語訳】

大いなる徳ある人の容《すがた》は、ただ道にこそ従っている。

そもそも道という実在は、ただ仄暗《ほのぐら》く定かならず、

定かならず仄暗い中にも何やら象《かたち》があり、

仄暗く定かならぬ中にも何ものかが実在している。
奥深く幽《かす》かな中に霊妙な精気がこもり、
その精気はこの上なく真実で、その中に創造者としての明証がある。
それは昔から今に至るまで、変わることなく道とよばれて、
いうなれば、あまたの族長たちを統《す》べる本家の総領。
族長たちの実状が、どうしてわたしに分かるのかといえば、
それは総領である道によって分かるのだ。

【注】

○容・従／物・惚／恍・象／惚・物／冥・精／真・信／去・甫と押韻。

（1） 孔徳之容、惟道是従　「孔」は「大」の意（河上公注）。『荘子』天地篇一二に「徳人の容」、同三に「王徳の人」（「王」は「旺」と同じで大の意）とあり、後者を「徳を立て道を明らかにし、……冥冥《めいめい》に視、無声に聴き」「勃然《ぼつぜん》として動き、而《しこ》うして万物之に従う」と説明している。馬《ば》王堆《おうたい》本甲・乙は「惟」を「唯」に作るが、二字は通用する。

(2) 惟恍惟惚　「恍」「惚」は、第十四章に既出。心理的に解釈すれば、うっとりする、無我夢中であるの意となる。「恍忽」「芒芴」に作るテキストもあるが、意味は同じ。

(3) 惚兮恍兮、其中有象　「象」は第十四章の「無物の象」の象と同じ。『荘子』至楽篇一に「芴乎《こつこ》芒乎《ぼうこ》として、象《しょう》有ること無きか」とある。

(4) 恍兮惚兮、其中有物　「有物」は第二十五章冒頭の「物有り」と同義。畢沅《ひつげん》の引く河上公本などではこの二句が前の二句と入れかわっているが、意味は変わらない。

(5) 窈兮冥兮、其中有精　「精」は万物を生成する霊妙なはたらきの本質・中核をなすもの。人間でいえば生命体を形づくり生殖作用の核となる精気。『荘子』在宥篇四に「至道の精は、窈窈冥冥……女《なんじ》の精を揺《うご》かすこと無ければ、乃《すなわ》ち以て長生す可し」とある。

(6) 其精甚真、其中有信　「甚真」は、この上なく純粋無雑である、全く外物に汚されていないの意。『荘子』漁父篇に「真とは、精誠の至りなり」とある。「有信」は、道のはたらきに欺くことのない確かさがある、明証性をもっているの意。『荘子』大宗師篇三に「夫《そ》れ道は、情有り信有るも、為す無く形無し」とあり、情も精と同じく、真実なるもの、本質的なるものを意味する。ここまでの文章は、古くから道家の伝誦していたものと思われる。

(7) 自古及今、其名不去　「不去」は第二章末句の「去らず」と同じく、名を保持する、いつまでも道という名で呼ばれているの意。馬王堆本甲・乙は「自古及今」を「自今及古」に作る。

(8) 閲衆甫 「閲」は「統」と同義。「衆甫」は『荘子』天地篇五の「衆父」(支族の長老)に同じ。したがって、「閲衆甫」は天地篇同所の「衆父の父と為る」に相当する。「〔道は〕万物の宗《そう》(本家)」(第四章)の宗の縁語による表現である。

(9) 吾何以知衆甫之状哉、以此 「衆甫之状」とは、万物の族長である天地・日月・陰陽の気などの運行変化の状態であり、「吾」(孔徳をもつ聖人)は「此」(道)に従うことによって、その状態が分かる。「以此」は第五十四章の章末にも見える。

第二十二章

曲《きょく》なれば則ち全《まった》く、(1)枉《おう》なれば則ち直《なお》く、(2)窪《わ》なれば則ち盈《み》ち、敝《やぶ》るれば則ち新たに、(3)少なければ則ち得《え》、(4)多ければ則ち惑う。是《ここ》を以て聖人は、一《いつ》を抱いて天下の式《しき》と為る。(5)自ら見《あら》わさず、(6)故に明らかなり。自ら是《ぜ》とせず、故に彰《あら》わる。(7)自ら伐《ほこ》らず、故に功《こう》有り。(8)自ら矜《ほこ》らず、故に長し。夫《そ》れ惟《た》だ争わず、(9)故に天下能《よ》く之と争う莫《な》し。(10)古《いにしえ》の所謂《いわゆる》曲なれば則ち全しとは、(11)豈《あ》に虚言《きょげん》ならんや。誠《まこと》に全くして之を帰《かえ》す。(12)

曲則全。枉則直。窪則盈。敝則新。少則得。多則惑。是以聖人。抱一爲天下式。不自見故明。不自是故彰。不自伐故有功。不自矜故長。夫惟不爭。故天下莫能與之爭。古之所謂曲則全者。豈虚言哉。誠全而歸之。

【現代語訳】

曲がった木は寿命を全うし、
尺蠖《むし》は身を枉《ま》げてこそ伸びもする。
水は流れて凹地にたまり、
衣服は敝《す》り切れてこそ新しくなる。
欲が少なければ心の満足が得られ、
知が多ければ途方にくれる。
だからこそ無為自然の聖人は、
一なる道を守って天下の式《のり》となるのだ。
かれ無為自然の聖人は、
己れを誇示しないから、その存在が明らかとなり、己れを是《よ》しとしないから、その善が世にあらわれる。
己れの功を誇らないから、その功が己れのものとなり、
己れのうぬぼれを捨てるから、いつまでも尊敬される。
かれ聖人は絶対に人と争わない。
だから世のなかに敵対するものがいないのだ。
古人は、曲がった木は寿命を全うするといったが、
いかにも人生の真理をいいあてている。
まことに曲がった木となって己れの身を全うし、
全き身を大自然に返上するのだ。

【注】

○盈・新／得・惑・式／明・彰・功・長／争・争と押韻。

(1) 曲則全　以下の六句を極めて抽象的・哲学的な人生論として解釈する先人もあるが、老子の原意は素朴かつ即物的なものであったであろう。『荘子』天下篇五に「人皆な福を求めて、己れ独り曲にして全し」と引かれ、老子の学説の中核的な概念であった

ことが知られる。さらに『荘子』には、山木篇四に「直木は先ず伐《き》られ、甘井は先ず竭《つ》く」、人間世篇五に「拳曲《けんきょく》して以て棟梁《とうりょう》と為す可からず。……以て此くの於《ごと》く其れ大なるに至れるなり」、同八に「吾が行の郤曲《げききょく》すれば、吾が足を傷つくること無からん」などとある。

（2）枉則直　尺取り虫をいう。「直」を韻字に改める説もあるが、『論語』為政篇・顔淵篇も「枉」と「直」を対用させている。ただし、『淮南子《えなんじ》』道応訓の引用、景龍碑本、馬王堆本乙は「直」を「正」に作る。

（3）敝則新　第十五章にも「敝《やぶ》れて新たに成る」とある。

（4）少則得、多則惑　『易』繋辞《けいじ》伝《でん》上の「易簡にして天下の理は得らる」、『列子』説符篇の「多岐亡羊」で解釈することもできる。

（5）抱一為天下式　「抱一」は第十章に既出、「式」は法式（のり・おきて）の意。『史記』亀策列伝に「式を援《と》りて立つ」、『周礼《しゅらい》』大史職の「天時を抱く」の鄭衆《ていしゅう》の注に「式を抱いて天時を知る」とある。

（6）不自見故明　第二十四章に以下の四句と同類の文章が見え（道家の慣用語であろう）、第七十二章には「自ら知って自ら見《あら》わさず」とある。

（7）不自是故彰　『荘子』列御寇篇二に「〔今の世のひとは〕自ら是とす」とある。ただし、馬王堆本乙は「不自視故章」に作って「不自見」の句の前に置く。

(8) 不自伐故有功　『荘子』山木篇四の前引の語の後に「昔吾之を大成の人に聞けり。曰く、『自ら伐《ほこ》る者は功無く、功成る者は堕《こぼ》たれ、名成る者は虧《そこな》わる云々』」とあり、成玄英《せいげんえい》は「大成の人」を老子と解する。

(9) 夫惟不争　「惟」は「唯」に同じ。「夫唯不争」は第八章に既出。馬王堆本甲・乙ほか多くのテキストは「唯」に作る。『道蔵』所収の河上公本は「争」を「矜」に作る。なお、武内義雄『老子の研究』はこの句以下を後次的な敷衍《ふえん》の文章と見るが、馬王堆本はすでに載せている。

(10) 天下莫能与之争　第六十六章にも同じ句が見え、『荘子』天道篇二には「樸素《ぼくそ》なれば而《すなわ》ち天下能く之と美を争う莫し」とある。

(11) 古之所謂曲則全者　冒頭の句が古語であることをいう。「古之所謂」は『老子』ではこの一例だけであるが、『荘子』には大宗師篇五ほかに多く見える。

(12) 全而帰之　儒家の臭気の強く感じられる言葉で、武内義雄も疑うように後人の評語の竄入《ざんにゅう》かもしれない。『大戴礼《だたい》』曾子大孝篇に「父母全くして之を生めり。全くして之を帰すは、孝と謂う可し」とあり、『呂氏春秋《りょし》』孝行篇、『礼記《らいき》』祭義篇などにも見える。

第二十三章

希《き》言《げん》は自然なり。(1)故に飄風《ひょうふう》は朝《ちょう》を終えず、驟雨《しゅうう》は日を終えず。(2)孰《たれ》か此《これ》を為す者ぞ、天地なり。天地すら尚《な》お久しき能《あた》わず、而《しか》るを況《いわ》んや人に於てをや。(3)故に事《こと》に道に従う者は、道なれば道に同じくし、徳なれば徳に同じくし、失《しっ》なれば失に同じくす。(4)道に同じくする者は、道も亦《ま》た之を得るを楽しみ、(5)徳に同じくする者は、徳も亦た之を得るを楽しみ、(6)失《しっ》に同じくする者は、失も亦た之を得るを楽しむ。(7)信《しん》足らざれば、信ぜられざる有り。(8)

希言自然。故飄風不終朝。驟雨不終日。孰爲此者。天地。天地尚不能久。而況於人乎。故従事於道者。道者同於道。德者同於德。失者同於失。同於道者。道亦樂得之。同於德者。德亦樂得之。同於失者。失亦樂得之。信不足焉。有不信焉。

【現代語訳】

聴けども聞こえない道の言葉は、悠久な無為自然である。

だから騒々《そうぞう》しい飄風《つむじかぜ》は朝じゅうは続かず、
凄《すさま》じい夕立も一日じゅうは続かない。
いったい風を吹かせ雨を降らせるのは誰がするのだ、
それは天地のしわざである。
その天地でさえ永つづきさせることができないとすれば、
人間の場合はなおさらであろう。
だから無為自然のままにふるまう者は、
道であれば、その道と一つになり、
徳であれば、その徳と一つになり、
失徳であれば、その失徳と一つになる。
道と一つになれば、道もまた彼を得て悦《よろこ》び、
徳と一つになれば、徳もまた彼を得て悦び、
失徳と一つになれば、失徳もまた彼を得て悦ぶ。
無為自然の明証を欠いた言葉は、
誰からも信用されないのだ。

【注】

（1）希言自然　「希」は第十四章の「之を聴けども聞こえず、名づけて希と曰う」の希であり、したがって、「希言」とは道の声なき声をいう。「希言」は、『荘子』知北遊篇一の「至言は言を去つ《す》」の至言、寓言篇一の「卮言《しげん》」と同類の語であり、一句は、第十七章の「悠として其れ言を貴《わす》れ、功成り事遂げて、百姓《ひやくせい》皆な我を自然と謂う」と同じ思想を述べたものである。『論語』陽貨篇にも「天　何をか言わんや、四時《しいじ》行なわれ、百物生ず」とある。なお、この句を「希を自然と言う」と訓む説もあるが採らない。本章は道と言と信との関係を主題とすると解されるからである。

（2）故飄風不終朝、驟雨不終日　「終朝」は夜が明けてから朝食までの時間、いわゆる朝のうち。馬王堆本甲・乙などは「終」を「崇」、「驟」を「暴」に作るが、意味は同じ。「終（崇）朝」は『詩経』衛風「河広」や『春秋公羊《くよう》伝』僖公三十一年などにも見え、飄風暴雨を束の間のこととする表現は、『呂氏《りよし》春秋』慎大覧や『列子』説符篇、『淮《え》南子《なんじ》』道応訓などにも見え、古代中国人にとって俚諺的なものであった。

（3）而況於人乎　人間の言葉は希言とは異なり、永遠の真実性をもちえないの意を含む。

（4）故従事於道者……失者同於失　二句目「道者同於道」の「道者」を欠くテキスト

があり、有無のいずれを採るかによって解釈が分かれるが、ここでは一おう二字を有する明和本に従って訳解した。下文の「道亦楽得之」などの三つの「亦」の字を考慮すれば、意味が無理なく通るからである。ちなみに、「道者」の二字を欠くテキストに従えば、「道にいそしむ者は道と一つになり（以下同様）」と、道と徳と失が並列することになる。なお、王弼《おうひつ》は「徳者同於徳」の「徳」のいずれをも「得」の借字と見、次句の「失」と対応させるが、木村英一『老子の新研究』は第三十八章の「徳を失いて而《しか》る後に仁云々」を参照して、「失」は失徳すなわち仁義などの儒家的な徳を指すとする。あるいは一般的な背徳者の意に解してもよいだろう（道を有道者、徳を有徳者としても可）。馬王堆本甲・乙は「故従事於道者」を「故従事而」に作る。

（5）同於道者、道亦楽得之　『荘子』知北遊篇一一に「物を傷つけざる者は、物も亦《ま》た傷つくる能わざるなり」とある。二句を「於道者道亦得之」あるいは「故従事而道者道得之」などに作るテキストもあるが、やはり明和本のままに訓んでおく（下文についても同様）。馬王堆本甲・乙はこの二句を欠く。

（6）同於徳者、徳亦楽得之　「同」「楽」もしくは「亦楽」を欠くテキストもあり、馬王堆本甲・乙は「楽」の字を欠く。

（7）同於失者、失亦楽得之　「同」「楽」を欠くテキスト、下句を「道失之」に作るテキストもある。馬王堆本甲・乙も下句を「道亦失之」に作る。

（8）信不足焉、有不信焉　第十七章に既出。馬王堆本甲・乙はこの二句を欠く。なお、武内義雄『老子の研究』は、冒頭の「希言自然」とこの二句が第十七章の「信不足焉」以下と同類の思想を表現するものであり、「希言自然」を二句と見てこの二句につなげれば（中間の全句を衍文《えんぶん》とする）言・然・焉・焉と押韻するので、第十七章の「悠兮其貴言」以下をその下に移し改めて一章とする。

第二十四章

企《つまだ》つ者は立たず、跨《はだ》かる者は行かず。（1）自ら見《しめ》す者は明らかならず、自ら是《よ》しとする者は彰《あら》われず。自ら伐《ほこ》る者は功《こう》無く、自ら矜《ほこ》る者は長《ひさ》しからず。（2）其の道に在《お》けるや、余食贅行《よしぜいこう》と曰《い》う。（3）物或《つね》に之を悪《にく》む、故に有道者《ゆうどうしゃ》は処《お》らず。（4）

企者不立。跨者不行。自見者不明。自是者不彰。自伐者無功。自矜者不長。其在道也。曰餘食贅行。物或惡之。故有道者不處。

【現代語訳】

つまだつ者は立っておれず、
踏みはだかる者は歩けない。
己れを誇示すれば、その存在も明らかでなくなり、
己れを是《よ》しとすれば、その善も彰《あら》われなくなる。
己れの功を自慢すれば、その功も台なしになり、
己れをうぬぼれれば、間もなく行き詰まる。
このような不自然な行為をこそ、無為の大道においては、
食い残しの飯、無用の振舞いとよぶのだ。
誰もが常に嫌がって見むきもしないから、
有道者はそこに身をおかないのだ。

【注】

○行・明・彰・功・長・行／悪・処と押韻。

（1）企者不立、跨者不行　「企」を「跂」に作るテキストもあるが、意味は同じ。『荘

子』庚桑楚篇三に「人は其の跂《つまだ》つを見るも、猶《な》お之れ魁然《かいぜん》たり」、秋水篇四に「埳井《かんせい》の楽しみに跨跱《こじ》す」とある。馬王堆本甲・乙は下句を欠く。

(2)自見者不明……自矜者不長　この四句は第二十二章に「不自見故明云々」として既出。なお、「自見」を、自分の目を恃《たの》んで見る、己れの成見にすがると解する説もあるが採らない。『荘子』駢拇篇の「吾が所謂《いわゆ》る明とは……自ら見るのみ」と区別するため、「見」を「現」の略体で示すの意と解しておく(范応元《はんおうげん》も「見」を「現」と訓む)。

(3)其在道也、曰余食贅行　「在」を「於」に作るテキストも多いが、同義。「行」を「形」に作るテキストもある。『荘子』天道篇八に「余蔬《よしょ》」の語が見え、駢拇篇に「附贅《ふぜい》県疣《けんゆう》は、形より出づるかな」とある。なお、加藤常賢『老子原義の研究』は、「余食贅行」を冒頭の「不立」「不行」を承《う》ける言葉と見て、「舒尸」(軟体者《なえびと》)、「贅行《ぜいこう》」(足なえ)の借字とする。

(4)物或悪之、故有道者不処　第三十一章にも見える。道家の慣用語であろう。「物」は万物の意であるが、ここは「人」とほとんど同義。「或」は「常」の意。第四章に既出。馬王堆本甲・乙は「有道者」を「有欲者」に作る。

第二十五章

物有り混成《こんせい》し、天地に先だちて生ず。(1) 寂《せき》たり寥《りょう》たり、(2) 独立《どくりつ》して改めず、(3) 周行《しゅうこう》して殆《つか》れず。(4) 以て天下の母と為す可きも、(5) 吾《われ》其の名を知らず。(6) 之に字《あざな》して道と曰《い》い、強《し》いて之が名を為して大《だい》と曰う。(7) 大なれば曰《ここ》に逝《ゆ》き、(8) 逝けば曰《ここ》に遠く、(9) 遠ければ曰《ここ》に反《かえ》る。(10) 故に道は大、天は大、地は大、王も亦《ま》た大。域中《いきちゅう》に四大《しだい》有りて、王其の一《いつ》に居《お》る。(11) 人は地に法《のっと》り、地は天に法り、天は道に法り、道は自然に法る。(12)

有物混成。先天地生。寂兮寥兮。獨立而不改。周行而不殆。可以爲天下母。吾不知其名。字之曰道。强爲之名曰大。大曰逝。逝曰遠。遠曰反。故道大。天大。地大。王亦大。域中有四大。而王居其一焉。人法地。地法天。天法道。道法自然。

【現代語訳】

混沌《こんとん》として一つになったエトヴァスが、
天地開闢《かいびゃく》の以前から存在していた。

それは、ひっそりとして声なく、ぼんやりとして形もなく、
何ものにも依存せず、何ものにも変えられず、
万象にあまねく現われて息《や》むときがない。
それは、この世界を生み出す大いなる母ともいえようが、
わたしには彼女の名前すら分からないのだ。
仮に呼び名を道としておこう。無理に名前をつければ大《だい》とでも呼ぼうか。
この大なるものは大なるが故に流れ動き、
流れ動けば遠く遥かなひろがりをもち、
遠く遥かなひろがりをもてば、また、もとの根源に立ち返る。
かくて道は大なるものとよばれるが、
大なるものといえば、天も大であり、地も大であり、帝王もまた大である。
つまり、この世界には四つの大なるものが存在するが、
帝王がそのなかの一つを占めているのだ。
その帝王は人類の支配者として大地の在り方に法《のっと》ってゆき、
大地はさらに天の在り方に法ってゆき、
天はさらに道の在り方に法ってゆく。

そして、道の根本的な在り方は自然ということであるから、道はただ、自然に法って自在自若である。

【注】

○成・生／改・殆・母・道／大・逝／遠・反／天・然と押韻。

(1) 有物混成、先天地生 「物」は第二十一章の「道の物為《た》る」「其の中に物有り」の物と同じく、根源的な実在である道をさす。「混成」は第十四章の「混じて一《いつ》と為す」と同義。「先天地生」は、『荘子』大宗師篇三や知北遊篇一〇などにもそのまま見える。本章は、第一、四、十四、二十一章などと同じく、老子哲学の根本概念である道を説明するものであるが、素朴で即物的な叙述や具象的な比喩が多いなかで、道に関する論述はかなり高度な形而上的思策と理論的反省とを示し、『荘子』のそれと多くの共通・類似性をもっている。

(2) 寂兮寥兮 『釈文《しやくもん》』や范応元の引く王弼《おうひつ》注本は「寥」を「寞」に作る。『荘子』大宗師篇七に「寥たる天一」とあり、「寂寞」は天道篇・刻意篇・天下篇などに見える。

(3) 独立而不改 『荘子』大宗師篇三の「自らに本づき自らに根ざし……古自《よ》り以て固く存す」と同義。明和本は「而」の字を欠くが、次句と対をなすので、范応元などによって補った。ただし、景龍碑本は二句ともに「而」の字を欠く。

（4）周行而不殆　「殆」は「怠」と同義で疲れると訓む。ただし、王弼注などは「危」と同義と見て、「不殆」を安らかの意に解する。「周行」は『荘子』天下篇三に「天下に周行し、上《かみ》に説き下に教う」とあり、一句の意は、刻意篇の「上《かみ》は天を際《きわ》め、下《しも》は地に蟠《わだかま》る」、在宥篇四の「大明《たいめい》の上に遂《のぼ》り……窈明《ようめい》の門に入り……未だ常《かつ》て衰えず」である。馬王堆本甲・乙はこの句を欠く。

（5）可以為天下母　第五十二章に「天下に始め有り、以て天下の母と為す」とある。景龍碑本、馬王堆本甲・乙は「天下」を「天地」に作る。

（6）吾不知其名　第一章に「名無し、天地の始めには」、第三十二章に「道の常は名無し」、第四十一章に「道は隠れて名無し」などとある。

（7）字之曰道、強為之名曰大　第三十四章にも「名づけて大と為す可し」とあり、『荘子』則陽篇九には「道の名為《た》る、仮りて行なう所」「(道は)其の大に因《よ》りて以て号《よ》びて之を読《い》えば則ち可なり」とある。なお、『韓非子』解老篇、『文子』道原篇の引用には「字」の上にも「強」の字があり、范応元の見た王弼注本にもあったというが、一おう明和本に従っておく。「為之名」は「之が為に名づけて」と訓んでも可。

（8）大曰逝　以下の三句は、上文の「大」を承《う》けてその意味を補足的に敷衍するものであろう。三句を注の竄入《ざんにゅう》と見る説もあるが、馬王堆本甲・乙はすでに本文として載せている。一句は上文の「周行」をも承けて、道の流動性をいう。第三十五章に「大象《たいしょう》を執って、天下に往く」とあり、『荘子』天地篇二に「韜《とう》（滔）乎《こ》たり、其の心を事《た》（立）つることの大なるや。沛乎《はいこ》たり、其の万物と為《とも》（与）に逝《ゆ》くや」とある。

（9）逝曰遠　道の無限の遠心力をいう。第六十五章に「玄徳は深いかな遠いかな」とあり、『荘子』田子方篇一に「遠いかな、全徳の君子」とある。

（10）遠曰反　道の遠心力が同時に根源に復帰する求心力でもあることをいう。第十六章に「夫《そ》れ物は芸芸《うんうん》たるも、各おの其の根《こん》に帰る」とあり、『荘子』天下篇一に「悲しいかな。百家往きて反らず、必ず合《がっ》せず」とある。なお、『易』復卦《ふくか》に「遠からずして復《かえ》る」とあり、復は「天地の心」すなわち道を示すものとされている。老子も『易』も、道をいつかは帰るべきわが家と考える。道のはたらきの遠心力が強まれば強まるほど求心力も強まるように、道に従う者もそのわが家から遠ざかれば遠ざかるほど帰心をつのらせる。尚古もしくは復古の思想は時間の求心力をいうものであろう。老子や『易』の哲学は、中国人の復帰の思想を代表しているのである。

（11）故道大……而王居其一焉　王を道の最高の担い手として天地と並列するのは、老子思想の特色の一つである。第三十九章にも「天は一《いっ》を得て以て清く、地は一を得て以て寧《やす》く、……侯王は一を得て以て天下の貞《てい》と為る」とあり、『荘子』天道篇四に「天より神《しん》なるは莫《な》く、地より富めるは莫く、帝王より大なるは莫し」、同六に「天地は、古の大とせし所なり」とある。范応元本ほかは二箇所の「王」を下文に合わせて「人」に作り、王か人かをめぐる喧しい議論もあるが、王を人の代表と解すればよいだろう。馬王堆本甲・乙も「王」に作るが、「域中」を「国中」に作る。

(12) 道法自然　道の在り方が無為自然であることを、上文に合わせて「法る」といったまでである。

第二十六章

重きは軽きの根《こん》為《た》り、静かなるは躁《さわ》がしきの君為り。(1) 是《ここ》を以て聖人は、(2) 終日行《ゆ》いて、輜重《しちょう》を離れず、(3) 栄観《えいかん》有りと雖《いえど》も、燕処《えんしょ》して超然《ちょうぜん》たり。(4) 奈何《いかん》ぞ万乗《ばんじょう》の主《しゅ》(5)にして、身を以て天下に軽《かろ》がろしくせんや。(6) 軽がろしくすれば則ち本《もと》を失い、躁《さわ》がしければ則ち君を失う。(7)

重爲輕根。靜爲躁君。是以聖人。終日行。不離輜重。雖有榮觀。燕處超然。奈何萬乘之主。而以身輕天下。輕則失本。躁則失君。

【現代語訳】

重いものは軽いものの根っことなり、
静かなるものは躁《さわ》がしいものの君《あるじ》となる。
だからこそ無為の聖人は、
終日行軍しても輜重車《しちょう》を手離さず、
美しい眺めがあっても超然として居室にくつろぐ。
どうして帝王たるものが、天下に対して吾が身を軽《かろ》がろしく振舞おうぞ。
軽がろしく振舞えば根本である吾が身を失い、
躁《さわ》がしければ支配者としての地位を失う。

【注】

○根・君／行・重／観・然／主・下（江有誥《こうゆうこう》の説）／本・君と押韻。
（1）重為軽根、静為躁君　「重」「静」は道もしくは道を体得した者の在り方であり、「軽」「躁」は万象もしくは道への復帰を知らぬ者の在り方であるが、前者を女性的なるもの、後者を男性的なるものと考えることもできる。

(2) 是以聖人　多くのテキスト（馬王堆《ばおうたい》本甲・乙も）及び『韓非子』解老篇は「聖人」を「君子」に作る。「君子」の語は第三十一章にも見え、孔子学派の構想する理想的人間像であるが、「君子」に作ったほうが下文と論理的によりよく斉合する。ただし、一句は『老子』の慣用句の一つであり、「聖人」と下文の「万乗之主」を同格と見れば、このままでも文意は十分に通じる。

(3) 終日行、不離輜重　「行」は下文の「燕処」の処と対応し、ここは戦場での行軍をさす。「輜重」は糧食などの補給物資を載せる荷馬車。二句はいわゆる兵站《へいたん》を確保した戦闘行動をいい、冒頭の「重」の譬《たと》えである。

(4) 雖有栄観、燕処超然　「栄観」を立派な宮殿と解する説もある（河上公注）。「燕処」は『礼記《らいき》』仲尼燕居篇の「燕居」と同義。「燕」は「宴」とも書き、安らぐ、くつろぐの意。「超然」は気にかけぬさま。馬王堆本甲・乙は二句を「雖有環官燕処則昭若」に作る。

(5) 万乗之主　一万台の戦車を所有する者の意で、本来は天子をいうが、戦国時代には強大な諸侯をもそうよんだ。『荘子』徐無鬼篇一でも魏の武侯がそうよばれている。

(6) 以身軽天下　わが身を貴重なものとして天下を治めるの意。第十三章に「貴ぶに身を以てして天下を為《おさ》む」、『荘子』在宥篇一に「身を以《もち》うるを天下を為むるよりも貴ぶ」とある。『群書治要《ちよう》』の引用、馬王堆本甲・乙、『韓非子』喩老篇は「天下」の上に

「於」を作る。

(7) 軽則失本、躁則失君　「本」は冒頭の「根」と上文の「身」を承け、「君」も冒頭の「君」と同じであるが、「万乗之主」との関連でいえば帝王の位をさす。なお、武内義雄『老子の研究』もすでに指摘するように、『韓非子』喩老篇は冒頭の二句とこの末尾の二句のみを『老子』からの引用とし、中間の句に類似する記述を自らのものとする。押韻の仕方を考慮すれば、四句が一つの成語的な文章であったことが知られ、中間の三十一字は後次的に挿入されたものと推測される。ただし、馬王堆本甲・乙はすでに三十一字を本文としている。

第二十七章

善《よ》く行くものは轍迹《てっせき》無く、(1)善く言うものは瑕讁《かてき》無く、善く数うるものは籌策《ちゅうさく》せず。(2)善く閉ざすものは関鍵《かんけん》無くして而《しか》も開く可からず、善く結ぶものは縄約《じょうやく》無くして而も解く可からず。(3)是《ここ》を以て聖人は、常に善《よ》く人を救う、故に人を棄《す》つる無し。善く物を救う、故に物を棄つる無し。是《これ》を明《めい》に襲《い》ると謂《い》う。(4)故に善人は不善人の師《し》、不善人は善人の資《し》。(5)其の師を貴《たっと》ばず、其の資を愛せざれば、(6)智と雖《いえど》も大いに迷わん。

是を要妙《ようみよう》と謂う。(7)

善行無轍迹。善言無瑕讁。善數不籌策。善閉無關鍵而不可開。善結無繩約而不可解。是以聖人。常善救人。故無棄人。常善救物。故無棄物。是謂襲明。故善人者。不善人之師。不善人者。善人之資。不貴其師。不愛其資。雖智大迷。是謂要妙。

【現代語訳】

無為にして善《よ》く行く者は轍《わだち》の迹《あと》を残さず、
無為にして善く言う者は言葉に瑕讁《きず》がなく、
無為にして善く数える者は算木《さんぎ》など用いない。
最善の戸締りはかんぬきやかぎをかけなくても開《あ》けられず、
最善の荷造りは縄がけをしなくても解《ほど》けない。
だからこそ無為の聖人は、
常に善く人間を活《い》かしてゆき、
したがって、どんな人間をも見捨てない。
常に善く財物を活かして用い、

したがって、どんな財物をも見棄てない。
これを明らかな智恵を身につけていると謂《い》うのだ。
かくて善人は不善人の学ぶべき師となり、
不善人は善人の反省の資《たす》けとなる。
己れの師を貴ばず、
己れの資《たす》けを大切にしなければ、
智者であっても全く途方にくれる。
これを玄妙な真理というのだ。

【注】

○迹・謫・策／開・解／師・資・師・資／迷・妙と押韻。

（1） 善行無轍迹　作為の跡を感ぜさせず、天衣無縫に振舞うの意。『荘子』人間世篇に「地を行く無きは難し。……未だ翼無きを以て飛ぶ者を聞かず」とあるが、それを行なう。馬王堆本甲・乙ほかは「善行」の下に「者」がある。下文の「善言……善結」についても同じ。なお、「善」については第二、八、二十、三十章などを参照。老子において善は無為自然であることであり、悪は善の欠如態、迷いにすぎない。

（２） 不籌策 「不」を「不用」あるいは「無」に作るテキストもある。馬王堆本甲は「不以檮筴」、乙は「不用檮筭」に作る。

（３） 善閉無関鍵而不可開、善結無縄約而不可解 『淮南子《えなんじ》』説山訓に「善く閉ざすものは関楗を用いず」、『荘子』駢拇篇に「縄約膠漆《こうしつ》を待ちて固くするは、是れ其（無為）の徳を侵すなり」とある。なお本章は、ここまでと、下文の「是謂襲明」まで、「是謂要妙」までの三つの部分に分けることができ、これを別個の文章の恣意的な集成と見る説、第二・第三の部分の末句以外を衍文《えんぶん》と見る説などもあるが、善を主題としたものと見れば一おうのまとまりを持つし、馬王堆本甲・乙にはすでに全文がある。

（４） 是以聖人……是謂襲明 「救人」は人に所を得させること。「無棄人」は「棄人無し」と訓んでも可。「襲」を「被」（かくす）、「重」（かさねる）、「伝」（つたえる）などと訓む説もあるが、ここでは『荘子』大宗師篇三の「崑崙《こんろん》に襲《い》る」、刻意篇の「邪気襲る能わず」などを参照して、入ると訓んでおく。馬王堆本甲・乙は「怞」「申」（＝重）に作る。「明」は絶対の智恵。第十六章、第五十五章に「常を知るを明と曰う」とある。『淮南子』道応訓はこの六句を「人に棄人なし、物に棄物なし、是を襲明と謂う」とする。

（５） 善人者、不善人之師、不善人者、善人之資 「無棄人」の説明であるが、「師資」

の語の典拠として有名。「師」が弟子の手本となるだけでなく、弟子もまた師の資《たす》けとなる。『書経』説明《えつめい》篇に「惟《こ》れ教うるは学ぶの半ば」、『論語』述而《じゅつじ》篇に「其の善なる者を択んで之に従い、其の不善なる者にして之を改む」とある。

（6）不貴其師、不愛其資　第十三章に「貴ぶに身を以てして……愛するに身を以てして……」とある。

（7）要妙　「窈眇」と同義で奥深い真理。善人をも不善人をも大切にしてゆくこと。

第二十八章

其の雄《ゆう》を知りて、其の雌《し》を守れば、天下の谿《たに》と為る。(1) 天下の谿と為れば、常徳《じょうとく》離れず(2)、嬰児《えいじ》に復帰《ふっき》す。(3) 其の白《はく》を知りて、其の黒《こく》(4)を守れば、天下の式《のり》(5)と為る。天下の式と為れば、常徳忒《たが》わず(6)。無極《むきょく》(7)に復帰す。其の栄《えい》を知りて、其の辱《じょく》を守れば、天下の谷と為る。(8) 天下の谷と為れば、常徳乃《すなわ》ち足りて、樸《ぼく》に復帰す。(9) 樸散《さん》ずれば則ち器《き》と為る。(10) 聖人之を用うれば、則ち官長《かんちょう》と為す。(11) 故に大制《たいせい》は割《さ》かざるなり。[12]

知其雄。守其雌。爲天下谿。爲天下谿。常徳不離。復歸於嬰兒。知其白。守其黑。爲天下式。爲天下式。常徳不忒。復歸於無極。知其榮。守其辱。爲天下谷。爲天下谷。常徳乃足。復歸於樸。樸散則爲器。聖人用之。則爲官長。故大制不割。

【現代語訳】

男性的な剛強さの何たるかを弁《わきま》えた上で、
女性的な柔軟さをじっと持ちつづけてゆけば、
世界じゅうが慕い寄る大いなる谷間となり、
世界じゅうが慕い寄る大いなる谷間となれば、
恒常不変な無為の徳が身に宿って、
嬰児《みどりご》の心の無知無欲に立ち返る。

ロゴスの明晰さの何たるかを弁《わきま》えた上で、
カーオスの昧《くら》さをじっと持ちつづけてゆけば、

世界じゅうが彼に法《のっと》る大いなる師表となり、
世界じゅうが彼に法る大いなる師表となれば、
恒常不変な無為の徳に違《たが》うことなく、
果てしなき道の世界の根源に立ち返る。

人の世の栄達の何たるかを弁《わきま》えた上で、
汚辱の生活にじっと甘んじてゆけば、
世界じゅうが帰服する大いなる谷あいとなり、
世界じゅうが帰服する大いなる谷あいとなれば、
恒常不変な無為の徳に満ち足りて、
樸《あらき》の素朴さにそのまま立ち返る。

樸《あらき》の素朴さが切り割《さ》かれると、さまざまな特殊技能者が出来あがるが、
聖人が彼らを用いるときには、
せいぜい一官の長に任ずるにすぎない。
だから結論をいえば、こうだ。

大いなる截断《せつだん》は人為の截断を用いることなく、樸《あらき》の素朴さをそのまま全うするのだ、と。

【注】

○雌・谿・谿・離・児／黒・式・式・忒・極／辱・谷・谷・足・樸と押韻。

(1) 知其雄、守其雌、為天下谿　「雌」は第六章を参照。ここでは雄を知り尽くした上での在り方とされているところに特色がある。「谿」は谷間。第六章、第十五章などに既見。なお、本章は『老子』を代表する文章の一つで、『荘子』天下篇五にも「其の雄を知りて、其の雌を守れば、天下の谿と為り、其の白を知りて、其の辱《じょく》を守れば、天下の谷《こく》と為る」と引用されている。

(2) 常徳不離　「常」は第一章の常道の注を参照。馬王堆本甲・乙は「恒」に作る。「徳」は第十章の「玄徳」の注を参照。『荘子』馬蹄篇に「同《とう》(侗)乎《こ》として無知にして、其の徳離れず、同(侗)乎として無欲にして、是《これ》を素樸と謂う」とある。

(3) 復帰於嬰児　「復帰」は第十四章、第五十二章の注を参照。「嬰児」は第十章、第二十章に既出。

(4) 白・黒　光と闇、昼と夜、賢と愚、理知的なるものと情念的なるもの、文明と野性の対比と見てもよい。

（5）天下式　第二十二章に「聖人は、一《いつ》を抱いて天下の式《しき》と為る」とある。

（6）不忒　「忒《とく》」は差《たが》うの意。「不忒」は上文の「不離」を言いかえたもの。

（7）無極　後の宋学で重要な形而上学的概念となるが、『老子』にはここだけにしか見えず、『易』にも「太極」の語は見えるがこの語は全く見えない。しかし、『荘子』では多用され、大宗師篇六に「無極に撓挑《じようちよう》す」、在宥篇四に「窮《きわ》まり無き門に入り、以て極《はて》し無き野《や》に遊ぶ」、刻意篇に「澹然《たんぜん》として極まり無し」などとある。

（8）知其栄、守其辱、為天下谷　上文の「守其黒」から「知其栄」までは後次的な挿入であろう。易順鼎《いじゆんてい》『読老札記』と馬叙倫『老子覈詁《かくこ》』も考証するように、「辱」は古くは「白」と対用され（第四十一章に「太白は辱《よご》れたるが若《ごと》し」とあり、前引の『荘子』天下篇もそのように作る）、「栄辱」も古くは「寵辱」と書かれるからであり（第十三章に「寵辱に驚くが若くす」とある）、「天下谿」と「天下谷」、「復帰於嬰児」と「復帰於樸」が密接な対をなしているのに、「天下式」「復帰於無極」がその中間にあるのは文章として不調和であるからである。もっとも『淮南子《えなんじ》』道応訓の引用はこのままであり、改作の時期のかなり古いことが想定される。馬王堆本甲・乙は前三句を天下篇と同じに作り、「知其白……復帰於無極」の前に置く。なお、「白」に対する「辱」は「黷」と同じで、垢《あか》にまみれる、黒く汚れているの意。

（9）復帰於樸　道家の俚諺的な成語であろう。『荘子』応帝王篇五に「雕琢《ちょうたく》して朴に復《かえ》る」、天地篇一一に「為すこと無くして朴に復る」とある。「朴」は「樸」に同じ。「樸」は第十五章、第十九章に既出。

（10）樸散則為器　以下は、先人も多く指摘するように後次的な附加であろう。「器」は器物、文物制度、特殊技能をいう。『荘子』馬蹄篇に「樸を残《そこな》いて以て器と為すは、工匠の罪なり」、『論語』為政篇に「君子は器ならず」とある。

（11）聖人用之、則為官長　「聖人」を儒家のそれとする説もあるが、一おう道家のそれとする説に従って解釈しておく。他の用例から見て、儒家の聖人と取ることは困難だからである。ちなみに、儒家の聖人と取る説は、『荘子』馬蹄篇の上引に続いて「〔無為の〕道徳を毀《こぼ》ちて以て仁義と為すは、聖人の過ちなり」とあるのを参照し、「為官長」を「〔聖人が〕官長と為る」と訓んで、聖人が器を用うれば、彼は百官の長になりさがってしまうと解する。「官長」は百官を統《す》べる長とも百官それぞれの長とも解されるが、『老子』や『荘子』には他に用例がなく、『墨子』尚賢篇中や『管子』五輔篇などに見えるにすぎない。この部分の後次性を示唆するものであろう。ただし、馬王堆本甲・乙はすでに「聖人用則為官長、夫大制无割」に作って本文とする。

（12）大制不割　「制」は「割」と同義で「切る」と訓む。「大制」とは、民の「樸を散じ」ない無為自然の政治をいう。第四十一章に「大方は隅《ぐう》無し」、第四十五章に「大成は欠けたるが若し」とある。

第二十九章

天下を取りて之を為さんと将欲《ほっ》すれば、(1) 吾《われ》其の得ざるを見るのみ。天下は神器《しんき》、為す可からざるなり。(2) 為す者は之を敗《やぶ》り、執《と》る者は之を失う。(3) 故に物は、或いは行き或いは随《したが》い、或いは歔《ゆるくふ》き或いは 吹《つよくふ》き、(4) 或いは強く或いは羸《よわ》く、或いは挫《くじ》け或いは隳《お》つ。是《ここ》を以て聖人は、甚《じん》を去り、奢《しゃ》を去り、泰《たい》を去る。(5)

將欲取天下而爲之。吾見其不得已。天下神器。不可爲也。爲者敗之。執者失之。故物。或行或隨。或歔或吹。或强或羸。或挫或隳。是以聖人。去甚。去奢。去泰。

【現代語訳】

天下をせしめて、うまくしてやろうと思っても、
わたしには、それが駄目だと分かるのだ。
天下というものは不思議なしろもので、

人間の力ではどうすることもできない。うまくしてやろうとすれば、それを毀《こわ》してしまい、手に取ろうとすれば抜け落ちてしまう。いったい、世のなかに存在するものはさまざまで、自分で歩く者があるかと思えば、人の尻についてゆく者があり、フーッと息吐《は》く者があるかと思えば、パッと息吹く者もある。あるものは頑丈で、あるものは卑弱《ひよわ》く、あるものは挫折し、あるものは堕落する。だから無為の聖人は、度はずれを止め、おごりを去り、たかぶりを棄てて、対象の自然にそのまま従ってゆくのだ。

【注】

○随・吹・羸・隳と押韻。

(1) 将欲取天下而為之 「将」も「欲」と同義。第三十六章にも見える。「為」は、下文の「不可為」「為者敗之」の為とともに、人為の力で処理しようとすることをいう。春秋戦国時代の群雄の覇道、儒家の説く王道を批判しているのである。

(2) 天下神器、不可為也　上句は天下が人間のはからいを超えた非合理な存在であることをいう。『荘子』譲王篇一に「天下は大器なり」とある。なお、易順鼎『読老札記』は、二句の間に「不可執也」の一句を補うべきであるとする。『文選《もんぜん》』「晋紀総論」の引用にそれがあり、第六十四章に「為すこと無し、故に敗るること無し。執《と》ること無し、故に失うこと無し」と為と執が対用されているからである。ちなみに、『文子』道徳篇の引用にもその句があるが（また、「神器」を「大器」に作る）、馬王堆本甲・乙にはない。

(3) 為者敗之、執者失之　第六十四章にも見える。

(4) 或歔或吹　「吹」「歔」は『荘子』刻意篇の「吹呴」と同じ。「歔」を「呴」に作るテキストもある。

(5) 去甚、去奢、去泰　「甚」は極端なもの、過度なこと、「奢」は欲望の過剰な充足、「泰」は驕慢な心をいう。『孟子』離婁《りろう》篇下に「仲尼は已甚《はなは》だしきものを為さず」、『論語』述而篇に「奢なれば則ち不遜」、『荘子』天道篇八に「知巧にして泰を覩《み》る」とある。馬王堆本甲は「奢」を「大」、「泰」を「楮」に作り、乙は「泰」を「諸」に作る。「大」は「泰」と通用、「楮」「諸」は「奢」の音訛。なお、この三句は、『老子』の箴言集的な性格を示す好例であろう。

第三十章

道を以て人主《じんしゅ》を佐《たす》くる者は、(1)兵を以て天下に強《きょう》ならず。(2)其の事還《かえ》るを好む。(3)師《し》の処《お》る所は、荊棘《けいきょく》生じ、大軍《たいぐん》の後《のち》には、必ず凶年《きょうねん》有り。(4)善《よ》くする者は果《な》すのみ、(5)敢《あ》えて以て強《きょう》を取らず。(6)果《な》して矜《ほこ》る勿《な》く、果《な》して伐《ほこ》る勿《な》く、果《な》して驕《おご》る勿し。(7)果《な》して已《や》むことを得ず、(8)果《な》して強《きょう》なる勿《な》し。(9)物壮《そう》なれば則ち老ゆ。(10)是《これ》を不道《ふどう》(11)と謂《い》う。不道は早く已《や》む。

以道佐人主者。不以兵强天下。其事好還。師之所處。荊棘生焉。大軍之後。必有凶年。善者果而已。不敢以取强。果而勿矜。果而勿伐。果而勿驕。果而不得已。果而勿强。物壯則老。是謂不道。不道早已。

【現代語訳】
無為自然の道で君主を輔佐《ほさ》しようとする者は、

武力で天下に強大ならしめようとはせず、
その政治は根本の道に立ち返ろうとする。
それというのも軍隊の駐屯地には、
荆棘《いばら》が生《は》えて田畑は荒れ果て、
大きな戦争の後《あと》には、
かならずや飢饉《ききん》がやってくるからだ。
善い政治とは、果実《このみ》の熟《う》れるように、全く無為にして成るもの、
無理をして国の強大など求めないのだ。
無為にして成して誇ら顔をせず、
無為にして成して手がら顔をせず、
無為にして成して思いあがらない。
無為にして成して已《や》むを得ぬ必然の道理に従ってゆき、
無為にして成して強大を求めない。
物はすべて威勢がよすぎると、やがてその衰えがくる。
これを不自然なふるまいという。
不自然なふるまいは、すぐに行きづまるのだ。

【注】

○者・下／還・焉・年／強・矜／老・道・已（奚侗《けいとう》の説）と押韻。

（1）以道佐人主者　次章の「君子」もしくは第十五章の「士」にあたり、官僚として仕官した有道者をいう。ただし、有道者が仕官するという発想は、儒家・法家の思想に影響を受けた後次的なものであろう。本来の道家はもっぱら帝王の無為を説き、官僚機構を否定するのが建前だからである。「人主」の語もここだけに見え、『荘子』でも外物篇一に一例見えるだけであり、儒家でも『論語』『孟子』には見えず、『荀子』に至って多用されている。

（2）不以兵強天下　武力による覇道、富国強兵の軍国主義を批判する。戦争が不道の行為であり、農村を破壊するからである。戦争批判は本章を最初として第六十九、七十三、七十六章などにも見える。第二十六章の「以身軽天下」の場合と同じく、天下の上に「於」の字を作るテキストも多い。馬王堆本乙も「於」を作る。

（3）其事好還　「還」を「反」（かえる）と同義に見る王弼《おうひつ》の説に従う。他に、「還すを好む」と訓んで、悪逆を正道に返すと解する説、「好んで還る」と訓んで、しばしば報いを受ける、仕返しをされると解する説（范応元《はんおうげん》。ただし、この場合は、「其事」を

「以兵強天下」を承けるとする）などがある。

（4）師之所処……必有凶年　この四句は、先人も考証するように後次的に附加された敷衍《ふえん》の文章であろう。最初の二句が『呂氏春秋《りょし》』応同篇に「師の処る所は、必ず棘楚を生ず」（「棘楚」は「荆棘」と同義）として『老子』の語とせずに引用され、『漢書』厳助伝に載せる淮南《わいなん》王安《あん》の上書に至って初めて『老子』の語と明記されており、後の二句が同上の上書に一般的な古語として「軍旅の後には、必ず凶年有り」と引用され、この二句のないテキストが唐代に三種もあったからである（馬王堆本甲・乙も二句を欠く）。また、同じく敷衍の文と推定される下文の「果而勿矜……果而勿強」の第一句が前句と押韻しているように、この四句も前句と押韻していて、かえって不自然さを感じさせ、論理も四句を省いたほうがよく通じるからである。

（5）善者果而已　「善者」は、上文の「其事」すなわち善き政治を行なう有道者をいう。「果」は、「果断」の意と見る説、「済」（すくう）、「誠」（まこと）と見る説などもあるが、ここでは司馬光の説などに従って「成」（なる）の意に解しておく。『春秋左氏伝』宣公十二年に「先君の宮を為《つく》りて成事を告げんのみ、武は吾が功に非ず」とあって「成」を「武」（兵強）と対置させ、六朝時代の繆協《びゅうきょう》も『論語』子路篇の「行なえば必ず果」の「果」を「成」と同義に解する。

（6）不敢以取強　第八十章の「小国寡民」と承応する。

（7）果而勿矜……果而勿驕　第二章、第七十七章に「為して恃《たの》まず、功成りて居（処）らず」、第二十二章に「自ら伐《ほこ》らず、故に功有り。自ら矜《ほこ》らず、故に長し」とあり、第二十四章はその逆を言う。

（8）果而不得已　「不得已而果」の倒装文。『荘子』大宗師篇一に「古の真人は……崔《さい》乎《こ》として其れ已むを得ざるか」、人間世篇二に「已むを得ざるに託して以て中を養う」、同一に「已むを得ざるに寓すれば、則ち幾《ちか》し」などとある。

（9）果而勿強　上文の「善者果而已、不敢以取強」を約《つづ》めた文章。「果而勿矜」以下の三句を「果而不得已」と承け、さらにこの句で結ぶ。この句の上に「是」あるいは「是謂」のあるテキストもあり（馬王堆本甲にも「是謂」があり、「勿」を「不」に作る）、そのほうが文意がはっきりする。

（10）物壮則老　「壮」は上文各所の「強」と同義。「壮」といったのは、以下の三句が成語的な文章であり（第五十五章にもそのまま見える）、「老」と対応するからであろう。上引の『春秋左氏伝』宣公十二年にも「師は直を壮と為し、曲を老と為す」とある。

（11）不道　無為自然の道に背いていること。

第三十一章

夫《そ》れ佳《た》（唯）だ兵は、不祥《ふしよう》の器《き》(1)、物或《つね》に之を悪《にく》む。故に有道者《ゆうどうしや》は処《お》らず(2)。君子居れば則ち左を貴《たつと》び、兵を用うれば則ち右を貴ぶ(3)。兵は不祥の器、君子の器に非ず。已《や》むを得ずして之を用うれば(4)、恬淡《てんたん》(5)を上《じよう》と為し、勝ちて美《び》とせず。而《も》（若）し之を美とすれば(6)、是れ人を殺すを楽しむなり。夫《そ》れ人を殺すを楽しめば、則ち以て志《こころざし》を天下に得可からず(7)。吉事《きつじ》には左を尚《たつと》び、凶事《きようじ》(8)には右を尚ぶ。偏将軍《へんしようぐん》は左に居《お》り、上将軍《じようしようぐん》(9)は右に居る。喪礼《そうれい》を以て之に処《お》るを言うなり。人を殺すことの衆《おお》き、哀悲《あいひ》を以て之に泣《のぞ》（涖）み(10)、戦い勝つも喪礼を以て之に処《お》る。

夫佳兵者。不祥之器。物或惡之。故有道者不處。君子居則貴左。用兵則貴右。兵者。不祥之器。非君子之器。不得已而用之。恬淡爲上。勝而不美。而美之者。是樂殺人。夫樂殺人者。則不可以得志於天下矣。吉事尚左。凶事尚右。偏將軍居左。上將軍居右。言以喪禮處之。殺人之衆。以哀悲泣之。戰勝以喪禮處之。

【現代語訳】

いったい、武器というものは不吉なしろもので、
誰もが常に嫌がるものである。
だから有道者は、そこに身をおかないのだ。
平常の生活では左を貴ぶ君子人《くんしじん》たちも、
武器を使うとなると右を貴ぶのもこのためである。
武器というものは不吉なしろもので、
君子人の手にすべきものではない。
どうしても使わねばならぬときには、
無欲恬淡《てんたん》であるのが最上で、
勝利を収めても、それを讃美しないのだ。
もしも勝利を讃美するならば、
それこそ人殺しを楽しむというものだ。
いったい人殺しを楽しむようでは
志を天下に得ることなどできないのだ。

一般に祝儀《しゅうぎ》の場合には左を貴ぶが、
不《ぶ》祝儀《しゅうぎ》の場合には右を貴ぶ。
軍隊では副将軍が左側に位置し、
上将軍が右側に位置するが、
戦争を葬式なみに扱うという意味だ。

多勢の人間を殺戮《さつりく》するから、
悲しみをこめて戦場にのぞみ、
勝利が得られても葬式なみに対処してゆくのだ。

【注】

○者・器・悪・処／右・之・之（朱謙之《しゅけんし》の説）と押韻。

(1) 夫佳兵者、不祥之器　前句の訓み方については古来二説が行なわれている。『史記』扁鵲《へんじゃく》倉公列伝の論に老子の語として引く「美好は不祥の器」を拠り所として、「佳兵」を美好の兵（武器）を表わす造語と見る説と、「佳」を「隹」の誤写とし、「夫佳」

を「夫唯」と同じ発語の助辞と見る王念孫『読書雑志余篇』の説であるが、ここでは一おう後者に従っておく。しかし、『老子』における「夫唯」の用法はいずれも上文を承けるもの（『荘子』には徐無鬼篇にただ一例見えるが、それも同じ）なので、木村英一は下文の「故有道者不処」までを前章につづけ、新たに「兵者不祥之器」の六字を補うべきであるとする。「不祥」は不吉の意。『荘子』大宗師篇五にも「不祥の金《きん》」「不祥の人」などとある。馬王堆《ばおうたい》本甲・乙は二句を「夫兵者、不祥之器也」に作る。

（2）　物或悪之、故有道者不処　第二十四章の末尾にもそのまま見える。道家の格言的な成語であろう。馬王堆本甲は「道」を「欲」に作り、乙は欠字。

（3）　君子居則貴左、用兵則貴右　「君子」は儒家の理想的人間像、ここは在朝の賢者をさす。加藤常賢は、穢《けが》れたものを持たない左手を神聖視して、喪礼や戦闘を右手で行なうのは原始信仰に本づくことであるとする。老子も戦争をタブー、不祥としているのである。なお、陶方琦・武内義雄・朱謙之ら（紀昀《きいん》も彼らに近い）は、ここまでと末尾の三句のみを本文とし、下文の「兵者、不祥之器……則不可以得志於天下矣」を冒頭四句（木村英一の場合は「兵者不祥之器」の六文字）の、「吉事尚左……言以喪礼処之」をそれに続くこの二句の、注もしくは後次的な解説の文章とみる。ただし、加藤常賢は「言以喪礼処之」の一句のない景龍碑本を採るので、末尾の三句をもこの二句の注もしくは解説とみる。これ以外にも諸説があるが、詳細は馬叙倫『老子覈詁《かくこ》』を参照。ちなみに、馬王堆本甲・乙はすでに全体を本文としている。

(4) 不得已而用之　老子はぎりぎりの生存を守るための自衛の戦争は肯定する。

(5) 恬淡　『荘子』天道篇に、「夫れ虚静恬淡《てんたん》寂漠無為は、天地の平《へい》にして、道徳の至《し》なり。故に帝王聖人　焉《ここ》に休《いこ》う」、胠篋篇に「夫《か》の恬淡無為を釈《す》てて……天下を乱したり」とある。

(6) 而美之者　「而」は「若」と同義。傅奕《ふえき》本ほかは「若」に作る。馬王堆本甲・乙も一句を「若美之」に作る。

(7) 得志　『荘子』繕性篇に「楽しみ全き、之を志を得たりと謂う」「古の所謂《いわゆ》る志を得るとは、軒冕《けんべん》の謂《いい》に非ざるなり」とあり、『孟子』離婁《りろう》篇下・滕《とう》文公篇下などに多用されている。

(8) 吉事・凶事　『周礼《しゅらい》』『礼記』などの用語。いわゆる吉礼（冠・婚）と凶礼（喪）の行事である。

(9) 偏将軍・上将軍　後者は最高軍司令官、前者はそれを助ける副将軍。全軍に対する一軍の将と解する説もある。

(10) 以哀悲泣之　羅運賢は「泣」を「涖《り》」（莅）の訛字とする。「涖」は「臨」と同義。「哀悲」を「悲哀」に作るテキストもある。

第三十二章

道の常《つね》は名無し。(1) 樸《ぼく》は小《しょう》なりと雖《いえど》も、天下能《よ》く臣とする莫《な》し。(2) 侯王若《も》し能く之を守れば、万物将《まさ》に自《おの》ずから賓《ひん》せんとす。(3) 天地相い合《がっ》して以て甘露《かんろ》を降《くだ》す。(4) 民《たみ》之に令《れい》する莫《な》くして自ずから均《ひと》し。(5) 始め制《き》られて名有り。(6) 名も亦《ま》た既に有り、夫《そ》れ亦た将《まさ》に止《とど》まるを知らんとす。(7) 止まるを知れば殆《あや》うからざる所以《ゆえん》なり。(8) 道の天下に在《お》けるを譬《たと》うるに、猶《な》お川谷《せんこく》の江海《こうかい》に於けるがごとし。(9)

道常無名。樸雖小。天下莫能臣也。侯王若能守之。萬物將自賓。天地相合以降甘露。民莫之令而自均。始制有名。名亦既有。夫亦將知止。知止所以不殆。譬道之在天下。猶川谷之於江海。

【現代語訳】
道の変わらぬ在り方は無名であり、名《ことば》を超えている。
樸《あらき》は小さくても無名の自然を全うし、

誰もそれを道具とすることはできない。
もしも王侯が樸《あらき》のこの自然を全うするならば、
万物はおのずから彼に帰服するであろう。
天と地は和合して甘露をふらせ、
人民は命令するまでもなく自然に治まるであろう。
樸《あらき》が一たび制《き》られると、そこに名をもつさまざまな器物が生じるが、
名をもつ世界が既に生じたからには、
名をもつものの限界を弁《わきま》えてゆくのだ。
その限界を弁えれば、何事も危なげがない。
道ある人の天下を治めるのは、
たとえてみれば川や谷川の水が、
おのずからにして大河や大海に注ぎこむようなもので、
天下の万物がおのずから彼に帰服する。

【注】

○名・臣・賓・均・名／有・止・殆・海（江有誥《こうゆうこう》の説）と押韻。

（1）道常無名　明和本の訓点によれば、第一章の「（道）常無欲」と同じく「道は常の名無し」であるが、沢庵禅師の説に従い、第十六章の「命《めい》に復《かえ》るを常《つね》と曰い、常を知るを明と曰う」、第一章の「道の道とす可きは常の道に非ず」などを参照して、「道の常は名無し」と訓んでおく。第四十一章に「道は隠れて名無し」、『荘子』則陽篇**九**に「（道は）名無し。名無きが故に為す無し」、知北遊篇**七**に「道は名に当たらず」とあるように、老荘では「無名」を「道」に直接させるのが一般的な用法であり、二語の間に「常」とはいえ時間を表わす副詞を置くことにやや抵抗が感じられるからである。一句の意味は第一章冒頭の注解を参照。馬王堆本甲・乙は「常」を「恒」に作る。

（2）樸雖小、天下莫能臣也　「樸」は「無名」の縁語で、ともに道を譬えるものであり、「小」は「天下」に対応する。『荘子』譲王篇**九**に「（道を致す者は）天子も臣とするを得ず」とある。

（3）侯王若能守之、万物将自賓　道家の成語的な文章であろう。第三十七章にも「侯王若《も》し能く之を守れば、万物将《まさ》に自《おの》ずから化せんとす」とある。

（4）天地相合以降甘露　天地陰陽の二気が調和交合して美味《うま》い露を降らせるの意。自然現象を男女の性のいとなみになぞらえていよう。ちなみに、漢代以降、露は太平の世の瑞祥《ずいしょう》とされるようになり、歴代王朝の年号に多用され、仏教でも説法の功徳に譬えられて、「甘露の浄法」（『法華経』薬草喩品《ほん》）、甘露王（阿弥陀《あみだ》仏の別号）などと用いられるが、いずれもこの句を典拠とする。

(5) 民莫之令而自均　「均」は『荘子』天地篇一三に「天下均《ひと》しく治まる」などとあるように、それぞれに所を得ることをいう。第五十一章にも「道の尊く、徳の貴き、夫《そ》れ之に命ずる莫くして、常に自然なり」とある。

(6) 有名　本来、無名である道が名をもつ天地万物の現象世界に展開するという意味をも含む。

(7) 夫亦将知止　「夫亦将」は『老子』に特徴的な表現で、第三十七章にも見える。「知止」は、第三十二章や第四十六章の「知足」と同様に、分を守ると解することもできるが、上文で「侯王」を主語としていること、章末の結語を参照すれば、限定された器量をもつ個物それぞれに所を得させるの意となる。

(8) 知止所以不殆　第四十四章にも「止まるを知れば殆《あや》うからず」とある。厳可均の引く王弼《おうひつ》注本は「所以不殆」を「以不可殆」に作り、景龍碑本ほかは「所以」を欠く。

(9) 譬道之在天下、猶川谷之於江海　第六十六章に「江海の能く百谷の王為《た》る所以《ゆえん》の者は、其の善く之に下《くだ》るを以て、故に能く百谷の王為り」とあり、陶方琦は本章のこの二句を同章の錯簡とみる。「在」は「於」と同じに訓む。牟子《ぼうし》『理惑論』の引用は「在」を「於」に作り、馬王堆本甲・乙は「於」を「与」（於と同義）に作る。

第三十三章

人を知る者は智《ち》(1)、自ら知る者は明《めい》(2)。人に勝つ者は力有り、自ら勝つ(3)者は強し。足るを知る者は富み(4)、強《つと》め行なう者は志《こころざし》(5)有り。其の所を失わざる(6)者は久しく、死して亡《ほろ》びざる者は寿《いのちなが》し(7)。

知人者智。自知者明。勝人者有力。自勝者强。知足者富。强行者有志。不失其所者久。死而不亡者壽。

【現代語訳】

他人を知るものは智者であるが、己れを知るものは明者である。

他人に勝つものは力をもつが、己れに勝つものは真の強者である。

己れに足ることを知るものは富み、道に努め励むものは向上心をもつ。

己れにふさわしい在り方を失わぬものは永つづきがし、

死んでも朽ち果てないのを永遠に生きるという。

【注】

○明・強／富・志／久・寿と押韻。

（1）知人者智　『書経』皐陶謨《こうようぼ》篇の「人を知れば則ち哲」、『論語』衛霊公篇の「知者は人を失わず」、尭曰《ぎょうえつ》篇の「言を知らざれば、以て人を知る無し」などを意識していよう。

（2）自知者明　『荘子』駢拇篇に「吾が所謂《いわゆ》る明とは、其の彼を見るを謂うには非ざるなり。自ら見るのみ」とある。三世紀以降の道教の強調する「内視反聴」の思想は、これらを祖述するものである。なお、老子が世俗的な価値観を顚倒させ、個人をただちに道に対面させることについては、巻末の解説を参照。

（3）自勝　己れの欲望に打ち克つこと、もしくはそれによって道に復帰すること。

（4）知足　第四十六章にも「禍いは足るを知らざるより大なるは莫く、……足るを知るの足るは、常に足る」とある。第三章の注3を参照。

（5）強行者有志　「強行」は『易』乾卦象伝《けんかしょうでん》の「自ら彊《つと》めて息《や》まず」と同義。「有志」とは、道に志をもつことをいう。

（6）不失其所　本来的な在り方を見失わないこと。『易』雑卦伝の「其の所を失わず」、困卦象伝《たんでん》の「其の享《とお》る所を失わず」と同義。范応元は『荘子』田子方篇四の「小変を行なうも、其の大常を失わず」を引く。
(7) 死而不亡者寿　死後に生の証しを残す者、もしくは道に不滅の生命を見出す者のみが、真の長寿者であるの意。後の道教では不老不死の神仙術に附会して解釈するが、沢庵禅師も注意しているように、一般的な処世訓であろう。

第三十四章

大道《たいどう》は汎《はん》として其れ左右《さゆう》す可し。(1)万物之を恃《たの》みて生じて辞《じ》せず。(2)功《こう》成りて名を有せず。(3)万物を衣養《いよう》して主《しゅ》と為らず。(4)常に無欲にして、小《しょう》と名づく可し。(5)万物焉《これ》に帰《き》して主と為らず、(6)名づけて大と為す可し。(7)其の終《つい》に自ら大と為さざるを以て、故に能《よ》く其の大を成す。(8)

大道汎兮其可左右。萬物恃之而生而不辭。功成不名有。衣養萬物而不爲主。常無欲。可名於小。萬物歸焉而不爲主。可名爲大。以其終不自爲大。故能成其大。

【現代語訳】

大道はゆらゆらとして一所に釘づけされず、左へも右へも自由自在である。
万物はこの道によって生じるが、道は黙して一言も語らず、
偉大な造化の功が成就しても、その功名を吾がものとせず、
万物をはぐくみ育てながら、その主宰者を気どらない。
常に無欲で何物もないという点では、小とよぶことができるが、
万物がそこに帰一して主宰者を気どらない包容力は、大とよぶことができる。
しかも、道は自分で自分を大として意識することがないから、
その大が本当の大であり得るのだ。

【注】

○右・辞・有・主（陳柱『老子集訓』の説）／大・大・大と押韻。

（1）汎兮其可左右　「汎」は『荘子』列御寇篇に「汎として繋《つな》がざる舟の若《ごと》く、虚にして遨遊《ごうゆう》する者なり」とある。ただし、王弼《おうひつ》（『釈文《しゃくもん》』）は「氾」に作って「氾濫して適《ゆ》かざる所なし」と注し、第二十五章の「周行」と同義に解する。「可左右」は、上引

『荘子』にもある「虚」を説明する言葉。王弼が「左右」を直ちに「上下」に置きかえて、「上下に周旋して用うれば則ち至らざる所なし」と注するのには、やや無理が感じられる。

(2) 万物恃之而生而不辞、功成不名有　第二章に「万物作《おこ》りて辞せず、生じて有せず……功成りて居らず」とある。馬王堆本甲・乙は上句を欠き、「功成」のあとに「事遂」の二字を作る。傅奕《ふえき》本・永楽大典本は「不名有」を「而不居」に作る。

(3) 衣養万物而不為主　傅奕本・景龍碑本などは「衣養」を「衣被」「愛養」に作る。「不為主」は第十章の「長じて宰せず」と同義。馬王堆本甲・乙は一句を「万物帰焉而弗為主」に作る。

(4) 常無欲　第一章の「常に無欲にして以て其の妙を観る」を承ける。馬王堆本甲・乙は一句を「則恒无欲也」に作る。

(5) 可名於小　范応元本などは「於」を「為」に作るが、古典では二字はしばしば通用される。

(6) 万物帰焉而不為主　上文の「衣養万物而不為主」を承ける。馬王堆本甲・乙は「不」を「弗」に作る。なお、以上の三句は景龍碑本にはなく、朱謙之『老子校釈』も論証するように、後次的な竄入《ざんにゅう》の文章であろう。すなわち、朱謙之は『法言』孝至篇の李軌の注「道は至微にして妙、故に小と曰《い》うなり」を引いて、「常無欲、可名於小」を前引の第一章の句に施された古注と見るが、私は下に引く『荘子』秋水篇や則陽篇の議論との関連もしくは影響によって附加されたと考える。すなわち、秋水篇一に「至精は形無く、至大は囲む可からず」、則陽篇九に「精は倫《かたち》無きに至り、大は囲む可からざるに至る」とある。

(7) 可名為大　第二十五章にも「強《し》いて之が名を為して大と曰う」とある。景龍碑本ほか、馬王堆本甲・乙は「為」を「於」に作る。

(8) 以其終不自為大、故能成其大　「終」は「不」を強める言葉。第七章に「其の私無きを以てに非ずや、故に能く其の私を成す」、第六十三章に「是《ここ》を以て聖人は、終《つい》に大を為さず、故に能く其の大を成す」とある。馬王堆本甲・乙は二句の上に「是以聖人之能成大也」の一句があり、二句を「以其不為大也、故能成大」に作る。

第三十五章

大象《たいしょう》を執《と》って(1)、天下に往《ゆ》けば(2)、往いて害あらず(3)、安《あん》・平《へい》・大《たい》(4)(泰)なり。楽《がく》と餌《じ》(5)には、過客《かかく》(6)止《とど》まるも、道の口に出《い》づるは、淡乎《たんこ》として其れ味無し(7)。之を視《み》れども見るに足らず、之を聴《き》けども聞くに足らず(8)、之を用うれども既《つ》くす可からず(9)。

執大象。天下往。往而不害。安平大。樂與餌。過客止。道之出口。淡乎其無味。視之不足見。聽之不足聞。用之不可既。

【現代語訳】

道を守って天下に往けば、
いずくに往くも禍い受けず、
身は安楽にして平穏また無事である。
楽《がく》のしらべと饗宴《きょうえん》とには、
道ゆく客《ひと》も足をとめるが、
無為の真理はそれを口にしても、
淡々として世俗の味がない。
目をすえて見ても見ることはできず、
耳を傾けて聞いても聞くことはできず、
それを用うれば尽きせぬ働きがある。

【注】

○象・往／害・大／餌・止／味・既と押韻。

(1) 執大象　「執」は、しっかりと手にもつ、固く守って離さないことをいう。第十四章に「古の道を執る」とある。「大象」は偉大な象《かたち》をもつもの、すなわち道。第十四章の「無物の象」である。第四十一章にも「大象は形無し」とある。

(2) 天下往　『荘子』山木篇二の「世に遊ぶ」にあたる。

(3) 往而不害　『荘子』山木篇二に「人能く己れを虚にして以て世に遊《よ》べば、其れ孰《たれ》か能く之を害せん」とある。

(4) 安平大　三語と見るべきであろう。「大」は「太」すなわち「泰」と同じく安泰の意。「泰」に作るテキストも多い。ただし、王引之『経伝釈詞《けいでん》』巻二は「安」を「乃」もしくは「則」に同じと見、「安ち《すなわ》平泰」と訓む。

(5) 楽与餌　音楽と食べ物。ここは感覚・官能を喜ばせる世俗的な快楽を代表する。

(6) 過客　旅人。

(7) 道之出口、淡乎其無味　「出口」は言葉として語ること。「淡乎」は第三十一章の「恬淡《てんたん》」と同義。『荘子』山木篇五に「君子の交わりは淡きこと水の若《ごと》く、小人《しょうじん》の交わりは甘きこと醴《れい》の若し」とある。道もしくは道に従うとは、無為自然すなわちあるがままということであり、水（玄酒）のように平凡にして非凡なものなのである。第五十三章に「大道は甚だ夷《たい》らかなるに、民《ひと》は径《けい》を好む」、第七十章に「吾が言は、甚だ知り易く、甚だ行ない易きに、天下能く知る莫《な》く、能く行なう莫し」とある。馬王堆本甲・乙は上句を「故道之出言也曰」に作る。

(8) 視之不足見、聴之不足聞　第十四章にも「之を視れども見えず……之を聴けども聞こえず」とある。韻のふみ方から見ると、二句は後次的な挿入とも考えられる。

(9) 用之不可既　「既」は「尽」と同じに訓み、一句は「其の用窮まらず」と同義。第四章に「道は、冲《むな》しけれども之を用いて或《つね》に盈《み》たず」、第六章に「之を用いて勤《つか》れず」、第四十五章に「大盈《たいえい》は冲しきが若く、其の用窮まらず」とあり、『荘子』天道篇四の「無為なれば、則ち天下を用いて余り有り」は、この句の思想を祖述する。

第三十六章

之を歙《ちぢ》めんと将欲《ほっ》すれば、必ず固《しばら》く之を張る。之を弱めんと将欲《ほっ》すれば、必ず固《しばら》く之を強くす。之を廃《はい》せんと将欲《ほっ》すれば、必ず固《しばら》く之を興《おこ》す。之を奪わんと将欲《ほっ》すれば、必ず固《しばら》く之を与う。(1) 是《これ》を微明《びめい》と謂《い》う。(2) 柔弱《じゅうじゃく》は剛強《ごうきょう》に勝つ。(3) 魚《うお》は淵《ふち》(4)より脱《のが》る可からず。国の利器《りき》(5)は、以て人に示す可からず。

將欲歙之。必固張之。將欲弱之。必固强之。將欲廢之。必固興之。將欲奪之。必固與之。是謂微明。柔弱勝剛强。魚不可脫於淵。國之利器。不可以示人。

【現代語訳】

縮《ちぢ》めてやろうと思うときには、しばらく羽をのばさしておくにかぎる。弱くしてやろうと思うときには、しばらく威張らしておくにかぎる。廃《や》めにしてやろうと思うときには、しばらく勢いづけておくにかぎる。取りあげようと思うときには、しばらく与えておくにかぎる。これを底知れぬ英知という。

すべて柔弱なものは剛強なものに勝つ。

魚《さかな》が淵《ふち》から脱《ぬ》け出てはならぬように、治国の利器は人に示してはならぬのだ。

【注】

○張・強・興・明・強／淵・人と押韻。

(1) 将欲歙之……必固与之　「将欲」は第二十九章に既出。「歙《きゅう》」は「張」に対応する言葉で「縮」と同義。「斂《れん》」と同義として「収める」と訓む説もある。『荘子』山木篇に「呼ばわりて之を張歙せしむ」、『荀子』議兵篇に「代わるがわる翕《ちぢ》み、代わるがわる張る」、『淮南子《えなんじ》』本経訓《ほんけいくん》に「開闔《かいこう》張歙」などとある。なお、この八句は本来『老子』の言葉ではなく、一般に広く行なわれていた古語・俚諺であったであろう。「将欲廃之、必固興之」(馬王堆《ばおうたい》本甲・乙は「廃」を「去」、「固」を「古」に作る)を除く六句が『韓非子』喩老篇に老子の言葉として引かれてはいるが(ただし「奪」を「取」に作る)、類似した文章が諸書に見えるからである。すなわち、『呂氏《りょし》春秋』行論篇に「『詩』に曰く」として「之を毀《こぼ》たんと将欲《ほっ》すれば必ず重ねて之を累《かさ》ぬ。之を踣《たお》さんと将欲すれば必ず高く之を挙ぐ」、『戦国策』魏策一や『韓非子』説林《ぜいりん》篇上に「『周書』に曰く」として「之を敗らんと将欲すれば必ず姑《しばら》く之を輔《たす》けよ。之を取らんと将欲すれば必ず姑く之を与えよ」などとある。そして、八句が『老子』の言葉として編集されたのは、『韓非子』喩老篇の書かれた秦末漢初の頃であり、これを老子のものとしたのも法家系の学者と見ていいであろう。

(2) 微明　「明を微にする」と訓む説もあるが、「微なる明」すなわち微妙なる英知の意に解すべきであろう。第十五章に「微妙玄通」、第四十一章に「明道は昧《くら》きが若し」とあって、「微」（昧）が道もしくは智の形容語とされる場合が多いからである。「明」は第十六、三十三章などに既出。

（3）柔弱勝剛強　第七十八章にも「弱の強に勝ち、柔の剛に勝つ」とある。景龍碑本ほかは「柔勝剛、弱勝強」に作り、馬王堆本乙は「剛」の字を欠く。なお、前句とこの句は『韓非子』喩老篇の文章が改作されたものである疑いが強い。すなわち、同篇に本章冒頭の六句を解説して「事を無形に起こして大功を天下に要《もと》むる、是を微明と謂い、小弱に処《お》りて重ねて自卑す、是を弱の強に勝つと謂う」（原文の「謂損弱」は『翼毳《よくぜい》』の説に従って「是謂弱」の誤写と見る）とあるからである。

（4）淵　道の深遠さにしばしば譬えられ、道を離れては生命が危うい意を同時に含む。

（5）国之利器　『韓非子』喩老篇の「賞罰は邦の利器なり」によれば賞罰の大権をさすことになり、『荘子』胠篋篇の「彼《か》の聖人は、天下の利器なり。天下に明らかにする所以《ゆえん》に非ざるなり」によれば聖人の英智（によって定められた制度規範）をさすことになるが、後者を採るべきであろう。ここは柔弱にして剛強に勝つ国家統治の奥の手の意に解される。「魚不可脱於淵」以下の三句は、『韓非子』喩老篇・内儲説下篇《ないちょせつ》および『淮南子』道応訓には老子の言葉として引かれ、『荘子』胠篋篇には「故に曰く」として引かれている。なお、『韓非子』主道篇には「君　其の欲する所を見《しめ》す無かれ。君　其の欲する所を見《しめ》せば、臣まさに雕琢《ちょうたく》せんとす」ー其の跡を函掩《おおいかく》し、其の端《きざし》を匿《かく》せば、下原《たず》ぬる能わず」、同揚権篇には「権を見《あら》わすを欲せず……虚にして之を待つ」とある。老子の哲学と法家の思想との関係については巻末の解説を参照。

第三十七章

道の常《つね》は無為にして、而《しか》も為さざるは無し(1)。侯王若《も》し能《よ》く之を守れば、万物将《まさ》に自《おの》ずから化《か》せんとす(2)。化して欲作《おこ》れば(3)、吾将《われまさ》に之を鎮《しず》むるに無名《むめい》の樸《ぼく》(4)を以てせんとす。無名の樸は、夫《そ》れ亦《ま》た将に無欲ならんとす(5)。欲せずして以て静《せい》ならば(6)、天下は将に自ずから定まらんとす(7)。

道常無爲。而無不爲。侯王若能守之。萬物將自化。化而欲作。吾將鎭之以無名之樸。無名之樸。夫亦將無欲。不欲以靜。天下將自定。

【現代語訳】

道の本来的な在り方は、人間のような作為がなく、無為でありながら、しかも為さぬということがない。
もしも支配者が、この無為の道を守ってゆけるならば、
万物はおのずからその徳に化せられるであろう。
もしも万物がその徳に化しながら、なお欲情を起こすとすれば、
わたしはそれを「無名の樸《ぼく》」——荒木のように名を持たぬ無為の道によって鎮《しず》めよう。
荒木のように名を持たぬ無為の道であれば、
さても万物は無欲に帰するであろう。
万物が無欲に帰して心静かであるならば、
天下はおのずからにして治まるであろう。

【注】

○為・為・化／作・樸・樸・欲／静・定と押韻。

（1） 道常無為、而無不為 「無為」は第二章の注4を参照。「無不為」は、二重否定を媒介とする肯定という、老子の思索に特徴的な論理を示すものである。初出の「無為にして為さざる無し」は、老子哲学のキャッチ・フレーズであり、道家哲学の根本をなす重要な思想表現である。老子はそれをまず天地大自然の造化のいとなみの中に認め、人

間の在り方もそうであるべきだと考える。第三十八章に「上徳は無為にして以て為す無し」、第四十八章に「之を損し又た損して、以て無為に至る。無為にして為さざる無し」などとあり、『荘子』至楽篇一に「天地は無為なり。而も為さざる無きなり」、庚桑楚篇五に「静かなれば則ち明らか、明らかなれば則ち虚なり。虚なれば則ち無為にして為さざるは無きなり」、則陽篇九に「道は私せず。故に名無し。名無きが故に為す無く、為す無くして為さざる無し」などと見える。本章には第三十二章と共通する論旨や用語が多いが、同章は上句を「道常無名」に作り、馬王堆本甲・乙は「道恒无名」に作って下句を欠く。

(2) 侯王若能守之、万物将自化　第三十二章に「化」を「賓」に作る同文が見え、彼此を参照すれば、「化」はその徳に同化されるの意であろう。ただし、『荘子』秋水篇一や則陽篇九の〝万物自化〟と同義とする説もある。

(3) 化而欲作　「化して作《な》さんと欲すれば」と訓んで、政治的な作為を弄しようとすれば、と解する説も有力であるが、「欲作《おこ》れば」と訓む范応元の解釈に従っておく。本章が道と樸とに関する無欲を論述の中心としており、下引のように「樸」が無欲と密接な関連をもつからである。すなわち、第三十二章に「樸は小なりと雖《いえど》も云々」、第三十四章に「常に無欲にして、小と名づく可し」とある。

(4) 無名之樸　人間のような作為や欲望をもたない道の自然に喩《たと》える。

(5) 無名之樸、夫亦将無欲　下句の主語を「無名之樸」(道)とすると「将」の字が解しがたくなるので、万物を主語とし、樸であればと条件的に訓んでおく。「夫亦」も第三十二章に見える。『釈文《しやくもん》』に引く王弼《おうひつ》本は上句を欠き（その方が論理は通じやすい）、馬王堆本乙は「無」を「无」、下句を「夫将不辱」に作る。

（6）不欲以静　景龍碑本は「不欲」を「無欲」に作るが、意味は同じ。馬王堆本乙は「不辱」に作る。「静」は第十六章に「静を守ること篤《あつ》し」「根《こん》に帰るを静と曰う」とある。なお、第五十七章の「我　静を好みて民自《おの》ずから正し」を参照すれば、一句の主語を上文の「吾」もしくは「侯王」とする解釈も十分に成り立つ。

（7）天下将自定　「定」を「正」に作るテキストも多いが、意味は同じ。馬王堆本甲・乙は一句を「天地将自正」に作る。

下篇（徳経）

第三十八章

上徳《じょうとく》は徳とせず、(1)是《ここ》を以て徳有り。下徳《かとく》(2)は徳を失わざらんとす、是を以て徳無し。上徳は無為にして以て為す無く、(3)下徳は之を為して以て為す有り。(4)上仁《じょうじん》は之を為して以て為す無く、(5)上義《じょうぎ》は之を為して以て為す有り。上礼《じょうれい》は之を為して之に応ずる莫《な》ければ、則ち臂《うで》を攘《はら》って之に扔《つ》く。(6)故に道を失いて而《しか》る後に徳あり、徳を失いて而る後に仁あり、仁を失いて而る後に義あり、義を失いて而る後に礼あり。(7)夫《そ》れ礼は、忠信の薄《はく》にして乱の首《はじめ》なり。(8)前識《ぜんしき》は、道の華《か》にして愚の始めなり。(9)是《ここ》を以て大丈夫《だいじょうぶ》は、(10)其の厚《あつ》きに処《お》りて、(11)其の薄《うす》きに居らず、其の実《じつ》に処《お》りて、其の華に居らず。故に彼を去《す》てて此《これ》を取る。(12)

上德不德。是以有德。下德不失德。是以無德。上德無爲。而無以爲。下德爲之。而有以爲。上仁爲之。而無以爲。上義爲之。而有以爲。上禮爲之。而莫之應。則攘臂而扔之。故失道而後德。失德而後仁。失仁而後義。失義而後禮。夫禮者。忠信之薄。而亂之首。前識者。道之華。而愚之始。是以大丈夫。處其厚。不居其薄。處其實。不居其華。故去彼取此。

【現代語訳】

最上の徳は己れの徳を意識しない。だから徳があるのだ。
低級な徳は己れの徳にしがみつく。だから徳がないのだ。
最上の徳は無為であり、わざとらしいところがない。
低級な徳は有為であり、わざとらしいところがある。
最上の仁は有為であり、わざとらしいところがない。
最上の義は有為であり、わざとらしいところがある。
最上の礼は有為であり、その礼に応《こた》えないと、腕まくりして詰めよってゆく。
だから、こういう言葉がある。
無為自然の道が廃《すた》れると、無為自然の徳が説かれ、

無為自然の徳が廃れると、人為的な仁の道徳が説かれ、
人為的な仁の道徳が廃れると、人為的な義の道徳が説かれ、
人為的な義の道徳が廃れると、人為的な礼の道徳が説かれるのだ、と。
この言葉からも知られるように、
いったい礼の道徳というものは、
人間の忠信《まごころ》の薄《うす》くなったもので、
世の乱れの首《はじ》まりである。
ものごとを予見するさかしらの知識というものは、
道の実《じつ》なきあだ華《ばな》のようなもので、
人間を愚劣にする始まりである。
だから大丈夫《だいじょうぶ》たるものは、
厚い方に居て薄い方には居らず、
実《み》のある方に居て、あだ華の方には居ないのだ。
だから、あちらの礼と知とを捨てて、こちらの道を取るのだ。

【注】

○首・始／薄・華（奚侗《けいとう》の説）と押韻。

（1）上徳不徳　上篇第一章の「道可道非常道」と対応する。「徳」は第十章の注12を参照。『荘子』秋水篇一は「至徳は得（徳）とせず」に作る。『老子』の「上」もしくは「大」は『荘子』の「至」と同義である。なお、本章は「徳」の字が最も多く見える章である。

（2）下徳　具体的には儒家の有為の徳をさす。

（3）無以為　作為を弄しないの意。『荘子』盗跖篇三に「以て為す無く、故に求めず」とある。なお、范応元《はんおうげん》や兪樾《ゆえつ》は、『韓非子』解老篇が「以」を「不」に作り、王弼《おうひつ》本も本来そうであったと注の文章から推定されることなどから、「為さざる無し」に改め訓《よ》もうとするが、ここでは一おう「以」のままで解しておく。下文で徳を道の下に位置づけていることを参照すれば、道の「無不為」と区別しているとも考えられ、馬王堆《ばおうたい》本甲・乙が「以」に作り、河上公本も古くからそうであったと推測されるからである（景龍碑本も「以」に作る）。

（4）下徳為之、而有以為　「有以為」は、作為的な立場に立つ、人為を努めるの意。この「有以為」についても、「為之」以下の六字が下文の「上義」を説明する言葉と重複するので、陶鴻慶《とうこうけい》『読諸子札記』は「以」を「不」の誤写とし、奚侗『老子集解《しっかい》』は

「無不為」に改めようとし、范応元本は「無以為」に作るが、一おう明和本（景龍碑本も同じ）に従っておく。下文の「上仁」を「上徳」と「下徳」の中間、「上義」を「下徳」と同列、「上礼」を「下徳」以下と考えれば、このままでも論理は通るからである。馬王堆本甲・乙は二句を欠く。

（5）上仁為之、而無以為　上仁は人為を肯定する立場に立つが、結果的には上徳と同じい境地に達しているの意。上仁を孔子に、下文の上義を孟子に、上礼を荀子に当てて考えることもできる。

（6）上礼為之……則攘臂而扔之　「攘」は「推」の意で肘を張ること、「扔」は「就」と同義で詰めよることをいう（『説文解字《せつもん》』）。「攘臂」の語は『荘子』人間世篇七や在宥篇三に見えるが、ここは腕まくりするの意に解する范応元の説に従っておく。『礼記《らいき》』曲礼篇上に「礼は往来を尚《たっと》ぶ。往きて来たらざるは礼に非ざるなり」とある。

（7）失道而後徳……失義而後礼　この四句は、第十八章の「大道廃《すた》れて、仁義有り」を祖述するものであるが、『荘子』知北遊篇一にもそのまま見え、すでに成語的な文章であったのであろう。上徳が己れの徳を意識しないのに対して、ここの徳はそれを意識する。

（8）夫礼者、忠信之薄、而乱之首　「忠信之薄」とは、自己と他人に対する誠実さの薄くなったものの意で、『荘子』天地篇一三の「実《じつ》なるも以て忠と為すを知らず、当たりて以て信と為すを知らず」の厚さの反対である。知北遊篇一には上掲の四句につづいて「礼は、道の華《か》にして乱の首《しゅ》なり」とある。

(9) 前識者、道之華、而愚之始　第十八章の「智慧出《い》でて、大偽有り」の祖述である。「前識」は事象を予知すること、またはその能力。『礼記』中庸篇の「前知」、『呂氏《りょし》春秋』先識覧の「先識」と同義。「華」は「実」に対する語で、華やかではあるが中身のないこと。『荘子』斉物論篇三に「言は栄華に隠る」、大宗師篇一に「(真人は)虚にして華ならず」とある。「愚」は、第二十章や第六十五章では価値あるものとして用いられているが、ここは用例を異にする。易順鼎《いじゅんてい》は「遇」もしくは「偶」と同じに見て邪偽の意に解するが、『荘子』斉物論篇七の「愚者は自ら以て覚めたりと為す」などの愚と同義に解して差し支えないであろう。本章の作者には道から知への下降的な歴史観(価値観)があり、特に礼と知を激しく批判していて、その執筆の後次性(おそらく荀子以後)がうかがわれる。

(10) 大丈夫　『孟子』の愛用語で、『荘子』には「丈夫」の語しか見えない。

(11) 処其厚　「厚」は忠信の厚きもの、すなわち上徳をいう。下文の「実」「此」も同じ。第五十五章に「徳を含むことの厚き」とあり、『荘子』人間世篇一に「徳は厚く信は矼《かた》し」、外物篇八に「至知厚徳」とある。

(12) 故去彼取此　第十二章、第七十二章にも見える。

第三十九章

昔の一《いっ》を得たる者、(1)天は一を得て以て清く、地は一を得て以て寧《やす》く、(2)神《しん》は一を得て以て霊に、谷は一を得て以て盈《み》ち、(3)万物は一を得て以て生じ、(4)侯王《こうおう》は一を得て以て天下の貞《てい》と為る。(5)其の之を致すは一なり。(6)

天以て清きこと無くんば、将《まさ》に裂くるを恐れんとす。(7)地以て寧《やす》きこと無くんば、将に発《うご》くを恐れんとす。(8)神《しん》以て霊なること無ければ、将に歇《や》むを恐れんとす。谷以て盈《み》つること無ければ、将に竭《つ》くるを恐れんとす。万物以て生ずること無ければ、将に滅ぶるを恐れんとす。侯王以て貴高《きこう》なること無ければ、(9)将に蹶《つまず》くを恐れんとす。故に貴《き》は賤《せん》を以て本《もと》と為し、高《こう》は下《げ》を以て基《もとい》と為す。(10)是《ここ》を以て侯王は、自ら孤寡《こか》不穀《こく》と謂《い》う。(11)此れ賤を以て本と為すに非ざるか、非か。(12)故に数《しば》しば誉《ほ》むるを致せば誉《ほま》れ無し。(13)琭琭《ろくろく》 玉の如きを欲せず、珞珞《らくらく》 石の如し。(14)

昔之得一者。天得一以清。地得一以寧。神得一以靈。谷得一以盈。萬物得一以生。侯王得一以爲天下貞。其致之一也。天無以清。將恐裂。地無以寧。將恐發。神無以靈。將恐歇。

谷無以盈。將恐竭。萬物無以生。將恐滅。侯王無以貴高。將恐蹷。故貴以賤爲本。高以下爲基。是以侯王。自謂孤寡不穀。此非以賤爲本耶。非乎。故致數譽無譽。不欲琭琭如玉。珞珞如石。

【現代語訳】

そのかみの一《みち》得たるもののさまは、
天は一を得て以て清く、
地は一を得て以て寧《やす》く、
神《しん》は一を得て以て霊妙に、
谷は一を得て以て盈《み》ち、
万物は一を得て以て生じ、
侯王は一を得て以て天下の貞《おさ》であった。
そして、これらをそのようにあらしめるものこそ、一であったのである。
天が一《みち》を得て清くなければ、恐らくは裂けるであろう。
地が一を得て寧《やす》くなければ、恐らくは崩れるであろう。

神《しん》が一を得て霊妙でなければ、恐らくは働きを止《や》めるであろう。
谷が一を得て盈《み》ちなければ、恐らくは涸《か》れるであろう。
万物が一を得て生じなければ、恐らくは滅びるであろう。
侯王が一を得て尊貴でないならば、恐らくは蹙《たお》れるであろう。

だから、貴いものは賤《いや》しいものを根本とし、高いものは下《ひく》いものを基礎《いしずえ》とする。
だからこそ侯王は、自分のことを孤《みなしご》とよび、寡《やもお》・不穀《しもべ》とよんで謙《へりくだ》るのだ。
これこそ賤しいものを根本とするということではなかろうか。
だから、しばしば誉《ほ》められる名誉を欲ばれば、かえって名誉がなくなるのだ。
うるわしく玉のようであることを願わず、
ごろごろと石のようにころがるのだ。

【注】

○清・寧・霊・盈・生・貞／裂・発・歇・竭・滅・蹷／耶・乎・誉（朱謙之《しゅけんし》の説）／琭・玉／珞・石と押韻。

(1) 昔之得一者 『老子』中、「昔」の字はここだけにしか用いられておらず、『荘子』斉物論篇一の「昔《さき》の几《き》に隠《よ》る者」を意識しているかも知れない。「一」は道をさし、第十章、第二十二章に「一を抱く」、第十四章に「混じて一と為す」、第四十二章に「道は一を生ず」とあるが、「得一」は本章にしか見えず、やはり『荘子』田子方篇四に「〔万物の〕一なる所を得て同じとす」、在宥篇四に「吾が道を得る者」、天運篇五に「子《きみ》も亦《ま》た道を得たるか」などと見える。

(2) 天得一以清、地得一以寧 『荘子』至楽篇一に「天は無為 之を以て清く、地は無為 之を以て寧《やす》し」とある。以下の七句は韻をふみ句形もととのっており、道家の成語的な文章であろう。ただし、冒頭の一句との文脈は必ずしも明確でなく、木村英一『老子の新研究』は、この七句と「天無以清……将恐蹷」を別系統の文章の襲合されたものと見て、冒頭から直ちに「貴以賤為本」に続けて読もうとする。しかし、沢庵禅師『老子講話』もいうように、冒頭一句は大前提、以下の七句は具体的な説明と解することも不可能ではない。そのような体例は第二十三章、第三十二章などにも見える。

(3) 神得一以霊、谷得一以盈 第六章に「谷神死せず」、第四十一章に「上徳は谷の若《ごと》し」とある。

(4) 万物得一以生 『荘子』漁父篇に「道は、万物の由《よ》る所なり。庶物《しょぶつ》 之を失う者は死し、之を得る者は生く」、天地篇八に「一《いっ》の起こる所なり。一有るも未だ形あらずして、物の得て以て生ずる、之を徳と謂う」とある。馬王堆本甲・乙はこの句を欠く。

(5) 侯王得一以為天下貞　第三十二章の「侯王若《も》し能く之《みち》を守れば、万物将に自《おの》ずから賓せんとす」の言いかえ。ちなみに、「侯王」の語は『荘子』では漁父篇に一例見えるにすぎない。多くのテキストが「貞」を「正」に作るが（馬王堆本乙も）、二字は同義。王念孫が「正」を君長の意に解するのに従う。

(6) 其致之一也　景龍碑本にはこの句がなく、明和本は「一也」の二字を欠くが、傅《ふ》奕《えき》本・范応元本などによって補った。馬王堆本甲は「其至之也」、乙は「其至也胃」に作る。

(7) 天無以清、将恐裂　以下、「将恐蹶」までは、上文の「天」から「侯王」までの六句を否定形にしたにすぎず、文章・内容も平浅で、多くの先人も論じているように後次的な解説文の竄入《ざんにゅう》と断定してよいであろう。ただし、馬王堆本甲・乙は「万物無以生、将恐滅」の二句を欠いて他を既に本文に作る。なお、上文の六句およびこの部分の論述が次引の『荘子』の文章と発想を同じくし、字句表現にも共通性の見られることが注目される。すなわち、大宗師篇**三**に「夫《そ》れ道は……鬼《き》を神《しん》にし帝を神にし、天を生じ地を生じ云々」、知北遊篇**五**に「天も得ざれば高からず、地も得ざれば広からず、日月《じつげつ》も得ざれば行《めぐ》らず、万物も得ざれば昌《まった》からず、此れ其れ道か」とある。

(8) 将恐発　「発」は「動」の意。劉師培《りゅうしばい》は「廃」の略体とみて「崩れる」と訓む。

(9) 貴高　「貞」「為貞」「貞而貴高」「為貞而貴高」などに作るテキストもある。本来は「貞」もしくは「為貞」であったのが、下文の「貴」「高」に引きずられて改められたのであろう。劉師培は「貴」を「貞」の訛字、「高」を衍字《えんじ》とみる。ただし、改められたのは本章がまとめられた当初であるとも考えられるので、このままとしておく。

(10) 貴以賤為本、高以下為基　第二十六章の「重きは軽きの根為《こんた》り、静かなるは躁《さわ》がしきの君為り」と類似の発想である。

(11) 是以侯王、自謂孤寡不穀　「孤」は孤児。「寡」は配偶者を失ったもの、やもめ・やもお。「不穀」は僕《しもべ》（「僕」を「不穀」の合音とみる章炳麟《しょうへいりん》の説に従う）。「穀」を「禄」もしくは「養」の意として夭死《ようし》と解する説もあるが、ここでは採らない。第四十二章に「人の悪《にく》む所は、唯だ孤寡不穀、而も王公は以て称と為す」とある。ちなみに、侯王がそのように自称する例は、『春秋左氏伝』『礼記《らいき》』『孟子』など多くの古典に見え、『荘子』盗跖篇にも「南面して孤と称するに足る」とある。

(12) 此非以賤為本耶、非乎　否定形の疑問文を用いて駄目を押す言い方。『荘子』駢拇篇に多く見える。なお、「是以侯王」からここまでは、上文の「貴以賤為本」の注として、おそらく上引の第四十二章の言葉などを意識して書かれたものの竄入であろう。次句の「故に」との接続も、この部分のない方がすっきりする。ただし、馬王堆本甲・乙は既にこれを本文とする。

(13) 致数誉無誉　『淮南子《えなんじ》』説山訓の「美を求むれば則ち美を得ず、美を求めざれば則ち美なり」の高誘注に「心みずから美を求むれば則ち美名を得ず、自ら損すれば則ち美名あり。故に老子曰く、致数輿無輿」とある。畢沅《ひつげん》の引く王弼《おうひつ》本『淮南子』道応訓などども「誉」を「輿」に作り（馬王堆本乙も同じ。甲は「與」に作る）、河上公本・景龍碑本などは「車」に作るが、羅運賢『老子余義』も論証するように、「輿」「車」は「與」（誉）の訛字であろう。ちなみに、河上公注は、車のそれぞれの部分を数え立ててゆくと車という全体はなくなるから、王侯もまた名を超越するの意に解するが（『荘子』則陽篇九に「馬の百体を指して馬を得ず」とある）、『老子』の解釈としては牽強附会の感がある。

(14) 不欲琭琭如玉、珞珞如石　「琭琭」は玉の美しいさま、「珞珞」（正しくは「落落」に作るべきであろう）は石のごろごろと転がってぶざまなさま（高亨『老子正詁』）。前者を「碌碌」「渌渌」「禄禄」、後者を「落落」「硌硌」に作るテキストもあるが、いずれも同じ音を異なる字で写したもの。『後漢書』馮衍《ふうえん》伝はこの二句を引き（「欲」の字を欠く）、李賢はそれに「玉の貌《かたち》は碌碌、人の貴ぶ所と為り、石の形は落落、人の賤《いや》しむ所と為る」と注する。しかし、馮衍も李賢も二句を「碌碌　玉の如く、落落　石の如くならず」と訓んで、『荘子』山木篇一の「一龍一蛇、時と倶《とも》に化す」もしくは「材と不材との間に処《お》る」で解釈するが、「材と不材云々」は『荘子』中でも後次的な思想であり、それによって二句を解することには、かなりの無理が感じられる（ただし、二句を山木篇の論述の成立と前後する後次的な加筆と見れば、この解釈もまた有力となる）。また、本章の後半は「賤を以て本と為す」を主題としており、二句を貴賤のいずれにも執《と》らわれない超越的な立場に立つと解することには論理の飛躍が感じられる。文章としては「不欲」を二句に係《か》ける方が順当であろうが、加藤常賢もいうように、ここでは一おう上句だけに係けて訓んでおく。論理が首尾一貫するし、原義を得ていると思えるからである（第二十章の「我独り頑にして鄙《ひ》に似る」、第二十八章の「其の栄を知りて、其の辱を守る」などを参照）。なお、玉が儒家においてしばしば君子の象徴とされていることを考慮すれば、上句はその批判・否定をも含んでいるであろう。

第四十章

反《はん》は道の動《どう》、弱《じゃく》は道の用《よう》。(1)天下の万物は有《ゆう》より生じ、有は無より生ず。(2)

反者道之動。弱者道之用。天下萬物生於有。有生於無。

【現代語訳】
根源に立ち返るということが道のいとなみであり、
柔弱ということが道のはたらきである。
この世界の万象は、「有」すなわち天地陰陽の気から生じ、
その「有」はまた「無」すなわち形無き道から生じる。

【注】
○動・用と押韻。
(1) 反者道之動、弱者道之用「動」は運動・活動、「用」は作用・はたらき。道の運行と造化のはたらき、すなわち、第十四章、第二十八章などの復帰の思想と、第三十六章、第七十八章などの柔弱の思想とを要約する。前者については第十四章の注10を参照。老子のいう弱とは、もともと女性のたおやかさ、受動の強靭さに刮目《かつもく》し、水のしなやかさ、不屈の柔軟さに憧憬する思想であったが、その弱こそ実は真の強なのであり、ここにもその思考の逆説性と価値顚倒という、一筋縄ではゆかぬ曲者的性格が窺われる。『漢書』芸文志《げいもんし》が老子の哲学を「卑弱もって自ら持するもの」と特徴づけ、「君人南面の

術」（帝王の政治哲学）と評したのも、そのためである。

（2）天下万物生於有、有生於無 宇宙生成、すなわち万物が道から生じるプロセスを、有・無の概念を用いて要約する。第一章を参照すれば、「有」とは有名（天地）をさし、「無」とは無名（道）をさすことになる。あるいは、第四十二章の「道は一を生じ、一は二を生じ、二は三を生じ、三は万物を生ず」の一を天地の一気、二を陰陽の二気、三を陰陽和合の気と解すれば、有とは天地の一気以下をさし、無とは道をさすことになる。いずれにしても、有とは形而下的に存在する一切の物をいうが、ここの有は有の始めをなすもの、天地陰陽の気（一気）と解すべきであろう。すなわち、『荘子』天地篇八の「泰初に無有り。有ること無く名無し。一の起こる所なり。一有るも未だ形あらず」の一である。

第四十一章

上士《じょうし》道を聞けば、（1）勤《つと》めて之を行なう。（2）中士《ちゅうし》道を聞けば、存《あ》るが若《ごと》く亡《な》きが若し。（3）下《か》士《し》道を聞けば、大いに之を笑う。（4）笑わざれば、以て道と為すに足らず。故に建言《けんげん》に之れ有り。（5）「明道《めいどう》は昧《くら》きが若《ごと》く、（6）進道《しんどう》は退くが若く、（7）夷道《いどう》は纇《もつ》れたるが若し。（8）上徳に谷の若く、(9) 太白《たいはく》に辱《よご》（縟）れたるが若く、(10) 広徳《こうとく》に足らざるが若し。(11) 建徳に偸《かりそめ》なるが若く、(12) 質真《しっとく》（悳）は渝《か》わるが若く、(13) 大方《たいほう》は隅《ぐう》無し。(14) 大器《たいき》(15) は晩成《ばんせい》し、大音《たいおん》は希声《きせい》、(16) 大象《たいしょう》は形無し」(17) と。道は隠れて名無し。(18) 夫《そ》れ唯《た》だ道は善《よ》く貸《ほどこ》し且つ成す。(19)

上士聞道。勤而行之。中士聞道。若存若亡。下士聞道。大笑之。不笑。不足以爲道。故建言有之。明道若昧。進道若退。夷道若纇。上徳若谷。太白若辱。廣徳若不足。建徳若偸。質眞若渝。大方無隅。大器晩成。大音希聲。大象無形。道隱無名。夫唯道善貸且成。

【現代語訳】すぐれた人間は道を聞くと、努力してそれを実践するが、中等の人間は道を聞くと、半信半疑の態度をとり、下等な人間は道を聞くと、てんで馬鹿にして笑いとばす。彼らに笑いとばされるぐらいでなければ、本当の真理とはいえないのだ。

だから、こんな格言がある。

本当に明らかな道は、一見すると暗いように見え、

前に進む道は、一見、後に退くように見え、
平らかな道は、一見、平らかでないように見える。
最上の徳は谷間のように虚《むな》しく見え、
真に潔白なものは、一見、うすよごれて見え、
真に広大な徳は、一見、足りないように見える。
確固不抜の徳は、一見、かりそめのもののように見え、
真に質実な徳は、一見、無節操なように見え、
この上なく大きな四角は、隅《かど》というものをもたない。
真に偉大な人物は人よりも大成するのが晩《おそ》く、
この上なく大きな音は、かえってその声が耳にかそけく、
至大の象《かたち》をもつものは、かえってその形が目にうつらない。
そして、これらの言葉からも知られるように、

道は隠れて形が見えず、人間の言葉では名づけようのないものなのだ。げにも道こそが万物に惜しみなく施して、施しつつまた、その存在を全うさせる。

【注】

○行・亡／笑・道／昧・退・纇／谷・辱・足／偸（婾）・渝・隅／成・声・形・名・成と押韻。

（1）上士聞道　「上士」は第十五章にいう「古の善く士為《た》る者」である。下文の「中士」「下士」とともに、『荘子』盗跖篇一の「上徳」「中徳」「下徳」、徐無鬼篇一の「上《じょう》の質」「中の質」「下の質」を参照。「聞道」は、『論語』里仁篇にも「朝《あした》に道を聞けば、夕《ゆうべ》に死すとも可なり」とあり、『荘子』には秋水篇一に「道を聞くこと百なれば、以て己れに若《し》く莫《な》しと為す」、知北遊篇七に「道を問う者と雖《いえど》も、亦た未だ道を聞かず」、庚桑楚篇二に「道を聞いて耳に達せり」などとある。ただ、『荘子』においては、「道は聞く可からず」とされるが、「聞く可からざるもの」ということを前提とする場合が多く、ここととは異なる。

（2）勤而行之　第三十三章にも「強《つと》め行なう者は志有り」とある。

(3) 若存若亡 『荘子』則陽篇三にも見える。

(4) 大笑之 牟子《ぼうし》『理惑論』、『抱朴子』微旨篇などの引用及び范応元《はんおうげん》本などは「大而笑之」(大として之を笑う。「大」は迂遠・大ぼらの意)に作る。王念孫『読書雑志』もいうように、その方が句形も意味も整うが、馬王堆《ばおうたい》本乙や『史記』酷吏伝の引用にも「而」の字がないので、一おうこのままとしておく。

(5) 故建言有之 「建言」は道に本づいて確《しっか》りと打ち立てられた言葉。『荘子』人間世篇二に引く「法言」と同類の語で、格言・箴言《しんげん》の意であろう。馬王堆本乙は「之」の下に「曰」を作り、奚侗《けいとう》・高亭らはこれを書名とみる。

(6) 明道若昧 道は明白なものであるが、人間の感覚知覚には薄ぼんやりとしか見えないの意。以下の十二句は道のあらわれ方を人間の現実生活に即して具体的に述べる。なお、以下の十二句を、明道・進道・夷道、上徳・広徳・建徳・質徳(真)(「太白若辱」を衍文《えんぶん》とする)、大方・大器・大音・大象の三つのまとまりと見る説もあるが、押韻の仕方からも三句ずつを一まとまりと見るべきであろう。

(7) 進道若退 道の世界では進むことが退くように見えるの意。

(8) 夷道若纇 「纇《るい》」は糸のもつれた塊り(『説文《せつもん》』)。ここは入り組んで起伏の多いさま。本当に平坦な道は一見すると入り組んで見える、もしくは自然の起伏に従うのが真に平坦な道であるの意。

(9) 上徳若谷　「上徳」は第三十八章に既出。「若谷」は、谷間のように一切を虚心に受け入れること。第十五章に「古の善く士為《た》る者は……曠《こう》として其れ谷の若し」とある。

(10) 太白若辱　「辱」は「縟」と同じく垢《あか》にまみれているさま。『荘子』天下篇五の引用には「其の白《はく》を知りて其の辱《じょく》を守る」とある。

(11) 広徳若不足　『荘子』寓言篇六の引用は前句の「太」を「大」に、この句の「広」を「盛」に作り、『史記』老子伝の引用には「君子は盛徳ありて、容貌愚なるが若し」とある。なお、この句や下文の「大器晩成」などは、古来、人口に膾炙《かいしゃ》した言葉で、老子の屈折的な思考、逆説的な論理を示す好例である。

(12) 建徳若偸　「建」は「建言」の建と同義。『荘子』山木篇二に「建徳の国」が見える。朱駿声は「偸《ちゅう》」を「媮《ゆ》」の借字で苟且《かりそめ》の意とする（「偸」にも苟且の意味はあるが、押韻の字であるから「媮」とするのである）。

(13) 質真若渝　「真」は「直」に作るテキストもあり、劉師培《りゅうしばい》は「悳」（「徳」の古字）の誤写とする。第二十八章に「常徳乃《すなわ》ち足りて、樸《ぼく》に復帰す」とある（「樸」は「質」と同義）。「渝《ゆ》」は「常」の反対で「変」と同義。

(14) 大方無隅　「大方」は『荘子』秋水篇一では大道の意であるが、ここは下の「隅」と対応して方形の意に解すべきであろう。「方」を方正・端正の意とする説もあるが採らない。「無隅」は円と解することもできよう。

(15) 大器　『荘子』譲王篇一にも見えるが、ここは偉大な器量をもつ人物をいう。

(16) 希声　かそけき声、もしくは声がかそけくて聞きとれないこと。第十四章に「之を聴けども聞こえず、名づけて希と曰う」とある。

(17) 大象無形　「大象」は道をいう。第三十五章に既出。第十四章に「〔道は〕無状の状、無物の象」、『荘子』大宗師篇三に「夫《そ》れ道は……形無し」とある。

(18) 道隠無名　第三十二章の「道の常《つね》は名無し」と同義。「隠」は人の目につかぬこと。『荘子』繕性篇に「聖人は……其の徳は隠れたり」とある。

(19) 夫唯道善貸且成　「夫唯」は第二、八、十五章などに多用されている。「貸」は「施」の意。『荘子』応帝王篇四に「化は万物に貸《ほどこ》す」とある。「成」は第二章の「功成る」などの成と同義で、一切万物の生成化育の功を成しとげるの意。馬王堆本乙は「貸」を「始」に作り、「且」の下に「善」をくり返す。なお、最後の二句は、直接的にはすぐ上の「大象無形」を承《う》け、全体としては冒頭の「道」を承けて、その在り方とはたらきを讃美して結びとする。

第四十二章

道は一を生じ、一は二を生じ、二は三を生じ、三は万物を生ず。(1) 万物は陰《いん》を負うて

陽《よう》を抱き、沖気《ちゅうき》以て和することを為す。(2)
人の悪《にく》む所は、唯《た》だ孤寡不穀《こかふこく》、而《しか》も王公は以て称《しょう》と為す。(3) 故に物は或《つね》に之を損して益《えき》し、或《つね》に之を益して損す。(4)
人の教うる所は、我も亦《ま》た之を教えん。(5) 強梁者《きょうりょうしゃ》は其の死を得ず。(6) 吾将《まさ》に以て教えの父と為さんとす。(7)

道生一。一生二。二生三。三生萬物。萬物負陰而抱陽。沖氣以爲和。人之所惡。唯孤寡不穀。而王公以爲稱。故物或損之而益。或益之而損。人之所教。我亦教之。强梁者不得其死。吾將以爲教父。

【現代語訳】

道が「一」すなわち一気を生じ、
一気が分かれて「二」すなわち陰陽の二気となり、
陰陽の二気が交合して、陰陽の二気とともに「三」とよばれる冲和《ちゅうわ》の気となり、
その三とよばれる冲和の気が万物を生じる。
したがって万物はそれぞれに陰の気を背負い、陽の気を抱《かか》えこみ、

冲和の気によって調和を保っているのである。

世間一般の人々が嫌がることといえば、それこそ孤《みなしご》となることであり、寡《ひとりもの》になること、他人の不穀《しもべ》となることである。ところが尊貴の地位にある王公は、却ってこれらの言葉を自称として使っている。このことからも知られるように、すべて物ごとは、いつでも減らせば却って益《ま》し、益せば却って減るものである。

世間一般の人々が誡《いまし》めとして教えることは、わたしもまた誡めとして教えてゆきたい。

力で押してゆく剛強な人間は、まともな死に方ができないという世の誡めがあるが、わたしはこの教え——剛強を却《しりぞ》ける柔弱の処世——を教えの根本にしたいと思う。

【注】

（1）道生一、一生二、二生三、三生万物　道から万物に至る生成の過程を原理的に説明する。同類の論述としては、第四十章の「天下の万物は有より生じ、有は無より生ず」、第一章の「名無し、天地の始めには。名有り、万物の母には」などがある。これを祖述する注釈的な文章としては、『荘子』天地篇八の「泰初に無有り。有ること無く名無し。一《いっ》の起こる所なり。一有るも未だ形有らずして、物の得て以て生ずる、之を徳と謂う」、『宋書』律志に引く『淮南子《えなんじ》』天文訓の「道は一《いっ》に始まる。一にして生ぜず、故に分かれて陰陽と為る。陰陽合和して万物生ず。故に曰く、一は二を生じ、二は三を生じ、三は万物を生ず」、『列子』天瑞《てんずい》篇の「渾淪《こんりん》とは万物は相い渾淪して未だ相い離れざるを謂う。之を視れども見えず、之を聴けども聞こえず、之に循《したが》えども得ず、故に易《い》と曰う。易は形埒《けいらつ》無し。易《い》変じて一と為る……。一は形変の始めなり。清軽なるものは上りて天と為り、濁重なるものは下りて地と為り、沖和の気は人と為る。故に天地 精を含みて、万物化生す」などが挙げられる。さらに、これを祖述して認識論的に解釈しなおしたものとして、『荘子』斉物論篇四の「既に已《すで》に一為《た》り。且《そ》れ言有るを得んや。既に已に之を一と謂う。且れ言無きを得んや。一と言と二と為り、二と一と三と為る。……故に無自《よ》り有に適《ゆ》きて、以て三に至る。而《しか》るを況《いわ》んや有自り有に適くをや」がある。

以上の文章を参照すれば、ここにいう「道」とは、第一章の「天地の始め」、『荘子』天地篇八の「泰初の無」、『列子』の「渾淪」もしくは「易《い》」にあたる。「一」とは『荘子』天地篇八の「一有るも未だ形有らざる」もの、『列子』の「形変の始め」、『荘子』斉物論篇の「既に已に之を一と謂う」ところにあたり、言葉をかえれば、『荘子』大宗師篇・知北遊篇、『列子』天瑞篇にいう「一気」である。「二」とは第一章の「万物の母」、『淮南子』の「一の分かれた陰と陽」、『列子』の「清軽なる天」と「濁重なる地」にあたり、「三」とは『淮南子』の「陰陽の合和したもの」、『列子』の「冲和の気」にあたる。冲和の気を「三」といったのは、それが陰陽の二気を成分として含むから、その二を加えたのであろう。ただし、「三」を第三の新しい気と解する説もある。

(2) 万物負陰而抱陽、冲気以為和　以上のことを、既に生成された万物の側からいう。万物は個物としての全体的な調和が実現されているとともに、究極的には道に根ざしており、そこに復帰するものなのである。「負」と「抱」は、もともとは母親が子供を背負い膝に抱くこと。「冲」は渾然と一つに融けあったさま。「和」は和合もしくは調和の意。『荘子』田子方篇**四**に「両者（至陰と至陽）交通し和を成して物生ず」、在宥篇**四**に「我（万物）其の一《いつ》を守って以て其の和に処《お》る」とある。

(3) 孤寡不穀、而王公以為称　第三十九章に「侯王は、自ら孤寡不穀と謂う」とある。なお本章は「道生一」以下、「人之所悪」以下（卑の処世を説く）、「人之所教」以下（弱の処世を説く）の三つの文章を寄せ集めたという感じが強い。

(4) 物或損之而益、或益之而損　「或」は「常」と同義。第四章の注1参照。二句は、『淮南子』人間訓《じんかん》に「故に曰く」として引用され（道家の成語的な文章であったのであろう)、楚の孫叔敖《そんしゅくごう》が高禄を辞退して身を全うした話、晋の厲《れい》公が暴虐驕慢によって国を亡ぼした話が例証とされており、訳文の解釈はそれによる。あるいは、『易』の損・益の卦《か》の「損して孚《まこと》有れば元吉にして咎《とが》め無し」「上《かみ》を損して下《しも》を益すれば、民の説《よろこ》ぶこと疆《かぎ》り無し」などによって解釈することもできる。『説苑《ぜいえん》』敬慎篇にも、損・益の卦を読んでの孔子の詠歎、「自ら損する者は益し、自ら益す者は欠く」がある。

(5) 人之所教、我亦教之　二句を上文につづけて解釈する説もあるが、二つの「教」の字は下文の「教父」と対応するものと見るべきであろう。その教えとは次句の「強梁者云々」である。第二十章に「人の畏《おそ》るる所は、畏れざる可からず」とある。

(6) 強梁者不得其死　「梁」は「勍」の借字で「強」もしくは「剛」と同義。「強梁」とは強暴・剛強の意で柔弱の反対概念。『荘子』山木篇三は「彊梁」(「彊」は「強」と同じ)を「曲傅」(柔弱)と対用し、『後漢書』礼儀志は悪鬼の名とする。一句は、『説苑』敬慎篇や『孔子家語《けご》』観周篇では周の太廟《たいびょう》の金人銘とされており、古くから伝誦されていた俚諺的な言葉であったとも考えられる。

(7) 吾将以為教父　『荘子』徳充符篇一に「丘将《まさ》に以て師と為さんとす」とある。馬王堆本甲ほかは「教」を「学」に作る。「学」は「斅」の略体で、「斅」は「教」と同じ。

第四十三章

天下の至柔《しじゅう》、天下の至堅《しけん》を馳騁《ちてい》し、(1)無有《むゆう》は無間《むかん》に入る。(2)吾是《ここ》を以て無為の益《えき》有るを知る。(3)不言の教え、無為の益(4)は、天下之に及ぶこと希《まれ》なり。(5)

天下之至柔。馳騁天下之至堅。無有入無間。吾是以知無爲之有益。不言之敎。無爲之益。天下希及之。

【現代語訳】

世のなかでこの上なく柔《しなや》かなもの、すなわち水は、世のなかでこの上なく堅いもの、すなわち金石をも思いのままに動かし、己れの定形をもたぬもの、すなわち水は、どんな隙間《すきま》のないところでも自由にしのびこむ。だからわたしは、柔《しなや》かで、形にとらわれぬ生き方——無為の処世の有益さを知るのだ。

言《もの》わぬ教えと作為なき在り方の有益さは、世のなかでこの水に及ぶものはない。

【注】

○堅・間と押韻。

(1) 天下之至柔、馳騁天下之至堅　「至柔」は水をさす。「馳騁」は第十二章に既出。ここは自由に駆使する、走らせるの意。第七十八章に「天下に水より柔弱なるは莫《な》し。而《しこ》うして堅強を攻むる者、之に能《よ》く勝《まさ》る莫きは、其の以て之を易《か》うる無きを以てなり」とある。

(2) 無有入無間　「無有」は無と同義で、形をもたぬもの。『荘子』養生主篇に「厚さ無きを以て間《すきま》有るに入る」とある。傅奕《ふえき》本・范応元本ほかと『淮南子《えなんじ》』原道訓の引用(次句まで)は、句頭に「出於」の二字を加えて二句に作るが(原道訓はさらに「入」の下に「於」を作る)、同じく道応訓の引用には「出於」の二字がなく(馬王堆本甲も同じ)、古くから二種のテキストのあったことが知られる。ここは一おう明和本のままにしておく。

(3) 吾是以知無為之有益　「吾」は老子をさす。「無為」は第二、三、三十七章などを参照。

（4） 不言之教、無為之益　第二章に「是《ここ》を以て聖人は、無為の事に処《お》り、不言の教えを行なう」とあり、「不言之教」は『荘子』徳充符篇一、知北遊篇一にも見える。

（5） 希　「稀」と同じく、めったにないという否定の意をあらわす助辞。第七十四章にも「有ること希なり」とある。

第四十四章

名と身《み》と孰《いず》れか親しき、(1)身と貨《か》(2)と孰れか多《まさ》れる、得《とく》と亡《ぼう》と孰れか病《うれ》いある。(3)是《こ》の故に甚だ愛すれば必ず大いに費《つい》え、多く蔵《ぞう》すれば必ず厚く亡《うしな》(4)う。足るを知れば辱《はずか》しめられず、止《とど》まるを知れば殆《あや》うからず。(5)以て長　久《ちょうきゅう》(6)なる可し。

名與身孰親。身與貨孰多。得與亡孰病。是故甚愛必大費。多藏必厚亡。知足不辱。知止不殆。可以長久。

【現代語訳】

名声と生命《いのち》とは、どちらが切実であろうか。

生命と財貨とは、どちらが大切であろうか。

わがものにするのと失《な》くするのとは、どちらが苦痛であろうか。

だから、ひどく外物に執着すれば、すっかり生命をすりへらす羽目となり、しこたま貯めこむと、ごっそり持ってゆかれること必定《ひつじょう》。

満足することを知れば、辱《はずか》しめをうけることもなく、ふみ止まることを知れば、危うい目にあうこともない。

いつまでも安らかでいられるのだ。


【注】

○身・親／貨・多／亡・病／愛・費／蔵・亡／足・辱／止・殆・久（江有誥《こうゆうこう》の説）と押韻。

（1）　名与身孰親　ここの「名」は世俗的な名声・名誉をいう。「身」はわが身、わが生命。一句は第十三章の「愛するに身を以てして云々」「貴ぶに身を以てす云々」と思想的に関連する。なお、名が主題的に論述されるのは本章が初めてであり、名を重んじる儒家への批判がこめられていよう。すなわち、『論語』里仁篇に「君子は仁を去《す》てて悪《いず》くにか名を成さん」、衛霊公篇に「君子は世を没《おわ》りて名の称せられざるを疾《にく》む」、子路篇に「必ず名を正さんか。……名正しからざれば則ち言順《したが》わず、言順わざれば則ち事成らず、事成らざれば則ち礼楽興《おこ》らず」、『孝経』開宗《かいそう》明義章に「名を後世に揚げて父母を顕《あら》わすは孝の終りなり」とあり、無名の道に拠る老子がそのような名を否定するのは当然のことである。

(2) 貨　第三章に「得難きの貨」、第五十三章に「財貨　余り有り」などとあり、第九章にいう「金玉」がその代表的なもの。

(3) 得与亡孰病　「亡」は「失」と同義。「亡」としたのは押韻のためであろう。「病」は「患」と同義。なお、「得」と「亡」の対比が上の二句の対比と類例を異にするため、古来さまざまな解釈が行なわれているが、私としては次の「大費」「厚亡」を言い出すためだけの表現と見たい。ちなみに、王弼《おうひつ》は「得」を多利を得ること、「亡」を其《おのれ》の身を亡《うしな》うことと解している。

(4) 甚愛必大費、多蔵必厚亡　沢庵禅師は「愛」を名に執着すること、「蔵」とは貨を蓄えることとする。「費」は生命を耗《す》りへらすこと、「亡」は損失を招くこと。第九章に「金玉堂に満つるも、之を能く守る莫《な》し」とある。なお、二句は『韓非子』六反《りくたん》篇、『韓詩外《げ》伝《でん》』巻九などに引用され、『後漢書』方術伝に載せる。この言葉に感じて貲《し》財《ざい》二億を親疎に分かち与えた隠士折像《せつぞう》の話は古来有名である。

（5）知足不辱、知止不殆　「知足」は第三十三章に既出。「辱」は「寵」もしくに「栄」に対する語。汚辱・屈辱をいう。下句は第三十二章に既出。なお、この二句も『韓非子』六反篇、『韓詩外伝』巻九、『淮南子』人間訓などに引かれ、この言葉を処世訓として身を全うした人物としては、『漢書』と『晋書』に伝を立てられている疏広《そこう》と王羲之《おうぎし》が特に有名である。

（6）長久　第九章の「長く保つ」と同義。

第四十五章

大成《たいせい》は欠けたるが若《ごと》く、其の用弊《やぶ》れず。(1)大盈《たいえい》は冲《むな》しきが若く、其の用窮《きわ》まらず。(2)大直《たいちょく》は屈するが若く、(3)大巧《たいこう》は拙《せつ》なるが若く、(4)大弁《たいべん》は訥《とつ》なるが若し。(5)躁《そう》は寒《かん》に勝ち、静《せい》は熱《ねつ》に勝つ。(6)清静《せいせい》にして天下の正《せい》と為る。(7)

大成若缺。其用不弊。大盈若冲。其用不窮。大直若屈。大巧若拙。大辯若訥。躁勝寒。靜勝熱。清靜爲天下正。

【現代語訳】

本当に完成しているものは、どこか欠けているように見えるが、
いくら使ってもくたびれがこない。
本当に充実しているものは、一見、無内容に見えるが、
いくら使っても無限の功用をもつ。
真の意味で真っ直《す》ぐなものは却って曲がりくねって見え、
本当の上手は却って下手《へた》くそに見え、
本当の雄弁は却って訥弁《とつべん》に見える。
動きまわれば寒さがしのげ、
じっとしていれば暑さがしのげるとか、
清静無為であれば天下の正《おさ》となるのだ。

【注】

○欠・弊／冲・窮／屈・拙・訥／熱（炅）・正と押韻。

（1）大成若欠、其用不弊　「大」は、常識的な認識や世俗的な価値判断を超えてある

もの、すなわち道をいう。したがって「大成」は道の立場から見て完成しているものの意。『荘子』山木篇四に「大成の人」が見える。「欠」は「毀」と同義で「成」の反対概念である。下句は第六章の「之を用いて勤《つか》れず」と同義。なお、本章は老子の逆説的な表現が最もまとまった形で見られる章である。第四十一章に「建言」として引かれている論述をも参照。

(2) 大盈若冲、其用不窮　上句は第四章の「道は、冲《むな》しけれども之を用いて或《つね》に盈《み》たず」の言いかえ、下句は第三十五章にも「之を用うれども既《つ》くす可からず」とある。

(3) 大直若屈　「屈」は「枉」と同義。「直」の反対概念で屈曲・卑屈の意。第二十二章に「枉《おう》なれば則ち直し」とあり、『荀子』天論篇の「老子は詘《くっ》に見る有りて信《の》(伸)ぶるに見る無し」という批判に見える「詘」は「屈」の借字である(馬王堆本甲も「詘」に作る)。

(4) 大巧若拙　『荘子』胠篋篇は古語として引く。

(5) 大弁若訥　『荘子』斉物論篇五は「大弁は言わず」とし、天運篇六に「雷声して淵黙《えんもく》す」、寓言篇一に「終身言わざるも未だ嘗《かつ》て言わずんばあらず」とある。馬王堆本甲は一句を「大贏如炳」に作る。

(6) 躁勝寒、静勝熱　この二句は本来別個に成立していた文章を後次的にくっつけたという感じが強い。俚諺的なこの二句を引いて結論の末句に続けたとも解される。ただし、蔣錫昌《しようしやくしよう》『老子校詁』は、第二十六章の「静かなるは躁《さわ》がしきの君為《た》り」を参照して、二句を「寒勝熱、静勝躁」に改め、末句の「清静」を「寒・静」で解釈しようとする。『韓詩外伝《げでん》』巻九は本章を引用しながら以下の三句を欠き、代りに「其用不屈」の一句を置く。馬王堆本甲は「熱」を「炅《けい》」に作る（「炅」は「熱」と同義）。

（7）清静為天下正　「清静」は『荘子』在宥篇四に「必《も》し静《せい》にし必《も》し清にして、女《なんじ》の形を労すること無ければ」とあり、『漢書』のその伝にある高祖の功臣曹参《そうしん》が清静の政治を行なって民を安んじた話は有名である。「天下正」は第三十九章に「一《みち》を得て以て天下の貞と為る」（「貞」を「正」に作るテキストが多い）とある。一句は、武力を用いて天下を取ろうとすれば却って失敗するの意を含む。

第四十六章

天下に道有れば、(1)走馬《そうば》を却《しりぞ》けて以て糞《たづく》りし、(2)天下に道無ければ、(1)戎馬《じゆうば》郊《こう》に生ず。(2)禍《わざわ》いは足るを知らざるより大《だい》なるは莫《な》く、(3)咎《とが》は得んと欲するより大なるは莫し。(4)故に足るを知るの足るは、常に足る。(5)

天下有道。却走馬以糞。天下無道。戎馬生於郊。禍莫大於不知足。咎莫大於欲得。故知足之足。常足矣。

【現代語訳】
無為の道、天下に行なわれれば、
走馬《はやうま》も民の手にさげ渡されて田野には耕作のいとなみ。
無為の道、天下に失われれば、
牝馬《めすうま》も召しあげられて田野には軍馬のお産。
災禍《わざわい》は君主の飽くなき欲望が最大で、
咎《つみ》は物欲ほど大きなものはない。
だから結論をいえばこうだ。
足ることを知ることの豊かさは、
いかなる時も常に満ち足りている、と。

【注】

○道・郊／足・得・足・足と押韻。

(1) 天下有道・天下無道　『論語』に多く見える。泰伯篇に「天下に道有れば則ち見《あら》われ、道無ければ則ち隠る」、季氏篇に「天下に道有れば則ち礼楽征伐は天子自《よ》り出で、天下に道無ければ則ち礼楽征伐は諸侯自り出づ」などとあり、また、「邦有道……邦無道」も公冶長《こうやちょう》・泰伯・憲問・衛霊公などの諸篇に多く見える。

(2) 却走馬以糞……戎馬生於郊　「却」は民間に下げ渡すこと。「走馬」は「戎馬」(軍馬)に対する語で、伝令用の早馬をいう。足の早い牡の良馬が用いられる。「糞」は肥料を施して田造りすること。ここは耕作の作業をいう。「生於郊」とは、牡馬不足のために徴発された牝馬が、戦場となっている城外の田野で仔《こ》を産むの意。『塩鉄論』未通篇に「此の時に当たりて、走馬を卻《しりぞ》(却)けて以て糞《たつく》りせり。其の後、師旅しばしば発《おこ》り、牸牝《じひん》陣に入る。故に駒犢《くとく》戦地に生まる」とあり、『礼記』月令《がつりょう》篇に「季夏の月は……以て田疇《でんちゅう》に糞《ふん》すべし」とある。ちなみに、以上の四句は第三十章の「師の処《お》る所は、荊棘《けいきょく》生じ、大軍の後には、必ず凶年有り」と関連して、老子の農本主義的反戦思想を示すものである。

(3) 禍莫大於不知足　「不知足」は『荘子』盗跖篇三の「無足」と同義。三字の主語は、上文との関連でいえば、戦争を起こす者、君主もしくは為政の責任者と解すべきであろう。なお、『韓非子』喩老篇、河上公本（『道蔵』）、景龍碑本、馬王堆《ばおうたい》本甲・乙に、この句の上に「罪莫大於可欲」の一句を作るが（ただし現行本『韓非子』は「罪」を「禍」に誤る）、ここでは一おう明和本に従っておく。

（4）咎莫大於欲得　「咎」は罪過の意。第九章に「自ら其の咎を遺《のこ》す」とある。「大」の字を「憯」（馬王堆本甲）、「甚」に作るテキストもある。「憯」であれば、『荘子』庚桑楚篇三に「兵は志より憯《いた》ましきは莫《な》し」とある。

（5）知足之足、常足矣　第三十三章に「足るを知る者は富む」、第四十四章に「足るを知れば辱《はずか》しめられず」とあり、『荘子』譲王篇一〇に「足るを知る者は、利を以て自ら累《くる》しめざるなり」とある。

第四十七章

戸《こ》を出《い》でずして、天下を知り、(1)牖《ゆう》を窺《うかが》わずして、天道を見る。(2)其の出づること弥《いよ》いよ遠くして、其の知ること弥いよ少なし。(3)是《ここ》を以て聖人は、行かずして知り、(4)見ずして名づけ、(5)為さずして成す。(6)

不出戶。知天下。不窺牖。見天道。其出彌遠。其知彌少。是以聖人。不行而知。不見而名。不爲而成。

【現代語訳】

室《へや》から出なくても世のなかのことは分かり、
窓から覗かなくても天の理法は居ながらにして知られる。
遠くに出かければ出かけるほど、
本当のことは分からなくなるのだ。
だから無為の聖人は、
出あるかなくても本当のことが分かり、
目で見なくても名前がつけられ、
作為を弄しなくても成果があがるのだ。

【注】

○戸・下／牖・道・少／名・成と押韻。

（1）不出戸、知天下　『呂氏《りょし》春秋』君守篇や『韓非子』喩老篇は、この二句を引いて、精神を専一に守れば、その本来的な英知（第十六章や第三十三章にいう「明」）のはたらきによって、居ながらにして世界の一切を知ることができるの意に解する。『荘子』にも庚桑楚篇二に「能く一《いっ》を抱かんか。……能く卜筮《ぼくぜい》無くして凶吉を知らんか」、同一に「至人は環堵《かんと》の室に尸居《しきょ》す」などとある。ただし、『淮南子《えなんじ》』主術訓は、君主が宮中の奥深くにいて、己れの知を用いず、百官の衆知によって一切を知るの意に解する。

（2）不窺牖、見天道　「天道」を天体の運行と解することもできる。その場合は、『荘子』天道篇一の「天道運《めぐ》りて積む所無し」、『孟子』離婁《りろう》篇下の「天の高きや、星辰の遠きや、苟《も》し其の故を求むれば、千歳の日至も坐して致す可し」などを念頭におく表現とみることになる。なお、本章は、後の禅（慧能《えのう》・臨済《りんざい》など）や儒学（陸象山《りくしょうざん》・王陽明など）の主張する、徹底した唯心的直観主義の先駆をなすものである。

（3）其出弥遠、其知弥少　感覚知覚的な欲望が外界に広がれば広がるほど、本来的な英知はますます貧弱浅薄なものとなるの意。第十二章の「目の為にせず」の反対である。『荘子』にはここの注釈になるような文章が数多く見られる。たとえば、徳充符篇四に「内に之を保ちて外に蕩《うご》かさず」、駢拇篇に「吾が所謂《いわゆ》る聡とは、其の彼を聞くを謂うには非ざるなり。自ら聞くのみ。吾が所謂る明とは、其の彼を見るを謂うには非ざるなり。自ら見るのみ」、繕性篇に「文は質を滅ぼし、博は心を溺《おぼ》らせり。然《しか》る後に民は始めて惑乱し、以て其の性情に反《かえ》りて其の初めに復《かえ》ること無し」、胠篋篇に「足跡《そくせき》は諸侯の境に接し、車軌は千里の外に結ぶ。……知を好むの過ちなり」などとある。

（4）不行而知　冒頭の二句の言いかえで意味は全く同じ。なお、以下の三句は俚諺的な成語かもしれない。『中庸』にも「見ずして明らかに、動かずして変じ、為す無くして成る」とある。

（5）不見而名　蔣錫昌は、この句を上文の「不窺牖、見天道」を承《う》けるものとみ、『韓非子』喩老篇の引用が「名」を「明」に作るのに従って、「名」を「明」の借字とする（「見」と「明」の対用の例は多く、第二十二章に「自ら見《あら》わさず、故に明らかなり」、第五十二章に「小を見るを明と曰う」などとある）。しかし、「名」を事物に名称を与えて秩序づけること、弁別するの意に解すれば（『釈名《しやくみよう》』に「名は明なり」とある）、このままでも読めないことはない。『後漢書』方術伝に載せる、弟子入りしようとする未知の人々の姓名を必ず予知したという段翳《だんえい》の話を参照すれば、その当時にもこの句を「名づく」と解していた可能性も考えられる。

（6）不為而成　第六十四章の「為すこと無し、故に敗るること無し」と同義。『荀子』天論篇にも「〔至人は〕為さずして成り、求めずして得《う》」とある。

第四十八章

学を為せば日に益《ま》し、(1)道を為せば日に損す。之を損し又た損して、以て無為に至る。無為にして為さざる無し。(2)天下を取るは、(3)常に事無きを以てす。(4)其の事有るに及びては、以て天下を取るに足らず。

爲學日益。爲道日損。損之又損。以至於無爲。無爲而無不爲。取天下。常以無事。及其有事。不足以取天下。

【現代語訳】
学問を修めると日に日に知識が益すが、
無為の道を修めると日に日に無欲となる。
欲を損《へ》らした上にもさらに損らしてゆけば、
かくて無為の境地に到達し、
無為の境地にいて一切を為しとげてゆく。

天下を取るには、いつも無事であることが肝心で、
事を構えるようになると、
天下は取れないのだ。

【注】

○益・為・為と押韻。

(1) 為学日益　感性的な経験の知識を重視する儒家の学問は〝博さ〟を尊び、日々に知識を益すことを本質的な特徴とする。『論語』雍也《ようや》篇に「君子は博く文を学ぶ」、子罕《しかん》篇に「我を博くするに文を以てす」、子張篇に「博く学びて篤《あつ》く志す」とある。老子と荘子はそういう知を、第二十章で「学を絶てば憂い無し」、養生主篇一で「涯《かぎ》り有るを以て涯り無きに随《したが》えば、殆《あや》うきのみ」、天下篇七で「万物を逐《お》いて反《かえ》らず」と批判する。『史記』太史公自序に引く司馬遷の父司馬談の「論六家之要指」にも「儒者は博にして要寡《すく》なく、労して功少なし」とある。

(2) 為道日損……無為而無不為　「為道」とは、「無物に復帰し」(第十四章)、「一《いつ》を抱き」(第二十二章)、「虚を致し……静を守る」(第十六章) ことであるが、そこでは日々に捨てうるかぎりの余剰物を捨ててゆき、無一物の境地で道の無知無欲と一つになら

ねにたらず、そうなってこそ「無為」「無不為」でありうるのである。『荘子』知北遊篇一に「道を為《おさ》むる者は日に損し、之を損し又た之を損して、以て無為に至る。無為にして為さざる無きなり」とあり、「為道」の語は田子方篇四にも見える。馬王堆本乙は「為」を「聞」に作る。「損之又損」は第一章の「玄の又た玄」の注を、「無為而無不為」は第三十七章の注1を参照。ちなみに、「日損」の思想には『無量寿経』などの仏教の教説とも共通するものがあり、六朝《りくちょう》時代にはその語が仏道修行の同義語としてしばしば用いられている。

(3) 取天下　第二十九章に「天下を取りて之を為さんと将欲《ほっ》すれば、吾《われ》其の得ざるを見るのみ」とある。なお、以下の四句を後次的なものとみる説も有力である。

(4) 以無事　第二章の「無為の事に処《お》る」と同義。『荘子』大宗師篇五・六に「其の心は間《かん》にして事無し」「事無くして生定《た》(足)る」、天運篇一に「無事に居て是《これ》を披払《ひふつ》す」などとある。ちなみに、「無事」の語は後の禅宗でも悟りの境地をあらわすものとして用いられている。

第四十九章

聖人は常の心無く、[1] 百姓《ひゃくせい》の心を以て心と為す。[2] 善なる者は吾 之を善とし、不善なる者も吾亦《ま》た之を善とす。(3) 徳　善なり。(4) 信(5)ある者は吾　之を信とし、不信なる者も吾亦《ま》た之を信とす。徳　信なり。(6) 聖人の天下に在《あ》るや、(7) 歙歙《きゅうきゅう》(8)として天下の為に其の心を渾《こん》にす。(9) 百姓皆な其の耳目《じもく》を注ぐ。(10) 聖人は皆な之を孩《がい》(11)にす。

聖人無常心。以百姓心爲心。善者吾善之。不善者吾亦善之。德善。信者吾信之。不信者吾亦信之。德信。聖人在天下。歙歙爲天下渾其心。百姓皆注其耳目。聖人皆孩之。

【現代語訳】

聖人には一定不変の心というものはなく、
万民の心を己れの心とする。
聖人は、善人をもわれは善しとして受け入れ、
不善人をもわれは善しとして受け入れるというが、
これは聖人の徳が本当の善だからである。
信ある人をもわれは信ある人として受け入れ、
信なき人をもわれは信ある人として受け入れるというが、
これは聖人の徳が本当の信をそなえているからである。

聖人が天下にのぞむ場合には、
とらわれなき気持で天下のために己れの心を渾沌《カーオス》にし、
万民がみな目をむけ耳をそばだてても、
聖人はみな彼らを嬰児《えいじ》のように無知無欲にする。

【注】

○心・心／善・善・善／信・信・信（陳柱の説）と押韻。

（1）無常心　一定不変の固定した心がない。馬王堆本乙は「恒无心」（恒に无心《むしん》なり）に作る。

（2）以百姓心為心　『孟子』梁恵王篇上に「斯の心《おのれ》を挙げて諸《これ》を彼《たみ》に加う」とある。

（3）善者吾善之、不善者吾亦善之　道の体得者においては、世俗的な「善」「不善」（下文の「信」「不信」も）の区別は相対的でしかなく、根源的に一であるから、第八章の「上善」の立場からすべてを均《ひと》しく受け入れる。上文の「聖人」が「吾」と言いかえられているのは、聖人（老子）の語あるいは成語的な文章を引用したからであろう（「侯王」を「吾」で承けている第三十七章を参照）。第二章に「天下……皆な善の善為《た》るを知るも、斯《こ》れ不善のみ」、第二十章に「善と悪と、相い去ること何若《いかん》」などとあり、第二十七章に「聖人は……人を棄《す》つる無し」、第六十二章に「人の不善なる、何の棄つることか之れ有らん」とある。

(4) 徳善　「徳」は第十章の注12を参照。『群書治要《ちよう》』の引用は下文の「徳信」とともにこの二字を欠き、これを後次的な解説文の竄入《ざんにゅう》とみる説もあるが、馬王堆本甲・乙は下に「也」を作って既に本文としている。また、「得善（信）」もしくは「得善（信）矣」に作るテキストも多いが、意味はほとんど同じ。

(5) 信　人を欺かぬ誠実な言葉。第八章に「言は信あるを善しとす」、第三十八章に「礼は、忠信の薄《はく》」とある。信を持ち出したのは、善の具体例としてであり、信が儒家の道徳でも強調され、『荀子』非十二子篇にも「信を信とするも信なり、疑（不信）を疑とするもまた信なり」とあって、「信」と「不信」が峻別されているからであろう。

(6) 徳信　第二十一章に「其の中《みち》に信有り」という絶対的な信である。

(7) 聖人在天下　第三十二章にも「道の天下に在《お》けるや」と同類の表現が見える。

(8) 歙歙　王弼《おうひつ》は心に囚《とら》われなきさまとする。

(9) 渾其心　「其」を天下の万民とする説もあるが、前句の「聖人」を承けると見る方が可。『荘子』在宥篇五の「心《こころ》を解き神を釈《す》て、……渾渾沌沌《とんとん》、身を終うるまで離れず云々」、繕性篇の「古の人混芒（渾沌）の中《うち》に在りて、一世と与《とも》にして澹漠《たんばく》を得たり云々」などが聖人を説明するものであるからである。

(10) 百姓皆注其耳目 「百姓」は第五章に既出。「注其耳目」は、万民が聖人の心の渾沌に注目するの意。

(11) 孩 訳文は王弼の注に拠るが、高亨は「閡」の借字と見て「耳目を閉ざす」と解する。いずれにせよ、万民に己れの偉大さを意識させない無為の政治をいう。

第五十章

生を出《い》でて死に入る。(1)生の徒《と》(2) 十に三有り。(3)死の徒(2) 十に三有り。人の生、動いて死地に之《ゆ》く、(4)亦《ま》た十に三有り。夫《そ》れ何の故ぞ、其の生を生とするの厚《あつ》き(5)を以てなり。蓋《けだ》し聞く、善《よ》く生を摂《せっ》する者は、(6)陸に行《ゆ》いて兕虎《じこ》に遇《あ》わず、軍に入って甲兵《こうへい》を被《き》ず。兕《じ》も其の角《つの》を投ずる所無く、虎《とら》も其の爪を措《お》く所無く、兵も其の刃《やいば》を容《い》るる所無し、(7)と。夫《そ》れ何の故ぞ。其の死地無き(8)を以てなり。

出生入死。生之徒十有三。死之徒十有三。人之生。動之死地。亦十有三。夫何故。以其生生之厚。蓋聞善攝生者。陸行不遇兕虎。入軍不被甲兵。兕無所投其角。虎無所措其爪。兵無所容其刃。夫何故。以其無死地。

【現代語訳】

世のなかには長生きできる身を捨てて死地に飛びこむ者がいる。
もともと人間には、長生きできる連中が十人に三人はおり、
若死にする連中が十人に三人はおるが、
世に生きて殊さらに死地に向う人間がまた十人に三人はいる。
そのわけはなぜかといえば、
彼らが余りにも強く生に執着するからだ。

こんな諺《ことわざ》がある。

生を養うことの達人は、
陸地を旅行しても猛獣に出あわず、
戦場に臨んでも武具に身をよろわない。
犀《さい》もその角《つの》を突き立てるすきがなく、
虎もその爪《つめ》を打ちかけるすきがなく、

武器もその刃《やいば》を加えるすきがない、という諺か。

そのわけはなぜかといえば、

彼達人には死の危険が全くないからである。

【注】

○三・三・三（陳柱の説）／厚・角（朱謙之の説）と押韻。

（1）出生入死　下文の解釈と関連して古来さまざまな訓《よ》み方が行なわれているが、私は「生之徒十有三……動之死地、亦十有三」を挿入句的な文章と見たいので、一おう原記のように訓んでおく。「生地を出て死地に入る」の意で、下文の「人之生、動之死地」と同義。ただし、『荘子』至楽篇六の「万物は皆な機《き》より出でて、皆な機に入る」、庚桑楚篇四の「（万物は）生有り、死有り、出《しゅつ》有り、入有り、入出して其の形を見る無し、是《これ》を天門と謂う」などと関連する記述とみて、「出づれば生、入れば死」と訓むこともできるが、章全体の論旨を考慮すれば、上述のように解する方が可。

（2）生之徒・死之徒　第七十六章に「堅強なる者は死の徒、柔弱なる者は生の徒」と見え、『荘子』知北遊篇一に「生や死の徒、死や生の始め」と見える。

（3）十有三　それぞれを正確に十分の三とみて、残りの十分の一を下文の「善摂生者」にあてる解釈もあるが、三分の一と見る方が可。

(4) 動之死地　『淮南子《えなんじ》』精神訓の引用は、この句を「其の寿命を終える能《あた》わずして中道に刑戮《けいりく》に夭《よう》す」と言いかえている。ちなみに、この部分の三分法は、『論語』陽貨篇の「性相い近く、習い相い遠し、唯だ上知と下愚《かぐ》とは移らず」を意識しているとも見られる。

(5) 其生生之厚　第七十五章の「其の生を求むること厚《あつ》し」と同義。「生生」は第七十一章に「病《へい》を病とす」と同類の表現が見える。馬王堆本甲・乙は「之厚」の二字を欠く。以上は世俗の人々の生き方、以下は得道者の生き方である。

(6) 善摂生者　『荘子』達生篇五の「善く生を養う者」と同義であるが、それはかえって第七十五章にいう「生を以て為すこと無き者」、達生篇一にいう「形の為にするを免れんと欲する者」である。なお、河上公本は本章を「貴生」(生を貴ぶ)と名づけているが、この句の方が一そうふさわしい標題であろう。

(7) 陸行不遇兕虎……兵無所容其刃　「兕」は犀《さい》の一種。『荘子』秋水篇三に「陸行して兕虎を避けず」とある。馬王堆本甲・乙は「陸」を「陵」、「遇」を「辟」に作る(「陵」は「陸」と同義、「辟」は「避」と同じ)。「甲兵」は甲冑と武器。秋水篇一にはさらに「至徳ある者は、火も熱《や》く能わず、水も溺らす能わず、寒暑も害《そこ》なう能わず、禽獣も賊《そこ》なう能わず」とある。

（8）無死地　秋水篇一はその理由を「其の之を薄《かろ》んずるを謂うに非ざるなり。安危を察し、禍福に寧《やす》んじ、去就を謹しみ、之を能く害なう莫《な》きを言うなり」と説明する。なお、本章は以上のように『荘子』と類似する表現が多く、老子本来の文章でないとする見方も有力である。

第五十一章

道之を生じ、徳之を畜《やしな》う。(1)物之に形《あら》われ、勢い之に成る。(2)是《ここ》を以て万物は、道を尊《たっと》びて徳を貴《たっと》ばざるは莫《な》し。(3)道の尊く、徳の貴き、夫《そ》れ之に命ずる莫くして、常に自然なり。(4)

故に道之を生じ、徳之を畜《やしな》い、(5)之を長《ちょう》じ之を育て、之を亭《さだ》め之を毒《あつ》くし、(6)之を養い之を覆《おお》う。(7)生じて有せず、為して恃《たの》まず、長じて宰《さい》せず。是《これ》を玄徳《げんとく》と謂う。(8)

道生之。徳畜之。物形之。勢成之。是以萬物。莫不尊道而貴徳。道之尊。徳之貴。夫莫之命。而常自然。故道生之。徳畜之。長之育之。亭之毒之。養之覆之。生而不有。爲而不恃。長而不宰。是謂玄徳。

【現代語訳】

道がそれを生みだし、
道の偉大な徳がそれを養い、
万象の形がそこにあらわれ、
形あるものの位置づけがそこにできあがる。
だから万物はみな道を尊び、その偉大な徳を貴ぶのだ。
道の尊さとその徳の貴さは、誰がそうさせるわけでもなく、いつもおのずからそうである。

だから、こんな言葉がある。
道がそれを生みだし、
道の偉大な徳がそれを養い、
それを大きくし、それをはぐくみ育て、
それを安定させ、それを充実させ、
それを養い、それを庇護《ひご》してゆく。
生みいだしながら吾が所有《もの》とせず、

営みを行ないながら誇ら顔をせず、
生長させながら支配者づらをしない。
これを玄妙な徳というのだ、と。

【注】

○生・形・成（姚文田《ようぶんでん》の説）／畜・育・毒・覆／有・恃・宰・徳（陳柱の説）と押韻。

（1）道生之、徳畜之　第三十九章に「万物は一（道）を得て以て生ず」、『易』繋辞《けいじ》伝《でん》下に「天地の大徳を生と曰《い》う」とある。「生之畜之」は第十章に既出。

（2）物形之、勢成之　「物之を形《な》し、勢い之を成す」と訓んで、「物」を第二十五章の「物有り混成す」の物、「勢」を道の勢、「之」を万物と解する説もあるが、おそらくは非。その主な理由は、本章の論述が道とその徳を主題にし、この二句は万物の形と勢の成立を附説したにすぎないと解されること（「之」は三字句にするための軽い語助的な言葉）、「物勢」もしくは「勢物」の語は、『荘子』徐無鬼篇四や『論衡』物勢篇などでは一語として、もっぱら形而下的な存在に関して用いられていること、万物の形が道によって生ずるという思想は『荘子』天地篇三にも「形は道に非ざれば生ぜず」とあり、また同篇でも道と徳、事と技が併記されていて、発想が彼此類似していることなどである。なお、「勢」の語は、『荘子』天道篇五の「大道の序」に相当し、形をもつものの在り方、勢位の意に解されるが、法家とくに慎到の一派によって強調され、『老子』ではここにしか見えない点を重視すれば、老子本来の用語ではなかったとも考えられる。詳細は『韓非子』難勢篇、『呂氏《りょし》春秋』審勢篇などを参照。馬《ば》王堆《おうたい》本甲・乙は「形」を「刑」(「形」と通用)、「勢」を「器」に作る。

(3) 莫不尊道而貴徳　『荘子』在宥篇八に「為すこと無くして尊き者は、天道なり」、漁父篇に「道の在る所は、聖人之を尊ぶ」「聖人は天に法《のっと》り真を貴ぶ」などとある。

(4) 夫莫之命、而常自然　「自然」は第十七章の注7を参照。第三十二章に「民之に令する莫くして自《おの》ずから均《ひと》し」とある。馬王堆本甲・乙は「命」を「爵」に作る。

(5) 故道生之、徳畜之　冒頭の二句と同じであるが、敦煌《とんこう》本、馬王堆本甲・乙は「徳」の字を欠く。

(6) 亭之毒之　「亭」は「定」と同義、「毒」は「篤」と同義。「亭」「毒」を「成」「熟」に作るテキストも多い。

(7) 養之覆之　「養」「覆」は第三十四章の「衣養」と同義。『荘子』天地篇二に「夫《そ》れ道は、万物を覆載する者なり」とある。

(8) 生而不有……是謂玄徳　第十章と重複。両章の関係については第十章の注を参照。また、初めの二句は第二章に、第二・三句は『荘子』達生篇一三にも見える。『老子』

が箴言《しんげん》集的な性格をもつこと、その執筆が一時一人でないことを示す最もいい資料である。

第五十二章

天下に始め有り、以て天下の母と為す。(1) 既に其の母を得て、復《ま》た其の子を知る。(2) 既に其の子を知り、復た其の母を守る。(3) 身を没するまで殆《あや》うからず。(4) 其の兌《あな》(5)を塞《ふさ》ぎ、其の門(6)を閉ざせば、身を終うるまで勤《つか》れず。(7) 其の兌を開き、其の事を済《な》せば、身を終うるまで救われず。(8) 小《しょう》を見るを明《めい》と曰《い》い、(9) 柔《じゅう》を守るを強と曰う。(10) 其の光を用いて、其の明に復帰《ふっき》すれば、(11) 身の殃《わざわ》いを遺《のこ》す無し。(12) 是《これ》を習常《しゅうじょう》——常《つね》あるに習《い》(襲)る——と謂《い》う。(13)

天下有始。以為天下母。既得其母。復知其子。既知其子。復守其母。没身不殆。塞其兌。閉其門。終身不勤。開其兌。済其事。終身不救。見小曰明。守柔曰强。用其光。復歸其明。無遺身殃。是謂習常。

【現代語訳】

この世界には始めがある。それを天下の母とよぼう。
その母を明らかにした上で、さらにその子のありようを知る。
子のありようを知った上で、さらにその母を見失わぬようにする。
かくて身を終わるまで安らかなのだ。

己れの欲望の穴をふさぎ、
己れの情欲の門を閉ざせば、
一生涯、疲れることがない。
己れの欲望の穴を開き、
欲望のいとなみを成しとげてゆけば、
一生涯、救われることがない。

かそけきものを見さだめるのを明《めい》といい、
しなやかさを保ちつづけるのを強《きょう》という。
内なる光をはたらかせて道を知る絶対の知恵に立ち戻れば、

身の禍いを残すことがない。
これを常あるもの――道に参入した生き方というのだ。

【注】

○始・母・母・子・子・母・殆／門・勤／事・救／明・強・光・明・殃・常（江有誥《こうゆうこう》の説）と押韻。

(1) 天下有始、以為天下母　第二十五章の「物有り混成し、天地に先だちて生ず……以て天下の母と為す可し」を承《う》ける。「有始」は、第一章の「天地の始め」、第十四章の「古始」を参照。

(2) 既得其母、復知其子　「既」は下句の「復」と対応し、累加の意味をあらわす。「母」は道、「子」は万物をいう。明和本は「得」を「知」に作るが、王弼《おうひつ》の注を参照して改めた。馬王堆本甲・乙、傅奕《ふえき》本、范応元《はんおうげん》の古本なども「得」に作る。

(3) 守其母　第五章の「中を守る」、第十章の「一を抱く」、『荘子』徳充符篇一の「其の宗《そう》を守る」、在有篇四の「其の一を守る」などと同義。天道篇九には「物の真を極めて、能《よ》く其の本《もと》を守る」とある。

(4) 没身不殆　第十六章に既出。ここまでが第一段落。

(5) 兌　穴の意で、『荘子』応帝王篇七にいう「七竅《しちきょう》」である。目・耳・口・鼻の感覚器官、さらにそれらを司る欲望をいう。『易』にも兌《だ》の卦《か》があり、口をあらわす。

(6) 門　外界との接触点、情欲を刺激する誘惑物の入口。

(7) 不勤　「勤」は「疲」と同義。第六章に既出。

(8) 開其兌……終身不救　上の三句を裏返しただけの文章。おそらく後次的に加えられたのであろう。ここまでが第二段落。

(9) 見小曰明　「見」は第一章の「常に無欲にして以て其の妙を観る」の観と同義。「小」は第三十四章の「〔道は〕常に無欲にして、小と名づく可し」の小すなわち道である。「明」とは目のよく見えることをいい、ここは絶対の知恵を意味する。第十六章の「常を知るを明と曰う」の注を参照。

(10) 守柔曰強　第四十三章に「天下の至柔、天下の至堅を馳騁《ちてい》す」、第三十六章に「柔弱は剛強に勝つ」、第七十六章に「堅強なる者は死の徒、柔弱なる者は生の徒」などとある。なお、一句は前後と必ずしも内容的に密着しないが、上句と対をなす成語として一緒に引かれたのであろう。

(11) 用其光、復帰其明　「光」は、第四章の「其の光を和らぐ」の光と同じく、人間におのずから具わる英知の光をいう。『荘子』庚桑楚篇三にいう「天光」である。「復帰」は第二十八章に多く見えたが、ここでは欲望に暗まされた英知を本来の在り方に帰

す の意をも含む。「明」は上文を承ける。

(12) 無遺身殃　「殃」は第九章の「其の咎《とが》を遺す」の咎と同義。一句は上文の「没身不殆、終身不勤」と対応し、同じ意味である。ここまでが第三段落。

(13) 是謂習常　「習」は「襲」と同じで「入る」と訓《よ》む。「習」を「襲」に作るテキストも多い。『荘子』にも「襲」を「入る」と訓む用例が幾つか見える。第二十七章に「是《これ》を明に襲《い》ると謂う」とあり、「襲」を「重ねる」と訓む説についてはその注を参照。「習常」とは、第一章の「常の道」に参入することをいい、第十四章の「無物に復帰す」、第二十八章の「無極に復帰す」、『荘子』大宗師篇七の「寥《りよう》たる天一《てんいつ》に入る」と同義。河上公本が本章を「帰元」(根源的なものへの復帰)と名づける所以である。この一句で三つの段落の結論をさらに締めくくる。

第五十三章

我をして介然《かいぜん》として知《ち》有らしめば、(1) 大道《たいどう》(2)を行きて、唯《た》だ施《よこしま》(池)なるを是れ畏《おそ》れん。(3)

大道は甚だ夷《たい》らか(4)なるに、民は径《けい》(5)を好む。

朝《ちよう》は甚だ除《よご》れ、田《でん》は甚だ蕪《あ》れ、倉《くら》は甚だ虚《むな》しきに、(6) 文綵《ぶんさい》を服し、利剣《りけん》を帯び、飲食

に厭《あ》き、財貨《ざいか》余り有り。(7) 是《これ》を盗夸《とうこ》(8)と謂《い》う。道に非ざるかな。(9)

使我介然有知。行於大道。唯施是畏。大道甚夷。而民好徑。朝甚除。田甚蕪。倉甚虚。服文綵。帯利劍。厭飲食。財貨有餘。是謂盜夸。非道也哉。

【現代語訳】

もしもわたしが何ほどかの明知をもつとすれば、無為なる大道を無為に歩いて、邪路《わきみち》にそれることをこそ戒《いまし》めるであろう。無為の大道は、この上なく平坦なのに、人々はとかく邪路《わきみち》にそれたがる。

朝廷では汚職が横行し、田畑は戦乱で荒れほうだい、倉庫はまるでからっぽだというのに、綺麗な衣服を着かざって、

立派な剣《けん》を腰におび、
たらふくご馳走にありついて、
しこたま私財をためこんでいる。
これを盗人《ぬすっと》の栄華というのだ。
無為の大道とは似てもつかない。

【注】

○畏・夷／除・蕪・虚と押韻。

(1) 使我介然有知　「介然」は、『列子』楊朱篇や仲尼篇に「介然(焉)の慮」「介然の有」と見えるそれと同じく、微小なさま。『荀子』修身篇の「善　身に在れば、介然として必ず以て自ら好む」などのそれと同義とみ、はっきりと、明確にの意とする説もあるが、採らない。「知」は無為自然の真理を悟る知恵。第十六章の「常を知るを明と曰う」、もしくは第四十三章の「吾　是《ここ》を以て無為の益有るを知る」の知である。一句は、第二十章の「我独り頑にして鄙《ひ》に似る」と同じく、老子の謙遜の辞。

(2) 大道　第十八章に既出。『荘子』では天道篇に特に多く見える。

(3) 唯施是畏 「施」は「池《い》」の借字で「邪」の意。詳しくは王念孫『読書雑志余編』上の考証を参照。ここは大道を離れて邪路に入ることをいい、下句の「径」と対応する。「畏」は戒慎の意。

(4) 夷 第四十一章に「夷道」の語が見え、第十四章では道を説明する言葉として用いられている。

(5) 径 小みち、邪路。河上公本の注も「径は邪にして正しからざるなり」とし、『論語』雍也《ようや》篇に「行くに径に由《よ》らず」とある。

(6) 朝甚除、田甚蕪、倉甚虚 上句を承けて、政治の腐敗堕落と人民の生活の疲弊をいう。馬叙倫は「除」を「塗」(涂)の借字で「汚」と同義とする。「田甚蕪」は第三十章にいう「師の処《お》る所は、荆棘《けいきょく》生ず」である。「倉」は、下文の「財貨有余」を参照すれば、政府または人民の倉庫。

(7) 服文綵……財貨有余 上の三句のような状況を尻目に、為政者階級が私利私欲を逞しくしていることをいう。『韓非子』解老篇は、上文の「朝甚除」、下文の「是謂盗夸」とともにこの四句を引用する(ただし、「綵」を「采」、「財」を「資」、「夸」を「竽」に作る)。

(8) 盗夸 盗み取った奢侈《しゃし》の意。「夸」は「奢」と同義(『説文解字《せつもん》』)。『韓非子』が「竽」に作って楽器と解するのは従いがたい。馬王堆本乙は「杅」に作る。

(9) 非道 第三十章の「不道」と同義。『荘子』天道篇五でも「大道」の語と関連して用いられている。なお、本章は、為政者とその政治に対する不信と憤りを最も直截に表現しているが、老子の思想はその根底に、君主や国家機構そのものをも否定する無政府主義的な傾向を内包する。その思想と、彼を始祖に仰ぐ道教が、ユートピア思想や革命思想、農民一揆や政治闘争に大きな役割を果たしたのはそのためである。後者の例は、後漢末期の黄巾《こうきん》の乱、六朝時代における張魯《ちょうろ》や孫恩《そんおん》の叛乱などであり、前者の例としては、陶淵明『桃花源記』、龔自珍《きょうじちん》『尊隠』、『抱朴子』詰鮑篇に載せる鮑敬言《ほうけいげん》の徹底した君主否定論、譚嗣同《たんしどう》『仁学』などがあげられる。

第五十四章

善《よ》く建つる者は抜けず、善く抱く者は脱《お》ちず。(1) 子孫以て祭祀《さいし》して輟《や》まず。(2) 之を身に修《おさ》むれば、其の徳乃《すなわ》ち真《しん》なり。(3) 之を家に修むれば、其の徳乃ち余り、(4) 之を郷《きょう》に修むれば、其の徳乃ち長く、(4) 之を邦《くに》に修むれば、其の徳乃ち豊かに、(4) 之を天下に修むれば、其の徳乃ち普《あまね》し。(4) 故に身を以て身を観《み》、家を以て家を観、郷を以て郷を観、国を以て国を観、天下を以て天下を観る。(5) 吾何を以てか天下の然《しか》るを知るや、此《これ》

を以てす。(6)

善建者不拔。善抱者不脫。子孫以祭祀不輟。脩之於身。其德乃眞。脩之於家。其德乃餘。脩之於鄕。其德乃長。脩之於邦。其德乃豐。脩之於天下。其德乃普。故以身觀身。以家觀家。以鄕觀鄕。以國觀國。以天下觀天下。吾何以知天下然哉。以此。

【現代語訳】
本当によく確立された道は、抜きとられることがない。
本当によく身につけられた道は、ぬけ落ちることがない。
子孫がそれによっていつまでも祖先を祭ってゆくことができる。
その道を我が身に修めれば、その徳はこの上なく純粋であり、
その道を我が家に修めれば、その徳は用いてなお余りあり、
その道を郷《むら》ざとに修めれば、その徳は久しく、
その道を国に修めれば、その徳は豊かに、
その道を天下に修めれば、その徳は洽《あまね》くゆきわたる。
だから、こんな言葉がある。

身を修める道で身の修まりぐあいを観《み》、
家を斉《ととの》える道で家の斉いぐあいを観、
郷《むら》を治める道で郷の治まりぐあいを観、
国を治める道で国の治まりぐあいを観、
天下を治める道で天下の治まりぐあいを観る、と。
わたしにどうして天下のそうであること――道によって治まりぐあいが明らかにされるということ――が分かるかといえば、
道の広大無辺さによってそれが分かるのだ。

【注】

○抜・脱・輟／身・真／家・余／郷・長／邦・豊／下・普と押韻。

（1）善建者不抜、善抱者不脱　「善」とは道に立脚していること。「建」は第四十一章に「建徳」とある。「善建」「善抱」は第二十七章の「善閉」「善結」などと発想を同じくする。「不抜」は『易』乾卦《けんか》に「確乎不抜」とあるように堅固なことをいう。『淮南《えなん》子《じ》』主術訓は上句を引いて「之を無形に建つるを言う」と説明する。

（2）子孫以祭祀不輟　道のおかげで子孫による宗廟《そうびょう》の祭りが絶えないことをいう。それは家族制度を基幹とする古代中国の社会では最大の幸福であり、特に儒家によって重視され、たとえば、『春秋左氏伝』定公四年に「宗を滅ぼし祀を絶つは孝に非ざるなり」、『孟子』告子篇下に「郷大夫《けいたいふ》不仁なれば宗廟を保たず」などとある。なお、以上の三句はおそらく一般に行なわれていた俚諺を枕として用いたものであろう（第四十九章も同じような構成になっている）。

（3）修之於身、其徳乃真　以下、「修之於天下」までの論述は、『荘子』天道篇二の「此《これ》（道）を以て上《かみ》に処《お》るは……下《しも》に処るは……退居して間遊すれば……進為《しんい》して世を撫《ぶ》すれば……」と発想を同じくし、身→家→郷→国→天下の序列は、『礼記《らいき》』大学篇の修身→斉家→治国→平天下と類似する。「真」は人為（偽もしくは仮）の反対。あるがままで飾り気のないこと、いわゆる天真爛漫である。『荘子』応帝王篇一に「其の徳は甚だ真なり」、譲王篇五に「道の真は以て身を治む」とある。

（4）余・長・豊・普　道によって得られた徳の広さ大きさをいう。徳はもともと人格性を意味するとともに、その人格性のもつ教化力（徳化）もしくは恩恵（徳沢）をも意味するから、ここも両義を含むと解することができる。『荘子』天地篇三に「夫《そ》れ王徳の人は、……其の徳広し」、応帝王篇七に「徳に報ゆ」、大宗師篇八や天道篇三に「吾が師か……沢《たく》は万世に及ぶ」、天道篇四に「帝王の徳は……天下を用いて余り有り」などとある。なお、明和本は「修之於邦」の「邦」を「国」に作るが、押韻の関係で「邦」に改めた。

(5) 以身観身……以天下観天下　その用い方によって功用性を異にする道の広大無辺さをいう。この五句は、『管子』牧民篇にも第二句以下が見えるから(ただし「観」を「以」に作る)、先人も指摘するように後次的な敷衍《ふえん》の文章と見ていいであろう。なお、『荘子』天地篇一にも「道を以て言を観《み》……分を観……能を観……」とあり、あるいはそれが意識されていたとも考えられる。五句の訳は『管子』と天地篇の論述を参照してのものである。

(6) 吾何以知天下然哉、以此　上の五句を後次的なものとして省けば、「何以」は「修之於天下、其徳乃普」を承けることになる。第五十七章と第二十一章にもこの二句と同類の文章が見える(「天下」を「其」「衆甫之状」とする)。この句の「天下」も「其」に作るテキストがある。なお、本章は以上に注記したように儒家思想の影響を最も顕著に感じさせる章であり、成立の時期が他の章よりかなり後れると推測される。ただし、前二世紀の馬王堆本乙は既に本文として載せる。

第五十五章

徳を含むことの厚きは、赤子《せきし》に比す。(1)蜂蠆虺蛇《ほうたいきだ》も螫《さ》さず、(2)猛獣も攫《つか》まず、攫鳥《かくちょう》も搏《う》たず。(3)骨《ほね》弱く筋《きん》柔らかくして握ること固し。(4)未《いま》だ牝牡《ひんぼ》の合《ごう》を知らずして全《さい》（朘）作《た》つは、(5)精《せい》の至りなり。(6)終日号《な》いて嗄《こえか》れざるは、和《わ》の至りなり。(7)和を知るを常《つね》と曰《い》い、(8)常を知るを明と曰《い》う。(9)生を益《ま》すを祥《わざわ》いと曰い、(10)心 気を使うを強《きょう》と曰う。(11)物 壮《そう》なれば則ち老ゆ。之を不《ふ》道《どう》と謂《い》う。不道は早く已《や》む。(12)

含徳之厚。比於赤子。蜂蠆虺蛇不螫。猛獸不據。攫鳥不搏。骨弱筋柔而握固。未知牝牡之合而全作、精之至也。終日號而不嗄。和之至也。知和曰常。知常曰明。益生曰祥。心使氣曰强。物壯則老。謂之不道。不道早已。

【現代語訳】

徳を深く内に蓄えている人は、譬《たと》えてみれば赤ん坊のようなものである。
赤ん坊は蜂やさそり、まむしのたぐいも彼を螫《さ》さず、

猛獣のたぐいも彼につかみかからず、
猛禽のたぐいも彼をけづめにかけない。
その骨格はまだ固まらず、筋肉はしなやかで拳《こぶし》を固く握りしめている。
男女の交合もまだ知らないのに性器が勃起するのは、
精気が完全に保たれているからであり、
一日じゅう泣き叫んでも声がかれないのは、
陰陽の調和が完全に保たれているからである。
このように調和の原理に目ざめをもつことを常なる道にかなっているといい、
常なる道に目ざめをもつことを絶対の知恵という。
無理に寿命を益そうとするのを不吉といい、
心で気力を煽《あお》るのを強がりという。
物はすべて威勢がよすぎると、やがてその衰えがくる。
これを不自然なふるまいという。
不自然なふるまいは、すぐに行きづまるのだ。

【注】

○螫・拠・搏・固・作・嗄／常・明・祥・強／老・道・已（江有誥《こうゆうこう》の説）と押韻。

（1）含徳之厚、比於赤子　「含徳」は『荘子』胠篋篇に「人ごとに其の徳を含めば、則ち天下は僻《よこしま》ならざらん」、「厚」は人間世篇一に「徳は厚く信は矼《かた》し」とある。「赤子」は嬰児《えいじ》と同じで、有道者を嬰児に譬《たと》えることについては、第十章の注、さらに第二十章、第二十八章を参照。なお、本章は嬰児を無心の象徴とする文章として古来ことに有名である。表現は素朴で簡潔、幼い生命に対する驚きといとおしみを感じさせ、老子の詩的天分と庶民性が躍如としている。

（2）蜂蠆虺蛇不螫　以下の三句は、第五十章の「善く生を摂する者」の条に同類の叙述がある。「蜂蠆虺蛇」の四字を「毒虫」に作るテキストが多く、その方が句形がそろうが、陸徳明の見た王弼《おうひつ》本も四字に作っているので、一おうこのままにしておく。馬王堆本甲は「蠆虺」を「蝲蝎」、「不」を「弗」に作り、乙も字句に異同はあるが、六字句に作る。

（3）猛獣不拠、攫鳥不搏　王引之は「拠」を「挶《げき》」の借字で「つかむ」の意とする。馬王堆本甲は二句を「攫鳥猛獣弗搏」の六字句に作って前の句と対にし、乙も前の句の場合と同じ。ちなみに、『説苑《ぜいえん》』修文篇にも「猛獣攫《つか》まず、鷙鳥《しちょう》搏たず、蝮蠆《ふくたい》螫《さ》さず」と見えるから、以上の三句は一般的な成語であったかもしれない。

(4) 骨弱筋柔而握固　以下の六句は『荘子』庚桑楚篇二に同類の文章が見え、「握固」を「終日握りて手挽《かが》まず」に作る。

(5) 未知牝牡之合而全作　庚桑楚篇二はこの部分を欠くが、徳充符篇四には「雌雄前に合《まじ》わる」とある。「全」は「峻《さい》」もしくは「朘《さい》」の借字で、幼児の性器をいう（『玉篇』肉部）。河上公本は「峻」、馬王堆本乙・傅奕《ふえき》本・范応元本は「朘」に作る。「作」は「起」と同義。馬王堆本乙は「怒」に作る。

(6) 精之至也　『荘子』漁夫篇に「真とは、精誠の至りなり」、在宥篇四に「女《なんじ》の精を揺《うご》かすこと無ければ」、刻意篇に「精用いられて已《や》まざれば則ち労《つか》る」などとある。ちなみに、「……之至也」という表現は『老子』では本章にしか見えないが、『荘子』には用例が多く、特に刻意篇で多用されている。

(7) 終日号而不嗄、和之至也　庚桑楚篇二は「終日嗥《な》いて嗌嗄《のどしわが》れず」に作る。「和之至」は、第四十二章の「冲気以て和することを為す」の和が最も純粋に保たれている状態で、『荘子』在宥篇四に「我　其の一《いつ》を守って以て其の和に処《お》る」という和の極致である。

(8) 知和曰常　「和」は道そのものの在り方でもあるから、和の境地を体認することは、やはり道の在り方である恒常不変を知ることにもなる。それはまた、第十章、第二十二章にいう「一《いつ》を抱く」、上引の在宥篇の「一を守る」ことでもある。『荘子』天地篇三に「（王徳の人は）無声の中《うち》、独り和を聞く」、山木篇一に「（至人は）和を以て量と為し、万物の祖に浮遊す」などとあり、「知和」の語は盗跖篇三に有道者の名前として見える。

(9) 知常曰明　第十六章に既出。和を知ると明をも得る。

(10) 益生曰祥　「益生」は『荘子』徳充符篇六に「常に自然に因《よ》りて生を益さず」とある。「祥」は、通常は神の降《くだ》した吉福の意であるが、ここは禍の意。『書経』序の「亳《はく》に祥有り」の伝（注の一種）に「祥は妖怪なり」、『春秋左氏伝』僖《き》公十六年の「是れ何の祥ぞや」の注に「吉凶の先ず見《あら》わるるもの」、その疏（注を解説した注）に「悪事も亦《ま》た称して祥と為す」などとある。なお、朱駿声『説文《せつもん》通訓定声』は「祥」を「⿰歹羊」すなわち「殃」の借字と見る。

(11) 心使気曰強　「心使気」とは、心（知と欲）が生命を形成している精気を使役すること。その結果、陰陽の調和が乱れる。『史記』律書にも「神《こころ》　気を使う」とある。「強」は自然の道理に従わない無理押し。第四十二章に「強梁者は其の死を得ず」とある。

(12) 物壮則老……不道早已　第三十章に既出。そこでも「果《な》して強なる勿《な》し」の強を承けている。

第五十六章

知る者は言わず、言う者は知らず。(1)其の兌《あな》を塞《ふさ》ぎ、其の門を閉ざし、其の鋭《えい》を挫《くじ》き、其の紛《ふん》を解き、其の光を和《やわ》らげ、其の塵《よご》れを同じくす。(2)是《これ》を玄同《げんどう》(3)と謂《い》う。故に得て親しむ可からず、得て疎《うと》んず可からず、得て利す可からず、得て害す可からず、得て貴《たっと》ぶ可からず、得て賤《いや》しむ可からず。(4)故に天下の貴《き》と為る。(5)

知者不言。言者不知。塞其兌。閉其門。挫其鋭。解其紛。和其光。同其塵。是謂玄同。故不可得而親。不可得而疎。不可得而利。不可得而害。不可得而貴。不可得而賤。故爲天下貴。

【現代語訳】

本当に分かっている者は言《こと》あげせず、言あげする者は本当に分かっていない。
おのれの欲望の穴をふさぎ、

その穴の入口を閉ざし、
おのれの気おいを挫《くじ》き、
気おいの紛《もつ》れを解きほぐし、
おのれの英知の光を和らげて、
光を塵《けが》すものに同和する。
これを道との玄妙な合一とよぶのだ。
だからこのような玄妙な合一者は、
彼と親しむこともできず、
彼を疎《うと》んずることもできず、
利益を与えることもできず、
危害を加えることもできず、
貴くすることもできず、
賤《いや》しくすることもできない。
だから世のなかで無上の価値をもつのだ。

【注】

○門・紛・塵と押韻。

(1) 知者不言、言者不知　『荘子』天道篇一〇、知北遊篇一にも見える。天道篇では、道の真相は形と色、名と声によっては得ることができないと説明する。

(2) 塞其兌……同其塵　第一・二句は第五十二章に既出。第三〜六句は第四章に道を主語として既出。ここでは六句が二句一連の成語的な文章となっている。それぞれの二句のうち、上句の「其」は有道者、下句の「其」は「兌」「鋭」「光」を承けると解する。第六句の「塵」は「世俗」の同義語であり、有道者の「塵」とは解し得ないからである。馬王堆《ばおうたい》本甲・乙は第三・四句と第五・六句の順序を逆に作る。

(3) 玄同　言と知を忘れて道と合一すること。また、言と知を忘れなければ道とは合一できないということ。この語は『荘子』胠篋篇にも見えるが(前章に引いた「含徳」と関連した論述)、郭象《かくしょう》によって老荘哲学の根本概念とされ、六朝《りくちょう》の老荘学、さらには道教の教理のなかで重要な意味をもつようになる。言知《ロゴス》よりも渾沌《カーオス》を重んずる老子の思想を最も端的に示す語である。

(4) 故不可得而親……不可得而賤　この六句は、世俗的な親疎・利害・貴賤を超越した有道者の自由な境地を説明するが、おそらく後次的にまとめられた文章であろう。「不可得而……」という表現が本章にしか見えず、『荘子』に多用されていること、また

『荘子』には類似の表現も多く見えることなどから、『荘子』を資料としたとも十分に考えられる。すなわち、第一・二句は徐無鬼篇一三に「甚だ親しむ所無く、甚だ疏《うと》んずる所無し」、第三・四句は斉物論篇六に「至人は固《もと》より利害を知らざるか」、第五・六句は田子方篇一〇に「何ぞ人の貴きと人の賤しきとに至るに暇《いとま》あらんや」とある。

（5）故為天下貴　第六十二章に再出。そこでは主語を道とするが、ここは有道者と見る方が可。「天下貴」の語は『荀子』君子篇にも見える。

第五十七章

正《せい》を以て国を治め、奇《き》を以て兵を用い(1)、無事を以て天下を取る(2)。吾何を以て其の然るを知るや、此《これ》を以てす(3)。

天下に忌諱《きき》(4)多くして、民弥《いよ》いよ貧しく、民に利器《りき》(5)多くして、国家滋《ます》ます昏《くら》し(6)。人に伎巧《ぎこう》多くして、奇物《きぶつ》滋ます起こり(7)、法令《ほうれい》滋ます彰《あき》らかにして、盗賊多く有り(8)。故に聖人は云う、我無為にして民自《おの》ずから化し(9)、我静《せい》を好みて民自ずから正しく(10)、我無事にして民自ずから富み(11)、我無欲にして民自ずから樸《ぼく》なり(12)、と。

以正治國。以奇用兵。以無事取天下。吾何以知其然哉。以此。天下多忌諱。而民彌貧。民多利器。國家滋昏。人多伎巧。奇物滋起。法令滋彰。盜賊多有。故聖人云。我無爲而民自化。我好靜而民自正。我無事而民自富。我無欲而民自樸。

【現代語訳】

国を治めるには正道をもってし、

兵を用うるには奇道をもってする、とか、

天下の支配者となるには無為無事をもってするのだ。

わたしにそのことがどうして分かるのか、

本来無為無事である道によってそのことが分かる。

世のなかに禁令が多く布《し》かれると、人民はいよいよ貧しくなり、

人民に文明の利器が普及すると、国家はいよいよ昏乱《こんらん》する。

人民に技巧が発達すると、奇をてらった品物がどしどし作られ、

法令が整備されればされるほど、盗賊は増えてくる。

だから聖人はこのように言うのだ。
わたしが無為であれば、人民はおのずから教化され、
わたしが清静を好めば、人民はおのずから正しくなり、
わたしが無事にしていれば、人民はおのずから裕《ゆた》かになり、
わたしが無欲であれば、人民はおのずから純朴になる、と。

【注】

○貧・昏／起・有／為・化／静・正／事・富／欲・樸（江有誥の説）と押韻。

（1）以正治国、以奇用兵　当時の成語を枕としたものであろう。「奇」は臨機応変のやり方。馬王堆本乙は「治」を「之」に作る。

（2）以無事取天下　「無事」は第三章にも「無為の事」とあり、さかしら事をしない、作為を弄せぬの意で、上文の「正」である。「天下」を上文の「国」と段階的に区別する解釈もあるが、同じものと見てよいであろう。一句は第四十八章の「天下を取るは、常に事無きを以てす」と同義。

（3）吾何以知其然哉、以此　第二十一章と第五十四章に同類の表現がある。馬王堆本

甲・乙は「以此」の二字を欠く。

(4) 忌諱　タブー、禁令。『孟子』梁恵王篇下にいう園囿沢梁の禁など。

(5) 利器　第三十六章に「国の利器」として既出。ここは便利な器具。『荘子』天地篇一一に「機事有れば、必ず機心有り」という槹《こう》（はねつるべ）など。

(6) 国家滋昏　「昏」は「乱」の意。「利器」は『荘子』にいう機心（からくり心）を生み、機心は陰謀・闘争・内乱を起こす。第十八章にも「国家昏乱す」とある。

(7) 人多伎巧、奇物滋起　「奇物」は人の好奇心をそそるグロテスクな物品。第十九章に「巧を絶ち利を棄つれば、盗賊有ること無し」、第三章に「得難きの貨《か》を貴ばざれば、民をして盗を為さざらしむ」とある。

(8) 法令滋彰、盗賊多有　法網をくぐる悪知恵も発達するの意。

(9) 我無為而民自化　第三十七章の「侯王若《も》し能く之《みち》を守れば、万物将《まさ》に自《おの》ずから化せん」と同義。『荘子』在有篇五にも「無為に処《お》りて物は自ずから化せん」とある。

(10) 我好静而民自正　同じく第三十七章に「欲せずして以て静ならば、天下将に自ずから定まらんとす」（「定」を「正」に作るテキストも多い）、第四十五章には「清静にして天下の正と為る」とある。

(11) 民自富　「富」は第三十三章の「足るを知る者は富む」の富である。

(12) 我無欲而民自樸　第三章に「聖人の治は……常に民をして無知無欲ならしむ」、

第二十八章に「常徳乃《すなわ》ち足りて、樸に復帰す」、そして第三十七章に「無名の樸は、夫《そ》れ亦《ま》た将《まさ》に無欲ならんとす」とある。ちなみに、以上の四句は、『荘子』天地篇一にも「故に曰く」として、「古の天下を畜《やしな》う者は、無欲にして天下足り、無為にして万物化し、淵静《えんせい》にして百姓《ひやくせい》定まる」とあり、両者が伝承を異にする同一の文章であることを推測させる。

第五十八章

其の政悶悶《もんもん》(1)たれば、其の民淳淳《じゆんじゆん》(2)たり。其の政察察《さつさつ》(1)たれば、其の民欠欠《けつけつ》(2)たり。禍《わざわ》いか福の倚《よ》る所、福か禍いの伏《ふ》す所(3)、孰《たれ》か其の極《きよく》を知らん(4)。其れ正《せい》無し(5)。正復《ま》た奇と為り、善復《ま》た妖《よう》と為る(6)。人の迷うや、其の日固《もと》より久し(7)。是《ここ》を以て聖人は、方《ほう》にして割《さ》かず、廉《れん》にして劌《けず》らず、直《ちよく》にして肆《し》ならず、光ありて耀《かがや》かさず(8)。

其政悶悶。其民淳淳。其政察察。其民缺缺。禍兮福之所倚。福兮禍之所伏。孰知其極。其無正。正復爲奇。善復爲妖。人之迷。其日固久。是以聖人。方而不割。廉而不劌。直而不肆。光而不耀。

【現代語訳】

為政者がぼんやりとして大まかな政治を行なえば、
人民は純朴そのものとなり、
為政者がはっきりと割り切る政治を行なえば、
人民はがらがらになる。

禍いは福のよりそうところ、
福は禍いのひそむところ、
誰にもそのとどのつまりは分からない。
世のなかに絶対的に正常《まとも》なものなどなく、
正常《まとも》だとされるものもさらに型はずれとなり、
立派だとされるものもさらに妖怪《ばけもの》にかわる。
人類がこの相対の真理を見失ったのも、
今に始まったことではないのだ。

だからその真理に目ざめをもつ無為の聖人は、
己れは方正であっても人を截断《せつだん》してそれに合わせようとはせず、
己れは廉潔であっても人を痛めつけてそれにそろえようとはせず、
己れは真っ直ぐであっても我がままを押し通そうとはせず、
英知の光は輝いていても、その輝きを外にあらわさない。

【注】

○悶・淳／察・欠／禍・倚／福・伏・極と押韻。

（1）悶悶・察察　第二十章の「俗人は察察たるも、我独り悶悶たり」を承《う》ける。その訳文と注を参照。老子の主張の根底にはつねに、明快さに対する不信、割り切ることの危うさに対する警戒心があり、有知の世界のもつ相対性、万物の根源的な一体性に対する諦観がある。

（2）淳淳・欠欠　「欠欠」は『荘子』逍遥遊篇二の「欠然」と同義で、破れ傷《そこ》なわれているさま。ここは純朴さが失われて篤実さのないことをいう。馬王堆本乙は「淳淳」

を「屯屯」に、甲は「欠欠」の主語の「民」を「邦」に作る。

(3) 禍兮福之所倚、福兮禍之所伏　禍と福とはセットになっているの意。二句は古来、老子を代表する格言として有名であり、賈誼《かぎ》「鵩鳥賦」の「禍と福とは何ぞ糾《あざな》える纆《なわ》に異ならん」はこの二句に本づくが、わが国でも「禍福は糾える縄のごとし」として、『里見八犬伝』などで広く用いられている。

(4) 孰知其極　「極」は極限・究極にあるものの意。『荘子』田子方篇四に「死生終始……得喪禍福……万化して未だ始めより極有らず」、「鵩鳥賦」に「命は測る可からず、孰《たれ》か其の極を知らんや」とある。

(5) 其無正　「正」は「奇」に対する語で、ノーマルなものをいう。なお、この句を上の一句につづけて読む説もあるが、『文子』微明篇、『呂氏《りょし》春秋』制楽篇など多くの古書が「孰知其極」までの三句を一まとまりとして引くのを参照して、下の二句につづけて読んでおく。馬王堆本乙はこの句を「無正也」に作り、奚侗《けいとう》は「正」を「止」の誤写とし、「止」は「極」と押韻するとみる。

(6) 正復為奇、善復為妖　「奇」はアブノーマルなもの、「妖」は怪しげなもの、不吉なものをいう。『荘子』知北遊篇一に「臭腐は復た化《ま》して神奇と為り、神奇は復た化して臭腐と為る。……聖人は故《もと》より一《いつ》を貴ぶ」とある。

(7) 人之迷、其日固久　「迷」は万物の相依相対の理に暗いこと。この二句も、中国の宗教思想家の愛用する言葉である。『荘子』天運篇七には「甚だしいかな、人の説き難く、道の明らかにし難きや」とある。なお、木村英一『老子の新研究』は、「禍兮福之所倚」からここまでを、前章の「天下に忌諱《きき》多くして……盗賊多く有り」との錯簡とみる。前後の文章との接続にやや論理の飛躍が感じられ、文中の「正」「奇」の語が前章の冒頭に見えるからである。一おう首肯される試みではあるが、文中の「孰知其極」を冒頭の「悶悶」に対応する言葉と解すれば、論理が通じないことはなく、「正」「奇」も前章とはやや性格を異にしているように思われるので、ここでは原形のままで解釈を加えた。ちなみに、本章と前章はともに聖人の政治を説き、文章の構造も類似している。すなわち、初めに主題をかかげ、次にそれを傍証し、終りに主題と直接する聖人の言行を付け加えている。

(8) 是以聖人……光而不耀　「不割」は他人を無理に規正しないことをいう。「劌」は削って傷つけること、「肆」は放縦の意。末句は第四章の「其の光を和らぐ」と同義で、『荘子』刻意篇にも全く同じ形で見え、知北遊篇八には「光曜」の語が見える(「曜」は「耀」に同じ)。馬王堆本乙は「聖人」の二字を欠き、「劌」を「刺」、「肆」を「紲」、「耀」を「眺」に作る。

第五十九章

人を治め天に事《つか》うるは、嗇《しょく》に若《し》くは莫《な》し(1)。夫《そ》れ唯《た》だ嗇、是《これ》を早服《そうふく》——早く服す——と謂《い》う(2)。早く服する、之を重積徳《ちょうせきとく》(3)——重ねて徳を積む——と謂う。重ねて徳を積めば則ち克《か》たざる無し(4)。克たざる無ければ則ち其の極《きょく》を知る莫く(5)、其の極を知る莫ければ、以て国を有《たも》つ(6)可し。国を有つの母は(7)、以て長久なる可し(8)。是《これ》を深根固柢《しんこんこてい》(9)、長生久視《ちょうせいきゅうし》(10)の道と謂う。

治人事天。莫若嗇。夫唯嗇。是謂早服。早服。謂之重積德。重積德。則無不克。無不克。則莫知其極。莫知其極。可以有國。有國之母。可以長久。是謂深根固柢。長生久視之道。

【現代語訳】

民を治め天に事《つか》えるには、嗇《しょく》——つつましやかであるということが第一である。ひたすらにつつましやかであること、これを早く道に従うというのだ。早く道に従うのを重ねて徳を積むという。

重ねて徳を積めば、やりおおせないことがなく、やりおおせないことがなければ、道と同じい無限のはたらきをもつ。無限のはたらきをもてば、国を保つことができるのだ。国を保つ母であるつつましさは、国を養って長久ならしめることができる。これを深く固い根柢があって永遠に生きられる道というのだ。

【注】

○嗇・嗇・服・服・徳・徳・克・克・極・極・国／母・久・道（江有誥の説）と押韻。

（1）治人事天、莫若嗇　「治人」「事天」は『孟子』滕《とう》文公篇上・尽心篇上に見える言葉。「嗇」は、穀物を収蔵する、己れのものとして収《おさ》めこむを原義とし、転じて浪費を少なくする、無駄を切り捨てる、つつましやかにするなどの意となり、さらにひどく物惜しみする、けちんぼなどの悪い意味をも持つようになったが、「嗇夫」が「田夫」を意味する（『説文解字《せつもんかいじ》』。王弼も「嗇」を農耕の作業と解する）ことからも知られるように、もともと節約と耐乏を旨とする農村生活を象徴する語であった。「嗇」は苛酷な現実にしぶとく対処するための知恵なのである。なお、第六十七章の「倹」を参照。本来は農事に関する俚諺であった二句に哲学的な意味をもたせ、一章の主題として冒頭にかかげたのであろう。

（2）夫唯嗇、是謂早服　切り捨ての原理である「嗇」の励行こそ、無為無欲の道に従うための最良の方法である。「謂」を「以」に作るテキストもあり（馬王堆本乙も）、「夫唯」の用例から見れば「是以」と承ける方が一般的であるが、このままでも意味は通じるので、一おう明和本のままとしておく。「早」は早めに、道から遠く離れないうちにの意。「服」は第二十三章の「事に道に従う」の従と同義で、道に従うこと。下文も含めて「服」を「復」に作るテキストも多く、「復」であれば第十六章の「命に復《かえ》るを常と曰う」、『易』復卦《ふくか》の「遠からずして復る」とも関連して意味も一そう明確となるが、『韓非子』解老篇、馬王堆本乙なども「服」に作り、「服」に作るテキストも古い由来をもつと思われるので、やはり明和本のままとしておく。道に従うことは道に復ることでもあるからである。

（3）重積徳　「重」は幾重にも、深くの意。「積徳」は『書経』盤庚《ばんこう》篇上、『荀子』儒効篇、『淮南子《えなんじ》』兵略訓などにも見え、『易』乾卦《けんか》には「積善」「積悪」の語が見える。范応元ほかは「徳を重積する」と訓《よ》むが、やはり「積徳」を一語と見るべきであろう。

（4）無不克　「無為にして為さざる無し」の「為さざる無し」と同義。

（5）莫知其極　前章の「孰《たれ》か其の極を知らん」と同義であるが、ここは第二十八章にいう「無極」(道)と同じはたらきをもつの意。『荘子』大宗師篇に「物と宜《よろ》しき有りて其の極を知る莫《な》し」とある。

(6) 有国　『論語』季氏篇に見える語。『孟子』梁恵王篇下の「天を畏《おそ》るる者は其の国を保つ」の保国と同義。

(7) 有国之母　「万国の母」「天下の母」と同類の表現で、保国の根本である道を譬《たと》える。

(8) 可以長久　第四十四章に既出。

(9) 深根固柢　「柢」は「根」と同義。深く培って根もとを確《しっか》りと固めること。本来は農耕に関する言葉であろう。『荘子』繕性篇にも「根《こん》を深くし極を寧《やす》んじて待つ」とある。景龍碑本・御注《ぎょちゅう》本ほかは「柢」を「蔕」に作るが、意味は同じ。

(10) 長生久視　高誘は「視」を「活」(いきる)と同義とする。『荀子』栄辱篇や『呂氏春秋』重己《じゅうき》篇などにも見える。なお、この句は後の道教で不老不死の神仙術に附会して解されることもあるが、断章取義のこじつけである。

第六十章

大国を治むるは、小鮮《しょうせん》を烹《に》るが若《ごと》し(1)。道を以て天下に莅《のぞ》めば、其の鬼《き》神《しん》ならず(2)。

其の鬼神ならざるには非ず、其の神人を傷《そこ》なわず。(3)其の神人を傷なわざるに非ず、聖人も亦《ま》た人を傷なわず。(4)夫《そ》れ両《ふた》つながら相い傷なわず、故に徳交《こも》ご帰《き》す。(5)

治大國。若烹小鮮。以道蒞天下。其鬼不神。非其鬼不神。其神不傷人。非其神不傷人。聖人亦不傷人。夫兩不相傷。故德交歸焉。

【現代語訳】

大国を治めるのは、小魚《こざかな》を煮《に》るようなものだ。

無為の道で天下に君臨すれば安らかに治まり、

鬼神も祟《たた》りをする霊威力を失う。

鬼神が霊威力を失うのではなく、

その霊威力が人民を傷つけないのだ。

その霊威力が人民を傷つけないばかりでなく、

聖人もまた人民を傷つけない。

いったい鬼神と聖人がどちらも人民を傷つけないから、

徳がこもごもそこに集まってくるのだ。

【注】

○鮮・神・神・人・人・人・焉（陳柱の説）と押韻。

（1）治大国、若烹小鮮　「大国」は初出の語。本章の成立を大国（統一国家）の出現する戦国末期から秦漢時代と見ることも可能である（ただし、馬王堆本甲・乙は既に本章を載せている）。老子の理想と思われる小国寡民との関係については第八十章の注1を参照。「小鮮」は小さな魚。「鮮」を「鱗」に作るテキストもある。小魚は丸のまま煮て、形を崩さないために箸でつつかないが、大国を治める場合にも煩瑣な人為を用いない。この比喩にも農村生活の風趣がうかがわれる。

（2）以道蒞天下、其鬼不神　「蒞」は「莅」とも書き、「臨」と同義。馬王堆本乙は「立」（「蒞」の略体）に作る。『荘子』在宥篇一に「已《や》むを得ずして天下に臨み莅めば、無為に若《し》くは莫《な》し」とある。「神」とは、鬼神が霊妙な威力をもつことをいう。「鬼不神」は、鬼神も道に服すという思想を含む。『荘子』大宗師篇三に「夫《そ》れ道は……鬼を神にし帝を神にす」とある。なお、『荘子』には本章の注釈となるような類似の文章がある。すなわち、天道篇三の「其の動くや天、其の静なるや地。一心定まりて天下に王たり。其の鬼《き》祟《たた》りせず、其の魂《こん》疲れず、……聖人の心　以て天下を畜《やしな》うなり」、繕性篇の「古の人は……一世と与《とも》にして澹漠《たんばく》を得たり。是の時に当たりてや、陰陽は和静《わせい》し、鬼神は擾《みだ》さず、……万物は傷《そこな》われず、群生は夭《よう》せず。……之を為す莫《な》くして常に自然なり」である。

（3）非其鬼不神、其神不傷人　「其鬼」と「其神」を対させる説もあるが、「其神」は「不神」の神を承けると見るほうが論理的に一貫する。

（4）非其神不傷人、聖人亦不傷人　諸説があるが、ここでは「非……亦……」の対応を、やや無理ではあるが「……のみに非ず亦た……」の意に解して訳しておく。ちなみに、陶鴻慶《とうこうけい》は「非其」を衍文《えんぶん》とみて、「神　人を傷つけず云々」と訓み、朱謙之《しゅけんし》は、張天師本・敦煌《とんこう》本ほかが「亦」を「之」に作るのに従って、「……聖人の人を傷つけざるなり」と訓む。

（5）徳交帰焉　「徳」は徳沢、「帰」はそれが人民に集まり注ぐことをいう。ただし、景龍碑本・敦煌本ほかは「徳」を「得」に作り、それに従えば「交ごも帰するを得」と訓むことになる。第三十四章に「万物　焉《これ》に帰す」、『論語』子張篇に「天下の悪皆な焉に帰す」とあるが、ここの「焉」は断定をやわらげて持続させる句末の助辞であろう。

第六十一章

大国は下流《かりゅう》なり。(1)天下の交《こう》なり、(2)天下の牝《ひん》なり。(3)牝は常に静《せい》を以て牡《ぼ》に勝ち、(4)静を以て下《くだ》ることを為す。(5)故に大国以て小国に下れば、(6)則ち小国を取り、(7)小国以て大国に下れば、(6)則ち大国を取る。(7)故に或いは下《くだ》りて以て取り、或いは下《ひく》くして而《しか》も取る。大国は人を兼ね畜《やしな》わんと欲するに過ぎず、(8)小国は入りて人に事《つか》えんと欲するに過ぎず。(9)夫《そ》れ両者各《おの》おの其の欲する所を得んとならば、(10)大《だい》なる者宜《よろ》しく下ることを為すべし。

大國者下流。天下之交。天下之牝。牝常以靜勝牡。以靜爲下。故大國以下小國。則取小國。小國以下大國。則取大國。故或下以取。或下而取。大國不過欲兼畜人。小國不過欲入事人。夫兩者各得其所欲。大者宜爲下。

【現代語訳】

大国はいうなれば大河の下流、

天下の万物が交会する要衝であり、
世界じゅうが慕いよる偉大な女性に譬《たと》えられる。
女性はいつでも静《じっ》として男性に勝ち、
静《じっ》としていて下手《したて》に出る。

だから大国たるもの、静《じっ》としていて小国にへりくだれば、
小国の信頼をかちとることができ、
小国たるもの、静《じっ》としていて大国にへりくだれば、
大国の信頼をかちとることができる。
だから、へりくだって信頼を得るものもあり、
下位にいて信頼を得るものもある。

大国は小国を支配して人民を併せ養おうと望んでいるにすぎず、
小国は大国の傘下《さんか》に入って人さまに仕えようと望んでいるにすぎない。
そもそもこの両者が望みをとげるためには、
大国がまずへりくだればいいのだ。

【注】

(1) 大国者下流 「大国」は前章に既出。「下流」は、『論語』陽貨篇の「下流に居て上を訕《そし》る」、子張篇の「君子は下流に居るを悪《にく》む」「天下の悪皆な帰す」とは対照的に、老子では卑弱の在り方、不争の徳の象徴とされている。ちなみに、高亨『老子正詁』は、陸徳明『釈文《しゃくもん》』が「大国」の上に「治」の字を作るのに本づいて、一句を「治大国、若居下流」(大国を治むるは下流に居るが若《ごと》くす)の誤脱と見る(ただし馬《ば》王堆《おうたい》本甲・乙も「治」の字を欠く)。このほか、以下の五句の訓《よ》み方に関しては古来さまざまの説があるが、このままでも通じると思われるので、すべて省略する。

(2) 天下之交 大河の下流が百川の水を集めていることを譬《たと》えとする。

(3) 天下之牝 第二十五章、第五十二章の「天下の母」のもじりで、第二十八章の「天下の谷」と同義。馬王堆本甲・乙はこの句を「天下之交」の前に置く。

(4) 牝常以静勝牡 第三十六章の「柔弱は剛強に勝つ」と同義。

(5) 以静為下 「下」は謙下の意で冒頭の「下流」の下を承《う》ける。第八章に「水は善く……衆人の悪《にく》む所に処《お》る」、第六十六章に「江海は……善く之に下る」とある。馬王堆本乙は一句を「為其静也、故宜為下也」の二句に作る。

(6) 下小国・下大国　『孟子』梁恵王篇下に「大を以て小に事《つか》うる者は天を楽しむ者なり。小を以て大に事うる者は天を畏《おそ》るる者なり。天を楽しむ者は天下を保ち、天を畏るる者は其の国を保つ」とあり、それを老子的に改作したという疑いを抱かせる。前章と同じく成立の後次性を推測させるに十分であろう（ただし馬王堆本甲・乙も既に明和本とほとんど同文となっている）。

(7) 取小国・取大国　「取」は信頼を得ることをいう。『荀子』王制篇に「子産は民を取る者なり」とある。ただし、河上公本（『道蔵』）・御注本ほかは「取」を「聚」に作る。朱謙之はそれを「小国を聚《あつ》め」「大国に聚まる」と訓む。

(8) 兼畜　『荘子』列御寇篇三に「兼ね済《すく》いて物《ひと》を道《みちび》く」とある。『墨子』兼愛篇の「兼愛」、『孟子』尽心篇上の「兼善」などを意識した造語であろう。

(9) 入事人　小国が大国に入朝して臣下の礼を取ることをいう。この語も、『論語』子罕《しかん》篇の「入りては則ち事う」、『孟子』梁恵王篇上の「入りて以て事う」、同じく『論語』先進篇・微子篇の「事人」を意識した表現であろう。

(10) 両者各得其所欲　馬王堆本甲は一句を「皆得其欲」に作る。

第六十二章

道は、万物の奥《おう》(1)にして、善人の宝、不善人の保《たから》とする所なり。(2)美言《びげん》は以て尊《そん》を市《か》う可く、美行《びこう》は以て人に加う可し。(3)人の不善なる、何の棄つることか之れ有らん。(4)故に天子を立て、三公《さんこう》を置くに、(5)拱璧《きょうへき》(6)の以て駟馬《しば》に先だつ(7)有りと雖《いえど》も、坐して此の道を進むる(8)に如《し》かず。古《いにしえ》の此の道を貴ぶ所以《ゆえん》の者は何ぞ。求めて以て得られ、罪《つみ》有りて以て免ると曰《い》わずや。(9)故に天下の貴《き》と為る。(10)

道者。萬物之奥。善人之寶。不善人之所保。美言可以市尊。〔美〕行可以加人。人之不善。何棄之有。故立天子。置三公。雖有拱璧以先駟馬。不如坐進此道。古之所以貴此道者何。不曰求以得。有罪以免耶。故爲天下貴。

【現代語訳】

道は万物の究極にあるもの、
善人の宝であるとともに、

不善人の宝でもある。
立派な言葉は、それによって高い地位が買え、
立派な行為は、それを他人に施与できるというが、
不善の人も道を根源とするのであるから、
どうして見棄てることがあろうか。
だから天子を立てて三公を置き、統治の機構が整えられたときには、
大きな玉を先だてて四頭だての馬車を献上するものがいても、
いながらにしてこの道を献上することに及ばないのだ。
古人がこの道を価値ありとしたのはなぜか。
求めればこの道によって得られ、罪があってもこの道によって免れるといっている
ではないか。
だからこの世のなかで無上の価値をもつのだ。

【注】

○奥・宝・保／尊・人（朱謙之の説）／有・馬・道（労健『老子古本考』の説）と押韻。

（1）万物之奥　第四章の「万物の宗《そう》」と同義。「奥」は、家の西南隅の幽暗な場所で、最も尊ばれた。『論語』八佾《はちいつ》篇にも「奥に媚《こ》ぶ」とある。ただし馬王堆本甲・乙は「注」に作る。「注」はそそぐところの意。

（2）善人之宝、不善人之所保　「保」は、それを頼みにする、それによって安んずるの意であるが、「宝」と音が同じで意味も通用するので、ここでは上文の「宝」と同じに訓んでおく。万物の創造者である道は、不善人をも包容する。第四十九章に「善なる者は吾　之を善とし、不善なる者も吾亦《ま》た之を善とす」とある。

（3）美言可以市尊、美行可以加人　「美言」は第八十一章にも見える。「市尊」は尊貴な地位を買い取るの意。『論語』為政篇に「言いて尤《とが》め無ければ……禄其の中に在り」とある。「加」は「施」と同義。『論語』里仁篇に「仁に里《お》るを美と為す」、公冶長《こうやちょう》篇に「諸《これ》を人に加うる無し」とある。この二句は、『淮南子《えなんじ》』人間《じんかん》訓に「君子曰く」、『史記』滑稽列伝にも「伝に曰く」として引かれている俚諺的な成語。諸テキストは「美行」の「美」の字を欠くが、上記二書の引用によって補った。馬王堆本甲・乙もその字を欠き、「尊」を「奠」、「加」を「賀」に作る。

（4）人之不善、何棄之有　第二十七章の「聖人は……人を棄つる無し」、前引の第四十九章の言葉と同類の表現。

（5）立天子、置三公　周の制度で、『周礼《しゅらい》』や『礼記』などに多く見える。「三公」とは太師・太傅《たいふ》・太保をいう。馬王堆本甲・乙は「三卿」に作る。

(6) 拱璧　ひとかかえもある大きな玉。『春秋左氏伝』襄《じょう》公二十八年にも見える。

(7) 先駟馬　「先」とは拱璧を駟馬に先行させるの意。古代中国では人に物を贈る場合、二種のものを二回に分けるのが習慣であった。『春秋左氏伝』僖《き》公三十三年、襄公十九年、二十六年などにその例が見える。「駟馬」は四頭だての馬に引かせる馬車。『論語』顔淵篇に「駟も舌に及ばず」とある。

(8) 進此道　『荘子』天運篇五には「道をして進む可からしめば、則ち人　之を其の親に進めざるは莫《な》し」とあって、道は進めえないものとされており、本章の思考の素朴さ、もしくは成立の後次性を感じさせる。

(9) 不曰求以得、有罪以免耶　明和本は「求以」を「以求」に、河上公本は「曰」を「日」に作るが、景龍碑本・傅奕《ふえき》本・陳碧虚《ちんへききょ》ほかの引く古本に従って原文のように改むべきであろう。「求以得」は、『論語』述而《じゆつじ》篇に「仁を求めて仁を得」、『詩経』関雎《かんしよ》に「之を求むれども得ず」などとある。ただし、范応元は『孟子』告子篇下の「求むれば則ち之を得《え》、舎《お》けば則ち之を失う」で解釈する。「有罪以免」は、『論語』雍也《ようや》篇の「難いかな、今の世に〔罪を〕免れんこと」を意識していよう。ちなみに、罪があっても道によって救われるという思想は、老子独自のものである。儒家は、『論語』陽貨篇に「紫の朱を奪うを悪《にく》む」、季氏篇に「不善を見れば湯を探るが如くす」とあるように、是非善悪をきびしく区別するが、老子はそれらを相対的なものとするからである。その教説は、初期道教における首過《しゅか》の思想（天に罪を告白すれば赦《ゆる》される）、六朝時代以後の熱烈な観音信仰（『法華経』普門品《ふもんぼん》）などの底流となりつづけた。

(10) 故為天下貴　第五十六章に既出。

第六十三章

無為を為し、無事を事《こと》とし、無味《むみ》を味わう。(1) 小を大とし、少《しょう》を多《た》とし、(2) 怨《うら》みに報ゆるに徳を以てす。(3) 難《なん》を其の易《い》に図《はか》り、大を其の細《さい》に為す。(4) 天下の難事は、必ず易《い》より作《おこ》り、天下の大事は、必ず細より作る。是《ここ》を以て聖人は、終《つい》に大を為さず、故に能《よ》く其の大を成す。(5) 夫《そ》れ軽諾《けいだく》は必ず信寡《すく》なく、(6) 易《やす》しとすること多ければ必ず難《かた》きこと多し。(7) 是を以て聖人は猶《な》お之を難しとす。(8) 故に終《つい》に難きこと無し。

爲無爲。事無事。味無味。大小多少。報怨以德。圖難於其易。爲大於其細。天下難事。必作於易。天下大事。必作於細。是以聖人。終不爲大。故能成其大。夫輕諾必寡信。多易必多難。是以聖人猶難之。故終無難矣。

【現代語訳】

無為をわがふるまいとし、
無事をわがいとなみとし、
無味をわがあじわいとする。
小には大を与え、少なきには多きを返し、
怨みに報いるには徳をもってする。
困難な仕事は容易なうちに手をつけ、
大きな仕事は小さなうちに片づけてゆく。
世のなかの難事は、いつでも容易なところから生じ、
世のなかの大事は、いつでも些細《ささい》なところから起こる。
だから無為の聖人は決して大事を為そうとはせず、
かくて大事を成しとげるのだ。
いったい安請け合いは、めったにあてにならず、
易《やさ》しく考えすぎると、きっとひどい目にあう。
だから無為の聖人は、容易な事でも難《むつか》しく取りくみ、
かくて少しも困難が起こらないのだ。

【注】

○為・味／易・細・易・細・大・大（奚侗《けいとう》の説）と押韻。

（1）為無為、事無事、味無味　第一句は第三章に、「無事」は第四十八章、第五十七章に、「無味」は第三十五章に既出。いずれも道の在り方を説明する語であり、ここではそれを聖人が已れの在り方とすることをいう。道家の成語的な文章を枕としたものであろう。

（2）大小多少　古来さまざまな解釈があるが、ここでは次句と同じ方向の原理を述べたものとみて、小を大にして与え、少を多にして返すの意に解しておく。ちなみに、姚《よう》鼎《てい》・馬叙倫・奚侗らは一句の下に脱字があるとし、朱謙之は、『韓非子』喩老篇の「大は必ず小より起こり……族は必ず少より起こる。故に曰く、天下の難事は必ず易《い》より作《おこ》り、天下の大事は必ず細より作る」にあてて、「大は小よりし、多は少よりす」と訓み、沢庵禅師は損と寡の原理を説いたものとみて「大なれば小さくし、多ければ少なくす」と訓み、また、ある説は、一句を一語に訓んで、大にせよ小にせよ多にせよ少にせよの意に解する。

（3）報怨以徳　『論語』憲問篇の「直を以て怨みに報ゆ」とは対照的であり、老子と孔子の人生態度の相違が端的に表われている。
(4) 図難於其易、為大於其細 「細」は小の意。次章に「之を未だ有らざるに為し、之を未だ乱れざるに治む」とある。
(5) 終不為大、故能成其大 第三十四章に既出。ただし、ここの「大」は上文の「大事」を承けて「細」に対するから、始めから大事を為そうと無理をせず、小さな事を慎重に片づけてゆくの意となる。
(6) 寡信 誠実さが少ない、信頼度が低いの意。
(7) 多易必多難 くみし易しとひどくあなどってかかれば、事の難しさに難渋することも多いの意。
(8) 聖人猶難之 「猶」は、容易と見えることでもなおの意に解したが、第十五章の「猶」と同じにみて、ためらいがちに、慎重な態度でとするのも一解。また、第七十三章と同じく「聖人でさえも」と訳することもできる。

第六十四章

其の安きは持《じ》し易《やす》く(1)、其の未《いま》だ兆《きざ》さざるは謀《はか》り易く(2)、其の脆《もろ》きは泮《と》き易く(3)、其の微(4)なるは散らし易し。之を未だ有らざるに為し、之を未だ乱れざるに治む(5)。合抱《ごうほう》の木《き》は、毫末《ごうまつ》(6)に生じ、九層《きゅうそう》の台は、累土《るいど》に起こり、(7)千里の行《こう》は、足下《そっか》に始まる。(8)為す者は之を敗《やぶ》り、執《と》る者は之を失う。(9)是《ここ》を以て聖人は、為すこと無し、故に敗るること無し。執ること無し、故に失うこと無し。

民の事《こと》に従うや、常に幾《ほと》んど成らんとするに於て之を敗《やぶ》る。(10)終りを慎《つつし》むこと始めの如くんば、(11)則ち事を敗ること無し。是《ここ》を以て聖人は、欲せざるを欲して、(12)得難きの貨《か》を貴《たっと》ばず、(13)学ばざるを学んで、(12)衆人の過《あやま》つ所を復《かえ》し、以て万物の自然を輔《たす》けて、(14)敢《あ》えて為さず。(15)

其安易持。其未兆易謀。其脆易泮。其微易散。爲之於未有。治之於未亂。合抱之木。生於毫末。九層之臺。起於累土。千里之行。始於足下。爲者敗之。執者失之。是以聖人。無爲故無敗。無執故無失。民之從事。常於幾成而敗之。愼終如始。則無敗事。是以聖人。欲不欲。不貴難得之貨。學不學。復衆人之所過。以輔萬物之自然。而不敢爲。

【現代語訳】

安定しているものは持ちこたえやすく、

事のまだ兆《きざ》さぬうちは手が打ちやすい。

固まっていたいものに解《と》かしやすく、
目だたないものは散らしやすい。
事の生じないうちにうまく処置し、
乱れないうちに治めておくことが肝心だ。
一《ひと》かかえもある大木でも、ちっぽけな芽から大きくなり、
九層の高台《たかだい》も一簣《ひともっこ》の土の積み重ねから着手し、
千里の道のりも足もとの一歩から始まる。
うまくしてやろうと力《りき》む者は失敗し、
握って離すまいとする者は取り逃がす。
だから無為の聖人は、
無理をしないから失敗がなく、
しがみつかないから逃がすこともない。
世の人が仕事をする場合、
いつも出来あがりかけたところでやりそこなう。
最後の仕上げを始めのように慎重にやれば、

仕事をしくじることもないのだ。
だから無為の聖人は、
欲望のないことを己れの欲望とし、
得難い貨《たから》を有難がらない。
博学を捨てることを己れの学問とし、
人々の行き過ぎを本来の姿にもどし、
万物のあるがままなる在り方を全《まっと》うさせて、
無理に作為を加えないのだ。

【注】

○持・謀／泮・散・乱／木・末／土・下と押韻。

(1) 易持　「持」は維持するの意。第九章にも「持して之を盈《み》たす」とある。

(2) 其未兆易謀　「未兆」は第二十章に既出。「謀」は対策を練る、処置を画策すること。

(3) 其脆易泮　「脆」は柔らか、「泮」は「解」と同義。「散」と同義とする説もある。

(4) 微　表面に出ていない小ささ。

(5) 為之於未有、治之於未乱　「未有」は現象として成立する以前をいう。『史記』蘇秦列伝は二句を一般的な諺として引く。

(6) 毫末　毛すじの尖端、極小。『孟子』梁恵王篇上や『荘子』斉物論篇四の「秋毫の末」と同義。

(7) 九層之台、起於累土　「台」は楼台。第二十章の注6を参照。下文の「於幾成而敗之」とともに『論語』子罕《しかん》篇の「譬《たと》えば山を為《つく》るが如し。未だ成らざること一簣《いっき》、止むるは吾《われ》止むるなり」を参照。馬王堆本乙は「層」を「成」に作る。

(8) 千里之行、始於足下　『荘子』説剣篇に「千里行を留めず」とある。馬王堆本甲は上句を「百仁之高」(「仁」は「仞」の音訛)、乙は「百千之高」に作る。なお、以上の六句は我が国でも古くから諺として愛用された。本章の語句は、そのほとんどが格言・俚諺として通用するものであり、人生の風雪に耐えて英知を磨きあげた哲人の面目を彷彿させる。

(9) 為者敗之、執者失之　第二十九章に既出。『荘子』山木篇一に「為す有れば則ち虧《そこ》なわる」とある。以上が前半の部分。前半・後半ともに俚諺的な語句を連ねて「是以聖人」で結ぶ形式は、前章と軌を一にする。

(10) 民之従事、常於幾成而敗之　「民」は「人」と同義。「人」に作るテキストもある。

「従事」は第二十三章に既出。「成」は上に引いた『論語』の「未だ成らざること一簣」である。馬王堆本甲・乙は「幾」を「其」に作る（二字は通用）。

(11) 慎終如始　俚諺的な成語であろう。『荀子』議兵篇や『韓詩外伝《げでん》』巻八などにも見え、『書経』仲虺之《ちゅうきし》誥《こう》篇に「厥《そ》の終りを慎み、其の初めを惟《おも》う」、太甲篇下に「終りを始めに慎む」、『春秋左氏伝』襄公二十五年や『礼記《らいき》』表記篇には「始めを慎みて終りを敬《つつ》しむ」などとある。馬王堆本乙は一句の上に「故曰」二字がある

(12) 欲不欲・学不学　前章冒頭の三句と同類の表現。「不欲」は世俗的な欲望をもたないこと。

(13) 不貴難得之貨　第三章に既出。

(14) 復衆人之所過、以輔万物之自然　「復」「輔」は補って本来の在り方に戻すこと。上文の「学不学」をも含めて、『荘子』徳充符篇三に「学を務めて以て前行の悪を復補《ふくほ》す」とある。「復補」は「復輔」と同義。成玄英の見た河上公本・遂州本ほかは「復」を「備」に作る。「輔……自然」は、第二十五章の「自然に法《のっと》る」、第五十一章の「命ずる莫《な》くして、常に自然なり」を参照。ちなみに、マルクス・アウレリウス『自省録』は老子ときわめて近い自然《プシュス》観を持っている。

(15) 不敢為　第四十七章に「是《ここ》を以て聖人は……為さずして成す」、『荘子』知北遊篇二に「至人は為す無く、大聖は作《な》さず」、至楽篇一に「唯だ無為ならば存するに幾《ちか》し」

などとある。

第六十五章

古《いにしえ》の善《よ》く道を為す者は、(1)以て民を明《めい》に(2)するに非ず、将《まさ》に以て之を愚《ぐ》に(3)せんとす。民の治め難きは、(4)其の智《ち》多きを以てなり。(5)故に智を以て国を治むるは、(6)国の賊《ぞく》、(7)智を以て国を治めざるは、国の福。(8)此の両者を知るも、(9)亦《ま》た稽式《けいしき》なり。(10)常に稽式を知る、是《これ》を玄徳《げんとく》と謂《い》う。(11)玄徳は深いかな遠いかな。(12)物と反せり。(13)然る後に乃《すなわ》ち大順《たいじゅん》に至る。(14)

古之善爲道者。非以明民。將以愚之。民之難治。以其智多。故以智治國。國之賊。不以智治國。國之福。知此兩者。亦稽式。常知稽式。是謂玄德。玄德深矣遠矣。與物反矣。然後乃至大順。

【現代語訳】

そのかみの善く無為の道を修めた人は、

その道によって民を聡明にしようとはせず、
その道によって民を愚《ぐ》にしようとした。
いったい民の治めにくいのは、
民にさかしらの智恵が多いからである。
だから、こんな言葉があるのだ。
智をもって国を治めるのは国の賊害《そこなわれ》、
智をもって国を治めないのは国の福祥《さいわい》、と。
この二つの言葉を弁《わきま》えるのも、政治の法則である。
いつも法則を弁えているのを、
玄徳すなわち道の玄妙な体得という。
玄徳はまことに奥深く、まことに遠大、
世俗の世界を否定する方向をもつ。
否定することによって、かくてこそ大いなる随順――道との合一に到達するのだ。

【注】

○国・賊・国・福／式・式・徳／遠・反と押韻。

(1) 古之善為道者　第十五章にも「古の善く士為《た》る者は」と類似の表現が見える。

(2) 明　下文の「智」と同義。『荘子』駢拇篇の「通ずること離朱《りしゅ》の如き」明をいい、第五十五章の「常を知る」明とは異なる。

(3) 愚　第二十章の「我は愚人の心なるかな」の愚であり、第三十八章の「道の華《か》にして愚の始め」の愚とは異なる。なお、本章は古来、愚民政治を説くものとしてしばしば論議をよんできたが、老子のいう愚とは無為の道と一体になった無知である。

(4) 民之難治　第七十五章にも「民の治め難きは、其の上《かみ》の為す有るを以て」とある。

(5) 以其智多　民に智が多いため国が乱れるという主張については、『荘子』胠篋篇の詳細な祖述を参照。馬王堆本甲・乙は「智多」を「知也」に作る。

(6) 以智治国　その害毒についても『荘子』駢拇・馬蹄・胠篋・在宥・天地などの諸篇に具体的な論述が見える。

(7) 国之賊　国を害《そこ》なうものの意。『荘子』天地篇五の「南面の賊」と同類の表現。

(8) 国之福　国に福祉をもたらすものの意。『荘子』徐無鬼篇二の「社稷《しゃしょく》の福」と同義。

(9) 両者　第六十一章、第七十三章にも見え、いずれもすぐ上の文を承ける。

(10) 亦稽式　「稽式」は「楷式」と同じく、法則、掟《おきて》の意。「楷式」に作るテキストもある。二つの教訓もまた古人が為政の法則としたものであるの意。

(11) 是謂玄徳　第十章、第五十一章に既出。

(12) 深矣遠矣　玄徳の深遠広大さを讃える。『荘子』知北遊篇七に「知らざるは深し」、田子方篇一に「遠いかな、全徳の君子」などとある。

(13) 与物反矣　「反」は下文の「順」に対する語。物すなわち現象世界とは反対の方向を目指す、世俗とは反対の立場に立つの意で、『荘子』則陽篇四の「世と違《たが》う」と同義。

(14) 然後乃至大順　そうしてこそ、無知無欲、無為（大愚）の境地に到達できる。『荘子』天地篇八の次の論述は本章の注解となろう。「性修《おさ》まれば徳に反《かえ》り、徳至れば初めに同ず。同ずれば乃《すなわ》ち虚、虚なれば乃ち大、……天地と合することを為す。其の合するや緡緡《びんびん》たり。愚なるが若《ごと》く昏なるが若し。是《これ》を玄徳と謂い、同《とう》（侗）乎《こ》として大順す」。

第六十六章

江海《こうかい》の能《よ》く百谷《ひゃっこく》の王為《た》る所以《ゆえん》の者は、其の善《よ》く之に下《くだ》るを以て、故に能《よ》く百谷の王為り。(1)是《ここ》を以て民に上《かみ》たらんと欲すれば、必ず言《げん》を以て之に下り、民に先んぜんと欲すれば、必ず身を以て之に後《おく》る。(2) 是《ここ》を以て聖人に、上《かみ》に処《お》りて民 重しとせず、前に処りて民 害《がい》とせず。(3) 是を以て天下推《お》すを楽しんで厭《いと》わず。(4) 其の争わざるを以て、故に天下能《よ》く之と争う莫《な》し。(5)

江海所以能爲百谷王者。以其善下之。故能爲百谷王。是以欲上民。必以言下之。欲先民。必以身後之。是以聖人。處上而民不重。處前而民不害。是以天下樂推而不厭。以其不爭。故天下莫能與之爭。

【現代語訳】
大河や大海が百谷の王者でありうるのは、
それが低きにいて善くへりくだるから、
百谷の王者でありうるのだ。
だから、人の上に立とうと思うときには、
必ず謙虚な言葉で相手にへりくだり、
人の前に立とうと思うときには、
必ず人の後からついてゆく。

だから無為の聖人は、
民の上に居ても民は重荷とせず、
その前に居ても民は邪魔者としない。
だから世界じゅうの人間が、
彼を推し戴《いただ》くことを楽しんで厭な顔をしないのだ。
誰とも争おうとしないから、
世のなかに敵対しうるものがいないのだ。

【注】

○下・後（カールグレンの説）と押韻。

（1）江海云々……故能為百谷王　第三十二章に「道の天下に在《お》けるを譬《たと》うるに、猶《な》お川谷の江海に於けるがごとし」とある。道家の慣用的な譬喩《ひゆ》を用いたもの。「以其善下之」は第六十一章の「大なる者宜《よろ》しく下ることを為すべし」を参照。

（2）是以欲上民……必以身後之　第七章に「是《ここ》を以て聖人は、其の身を後にして身先んじ、其の身を外にして身存《なが》らう」とある。ただ、「以言下之」は第三十九章の「是を以て侯王は、自ら孤寡不穀《ふこく》と謂う」（第四十二章にも同類の表現が見える）を意識していよう。馬王堆《ばおうたい》本甲・乙は第一句の「是以」の下に「聖人之」、「民」の下に「也」を作る。

（3） 処上而民不重、処前而民不害 「不害」を、危害を加えないと解する説もある。馬王堆本甲は二句の順序を逆に作る（乙は明和本と同じ）。

（4） 天下楽推而不厭 「楽推」は喜んで推戴《すいたい》するの意。「厭」は「憎」と同義。この句は後世、聖人を説明する決り文句となった。

（5） 以其不争、故天下莫能与之争 第二十二章に「以其」を「夫惟」に作る文章が見える。

第六十七章

天下皆《み》な謂《い》う、我が道は大《だい》にして不肖《ふしょう》に似たり(1)、と。夫《そ》れ唯《た》だ大、故に不肖に似たり(2)。若《も》し肖《しょう》ならば(3)、久しいかな、其の細《さい》たることや(4)。我に三宝《さんぽう》(5)有り、持《じ》して之を保《たから》とす(6)。一に曰く、慈《じ》(7)。二に曰く、倹《けん》(8)。三に曰く、敢《あ》えて天下の先《さき》と為《な》らず(9)。慈《じ》故に能《よ》く勇なり(10)。倹 故に能く広し(11)。敢えて天下の先と為らず、故に能く成器《せいき》の長《ちょう》たり(12)。今 慈《じ》を舎《す》てて且《まさ》に勇ならんとし、倹を舎てて

且に広からんとし、後《のち》を舎てて且に先んぜんとすれば、死せん。(13)
夫《そ》れ慈は、以て戦えば則ち勝ち、以て守れば則ち固し。(14) 天将《まさ》に之を救わんとし、慈を以て之を衛《まも》る。(15)

天下皆謂。我道大似不肖。夫唯大。故似不肖。若肖。久矣其細矣夫。我有三寶。持而保之。一曰。慈。二曰。倹。三曰。不敢爲天下先。慈故能勇。倹故能廣。不敢爲天下先。故能成器長。今舍慈且勇。舍倹且廣。舍後且先。死矣。夫慈。以戰則勝。以守則固。天將救之。以慈衞之。

【現代語訳】

世のなかの人々はみな、わたしの無為の道を、
大きくはあるが道らしくないと批評する。
しかし大きければこそ道らしく見えないのであり、
道らしく見えたら、とっくに小さなものとなっていたであろう。
そのわたしの道には三つの宝があり、

大切に守りつづけている。
その一つは「慈」——いつくしみの心であり、
その二つは「倹」——つづまやかさであり、
その三つは世の人の先に立たぬことである。
慈《いつく》しみの心をもつから真の勇者であることができ、
倹《つづま》やかであるから広く施すことができ、
世の人の先に立たぬから器量をもつ人のかしらとなることができるのだ。
ところが今、慈しみの心を捨てて勇者たらんとし、
倹《つづま》やかさを捨てて広く施そうとし、
人後に就くことを止《や》めて先に立とうとすれば、
命をおとすだけである。

いったい、慈しみの心は、
それをもって戦えば戦いに勝ち、
それをもって守れば守りが固く、
天も彼を救おうとして、

慈しみをもって守護してくれる。

【注】

○肖・肖／勇・広・長・勇・広と押韻。

（1）我道大似不肖　第四十一章の「下士　道を聞けば、大いに之を笑う」を参照。「肖」は「似」と同義。ただし、『荘子』天運篇三の「愚なるが故に道あり」を参照して、「不肖」を愚と解することもできる。なお、「大似不肖」と同類の表現が、『荘子』逍遥遊篇三に「大にして当たる無し」、同四に「〔大にして〕無用」などと見える。

（2）夫唯大、故似不肖　第四十一章の「笑わざれば、以て道と為すに足らず」と同じく、逆説の論理。馬王堆本乙は「夫唯不肖、故能大」に作る。

（3）若肖　凡俗の目にも本当の道に見えたら（その偉大さが簡単に理解できたら）の意。

（4）久矣其細矣夫　『論語』述而《じゅつじ》篇の「久しいかな吾復《ま》た夢に周公を見ざること」、子罕《しかん》篇の「久しいかな由（子路）の詐《さ》を行なうや」のもじり。「細」は「小」と同義で、上文の「大」に対する語。「夫」の字を下句につづけて「夫《そ》れ」と訓む説もあるが、「矣夫」を一語とする用例は、『荘子』田子方篇九、徐無鬼篇一・五などにも見える。

(5) 三宝　中国仏教がこの語を triṇi-ratnani の訳語として用いてからは、もっぱら仏・法・僧を意味するようになる。

(6) 持而保之　「保」は「宝」と同義。宝として保持するの意に解しても可。第六十二章に「不善人の保《たから》とする所」、第九章に「持して之を盈《み》たす」とある。馬王堆本乙は「持」を「市」に作る。

(7) 慈　儒家では子に対する親の愛をいうが、『老子』では人間一般に対する愛（人類愛）として、儒家の仁とほとんど同義に用いられる。

(8) 倹　第五十九章の「嗇」と同類の概念。つづまやかさ、もしくはつつましさの意で、損と寡を実践すること。

(9) 不敢為天下先　前章の「身を以て之に後《おく》る」こと、もしくは第七章の「身を後にす」を一般化した表現。いわゆる卑弱謙下の人生態度である。

(10) 慈故能勇　慈愛心をもつ者は必ず他人の危難を救う勇気をも持つ。『論語』憲問篇の「仁者は必ず勇有り」を意識していよう。

(11) 倹故能広　倹嗇《けんしょく》にすると財に余りができ、それを人々に施せる。第五十九章の「嗇なれば……重ねて徳を積み……克《か》たざるは無し……国を有《たも》つの母」を簡潔にいう。

(12) 故能成器長　第二十八章の「樸《ぼく》散ずれば則ち器と為る。聖人 之を用うれば、則ち官長と為す」を要約する。「不敢為天下先」、すなわち樸の純一さを守っているから、樸が散ぜられて器と成った者たちの長でありうるの意。「成器」の語は『礼記《らいき》』王制・少儀・学記の諸篇などに見え、また『易』繋辞伝《けいじでん》下にも「器を成して動く者」とある。馬王堆本乙は「能」の下に「為」を作る。

(13) 今舎慈且勇……死矣　三宝を捨てれば身の破滅を来たすと補足する。

(14) 夫慈、以戦則勝、以守則固　以下、特に慈の重要さを再説する。この三句は第三十一章の「已《や》むを得ずして之（兵）を用い……勝ちて美とせず」「人を殺すことの衆《おお》き、哀悲を以て之に泣《のぞ》（涖）む」と表裏をなす表現。

(15) 天将救之、以慈衛之　二つの「之」は「慈を以て戦い守る」者をさす。「衛」は「守」と同義。慈を以て万物を化育する天が、慈を保持する有道者を守るという論述には、第五章の「天地は……万物を以て芻狗《すうく》と為す」とは異質のもの、すなわち『礼記』中庸篇の「至誠は神《しん》の如し」、『孝経』感応章の「孝悌《こうてい》の至りは神明に通ず」などに見られる天人感応の思想の影響が感じられる。他章の論述を要約して列挙する文体とともに、本章の後次性を示すものであろう。

第六十八章

善《よ》く士為《た》る者は武ならず、(1) 善く戦う者は怒《いか》らず、(2) 善く敵に勝つ者は与《とも》にせず、(3) 善く人を用うる者は之が下《しも》と為る(5)。是《これ》を争わざるの徳(6)と謂《い》う。是を人の力を用うる(7)と謂う。是を天に配すと謂う。古《いにしえ》の極《きょく》(8)なり。

善爲士者不武。善戰者不怒。善勝敵者不與。善用人者爲之下。是謂不爭之德。是謂用人之力。是謂配天。古之極。

【現代語訳】

本当に立派な人物は武《ぶ》ばらない。
本当の戦《いくさ》上手は、気おわない。
善《よ》く敵に勝つ者は、まともにぶつからない。
善く人を使う者は、相手の下手《したて》に出る。
これを「不争の徳」——争わぬことの偉大さという。
これを人の力をうまく使うという。
これを天とペアーになるという。
いにしえの無為の道である。

【注】

○武・怒・与・下／徳・力・極と押韻。

(1) 善為士者　第十五章に既出。

(2) 不武　猛々《たけだけ》しくない、柔和であるの意。第五十二章に「柔を守るを強と曰《い》う」とある。

(3) 不怒　怒気を発しない、激情的にならないの意。

(4) 善勝敵者不与　「与」は「敵」と同義で、王引之は「当たる」と訓む。相手にして向かってゆくこと。『史記』燕世家の「龐煖《ほうだん》は与《とも》にし易きのみ」、白起列伝の「廉頗《れんぱ》は与《あた》り易きのみ」を参照。第七十三章に「争わずして善く勝つ」とある。

(5) 為之下　第六十一章に「大なる者　宜《よろ》しく下《くだ》ることを為すべし」、第六十六章に「善く之に下る」、前章に「敢えて天下の先と為らず」とある。

(6) 不争之徳　「不争」の語は第八、二十二、六十六章などに既出。その「徳」とは、柔であり弱である道の在り方を身につけていること。

(7) 用人之力　己れの力を恃《たの》まずに他人の力を活用すること。『史記』秦始皇本紀の「剛戻《ごうれい》自ら用う」の反対。馬王堆本甲・乙は「之力」を欠く。

(8) 是謂配天、古之極　「配」は「合」と同義。「配天」は、天地の道にかない、それと等《ひと》しくなること。『荘子』天地篇五や『詩経』『礼記《らいき》』などに多く見える語。「古之極」は、古の道の極致の意か。あるいは過去の時間の極限にあるもの、すなわち天地よりも前に生じた道をいうとも解される。第十四章に「能く古始を知る、是《これ》を道紀と謂う」、『荘子』秋水篇一に「要に反《かえ》りて極（道）を語らん」とある。馬王堆本乙は「配」を「妃」に作るが、意味は同じ。なお、一句を「是《これ》を天古の極に配すと謂う」（「天古」を「太古」と解する）と訓む説、「古」を衍字《えんじ》とみて「天の極に配す」と訓む説などもあるが、「配天」を「不争之徳」「用人之力」と対させ、「古之極」を結語とみて、一おう明和本の訓点に従った。

第六十九章

兵を用うるに言えること有り(1)、吾敢《あ》えて主《しゅ》と為らずして客と為り(2)、敢えて寸《すん》を進まずして尺《しゃく》を退く(3)、と。是《これ》を行く無きに行き(4)、臂《うで》無きに攘《はら》い(5)、兵無きに執《と》り、敵無きに扔《つ》く(6)と謂《い》う。禍《わざわ》いは敵を軽んずるより大《だい》なるは莫《な》く(7)、敵を軽んずれば幾《ほと》んど吾が宝を喪《うしな》わん(8)。故に兵を抗《あ》げて相い加うるに(9)、哀《かな》しむ者勝つ(10)。

用兵有言。吾不敢爲主而爲客。不敢進寸而退尺。是謂行無行。攘無臂。執無兵。扔無敵。禍莫大於輕敵。輕敵幾喪吾寶。故抗兵相加。哀者勝矣。

【現代語訳】

兵法にこんな言葉がある。
己れは主動者とならずに受身の立場に立て、
一寸を進もうとするよりも一尺を退くようにせよ、と。
これを歩み無き歩みを歩み、
腕なき腕をまくり、
武器なき武器を執《と》り、
敵なき敵に迫る、というのだ。
禍いは敵をあなどることよりも大きなものはなく、
敵をあなどれば吾が宝をほとんど失ってしまう。
だから兵を用いて攻めあうときには、
戦いを悲しむ者が勝ちを収めるのだ。

【注】

○客・尺／行・兵／臂・敵（隔句）と押韻。

（1）用兵有言　次の二句が当時行なわれていた兵法の言葉（あるいは老子の創作）であることをいう。

（2）吾不敢為主而為客　『史記』項羽本紀の「先んずれば即ち人を制す」の先制攻撃ではなく、第三十一章の「已《や》むを得ずして之を用う」の自衛である。

（3）不敢進寸而退尺　無理をして僅かに前進するよりも大きく退却する。猪突《ちょとつ》しないゲリラ戦法などもその一つ。

（4）行無行　軍を進めはしないが、それと同じ威圧を与えるの意。以下の四句は、第三章や第六十三章の「無為を為す」などと同様の表現で、第三十七章の「無為にして、而も為さざるは無し」の論理を用兵論に適用したもの。

（5）攘無臂　「攘臂」は第三十八章に既出。

（6）執無兵、扔無敵　明和本は二句の順序を逆に作るが、王弼《おうひつ》の注や馬王堆本甲・乙によって改めた。

（7）禍莫大於軽敵　「禍莫大於……」は第四十六章に既出。馬王堆本甲・乙は「軽」を「無」に作る（次句についても同じ）。

(8) 軽敵幾喪吾宝　「吾宝」とは土地・人民をいう。馬王堆本甲・乙は「幾喪」を「近亡」に作る。
(9) 抗兵相加　「抗兵」は挙兵と同義。「相加」は互いに敵対するの意。王弼も「加は当たるなり」と注する。馬王堆本甲・乙は「加」を「若」に作る。
(10) 哀者勝　已むを得ない戦いをも悲しむ有道者が究極的には勝つの意。第三十一章に「人を殺すことの衆《おお》き、哀悲を以て之に泣《のぞ》(涖)み、戦い勝つも喪礼を以て之に処《お》る」とある。

第七十章

吾が言《げん》は甚だ知り易《やす》く、甚だ行ない易きに、天下能《よ》く知る莫《な》く、能く行なう莫し。(1) 言に宗《そう》有り、事に君有り。(2) 夫《そ》れ唯《た》だ(3)知ること無し、是《ここ》を以て(3)我を知らず。(4) 我を知る者希《まれ》にして、(5)我に則《のっと》る者貴《とぼ》(匱)し。(6)是を以て聖人は、褐《かっ》を被て玉を懐《いだ》く。(7)

吾言甚易知。甚易行。天下莫能知。莫能行。言有宗。事有君。夫唯無知。是以不我知。知我者希。則我者貴。是以聖人。被褐懷玉。

【現代語訳】

わたしの言葉は、とても理解しやすく、とても実行しやすいのに、世のなかに理解できる者がなく、実行できる者がない。

言葉にはその大本《おおもと》になるものがあり、物事にはそれを統《す》べるものがあるが、いったい、それを理解しないからこそ、したがってわたしを理解しないのだ。

わたしを理解する者はめったになく、

わたしにならう者はほとんどいない。

だから無為の聖人は、

粗末な衣服を身につけて、そのふところに玉を抱くのだ。

【注】

○知・知／行・行（隔句）／知・知と押韻。

（1）吾言甚易知……莫能行　老子の孤独感と歎きは、第二十、四十一、六十七章などにも見える。

（2）言有宗、事有君　「宗」も「君」も道をいう。第四章に「道は……万物の宗に似たり」、第二十六章に「静かなるは躁がしきの君」とある。
（3） 夫唯……是以…… ……だからこそ、だから……。以下の章にも見える。
（4） 不我知　わたしの言葉を理解しないの意。
（5） 知我者希 「希」は「稀」と同じで、第四十三章に既出。『論語』憲問篇にも「我を知る莫《な》きかな」「我を知る者は其れ天か」などとある。
（6） 則我者貴 「則」は「法」と同義で、手本にする、見ならうの意。「貴」は、下文とつづく論理を考慮して、「匱」（「乏」と同義で少ないの意）の略体とみる。ただし、「則ち我は貴し」と訓む説、「我に則《のっと》る者は貴し」（「貴」を第五十六章の「天下の貴と為る」のそれと同義とする）と訓む説もある。
（7） 被褐懐玉 「褐」は績《つむ》いでない麻で織った粗末な衣服で、在野の人が着る。「被褐」は『孟子』滕《とう》文公篇上の「衣褐」と同義。「懐玉」は『論語』陽貨篇に「其の宝を懐く」、子罕《しかん》篇に「斯《ここ》に美玉有り、匵《ひつ》に韞《おさ》めて諸《これ》を蔵す」とある。一句は、有道者が粗末な身なりをして陋巷《ろうこう》に住み、独りで道を守ることをいう。つまり『論語』衛霊公篇の「邦《くに》に道無ければ、巻いて之を懐《ふところ》にす」である。

第七十一章

知って知らざるは上《じょう》なり。知らずして知るは病《へい》なり(1)。夫《そ》れ唯《た》だ病《へい》を病《へい》とす、是《ここ》を以て病あらず(2)。聖人は病あらず、其の病を病とするを以て(3)、是を以て病あらず。

知不知上。不知知病。夫唯病病。是以不病。聖人不病。以其病病。是以不病。

【現代語訳】

知っていても知らないと思うのが最上で、
知らないのに知っていると思うのが欠点である。
いったい欠点を欠点として自覚するからこそ、
欠点も欠点ではなくなるのだ。
無為の聖人には欠点がなく、
己れの欠点を欠点として自覚するから、
かくて欠点とはならないのだ。

【注】

（1） 知不知上、不知知病　「上」は「上徳」「上善」の上と同じ。「病」は「患」と同義で、困ったことであるの義。『論語』述而《じゅつじ》篇に「尭《ぎょう》・舜《しゅん》も諸《これ》を病《うれい》とせり」とある。同じく『論語』為政篇に「之を知るを之を知ると為し、知らざるを知らずと為す、是れ知るなり」とあるが、老子は知そのものを疑う。根源的な真理すなわち道は、知によっては認識できず、無知を自覚して体得するしかないからである。『呂氏《りょし》春秋』類別篇の「知らざるを知るは、上なり。過《あやま》てる者の患は、知らずして自ら以て知ると為す」、『淮《え》南子《なんじ》』道応訓の「知りて知らざるは、尚なり。知らずして知るは、病なり」、『荘子』知北遊篇七の「知らざるは深し。之を知るは浅し。……知らざるは乃《すなわ》ち知るか、知るは乃ち知らざるか」は、この二句に本づくもので、適切な注釈となると思われる。馬王堆本甲・乙は「上」を「尚」に作るが同義。

（2） 夫唯病病、是以不病　第六十三章に「之を難しとす。故に終《つい》に難きこと無し」、『荘子』庚桑楚篇二に「其の病いを病いとする者は猶《な》お未だ病まざるなり」、天地篇一四に「其の愚を知る者は、大愚に非ざるなり。其の惑いを知る者は、大惑に非ざるなり」とある。二句は景龍碑本ほかにはなく（馬王堆本甲・乙も）、銭大昕《せんたいきん》・朱謙之《しゅけんし》らは下文と重複するので後次的な竄入《ざんにゅう》と見る。

（3） 聖人不病、以其病病　馬王堆本甲・乙は上句の上に「是以」、それぞれの句の下に「廿」を作る。

第七十二章

民威《い》を畏《おそ》れざれば、則ち大威《たいい》至る。(1) 其の居《お》る所に狎《な》るること無く、其の生くる所に厭《あ》くこと無し。(2) 夫《そ》れ唯《た》だ厭かず、是《ここ》を以て厭かず。(3) 是を以て聖人は、自ら知って自ら見《あら》わさず、(4) 自ら愛して自ら貴《たっと》しとせず。(5) 故に彼を去《す》てて此《これ》を取る。(6)

民不畏威。則大威至。無狎其所居。無厭其所生。夫唯不厭。是以不厭。是以聖人。自知不自見。自愛不自貴。故去彼取此。

【現代語訳】人民がお上《かみ》の威光を畏《おそ》れなくなると、最大の刑罰がやってくる。人民はその居所に安んぜず、その生業に甘んじない。

甘んじないからこそ、
饜《あ》くことなく奪いあうのだ。
だから無為の聖人は、
己れは明知をもっていて外にあらわさず、
己れの身を大切にして偉ぶらない。
だから威光を示す政治を捨てて、無為の政治をえらぶのだ。

【注】

○威・至／厭・厭と押韻。

(1) 民不畏威、則大威至 「畏威」は、『孟子』梁恵王篇下も引く『詩経』周頌「我将」に「天の威を畏れ、時に于《お》いて之を保《やす》んず」とあるが、ここは君主についてであろう。第十七章の「其の次は之を畏れ、其の次は之を侮《あなど》る」の畏も、そのように用いられている。「大威」は極刑をいう。第十三章の「大患」、第七十九章の「大怨」などと同じ表現で、『荘子』胠篋篇の「斧鉞《ふえつ》の威」である。本章は第七十四章とともに、第十七章の法家的な政治に対する批判を一そう具体的に説明する。馬王堆本乙は二句を「民之不畏畏、則大畏将至矣」（民の畏れを畏れとせざるや、則ち大畏将《まさ》に至らんとす」に作る。

(2) 無狎其所居、無厭其所生　「狎」は、『春秋左氏伝』昭公二十三年の「民其の野に狎《な》る」の杜預《どよ》の注に「狎は安んじ習《した》しむなり」とある。「厭」は「饜」と同じく「飽く」と訓む。満足する、甘んじるの意。「所居」は郷里をいう。

(3) 夫唯不厭、是以不厭　生業に満足しないからこそ、どんな悪事をもやりかねないの意。『孟子』梁恵王篇上に「奪わずんば饜《あ》かず」とある。以上の四句は、刑罰政治の末路をいう。

(4) 自知不自見　第三十三章に「自ら知る者は明」、第二十二章に「自ら見《あら》わさず、故に明らかなり」とあり、一句の意は第四章にいう「其の光を和らぐ」である。

(5) 自愛不自貴　第十三章に「愛するに身を以てして天下を為《おさ》む」、第三十九章に「侯王は……賤を以て本と為す」とある。

(6) 故去彼取此　第十二章、第三十八章に既出。

第七十三章

敢《あ》えてするに勇なれば則ち殺《さつ》、敢えてせざるに勇なれば則ち活《かつ》。(1) 此の両者は、或いは利、或いは害。天の悪《にく》む所は、孰《たれ》か其の故《こ》を知らん。(2) 是《ここ》を以て聖人は猶《な》お之を難《かた》

しとす。(3)
天の道は、(4)争わずして善く勝ち、(5)言わずして善く応じ、(6)召《まね》かずして自《おの》ずから来たり、繟然《せんぜん》として善く謀《はか》る。(7)天網《てんもう》は恢恢《かいかい》、疎《そ》にして失わず。(8)

勇於敢則殺。勇於不敢則活。此兩者。或利或害。天之所惡。孰知其故。是以聖人猶難之。天之道。不爭而善勝。不言而善應。不召而自來。繟然而善謀。天網恢恢。疎而不失。

【現代語訳】

罪人を裁くのに、
ふみ切ることに勇敢であれば人を殺し、
ふみ切らないことに勇敢であれば人を活《い》かす、とか。
この二つの態度は、
人為の立場では、あるいは利とされ、あるいは害とされる。
しかし、天が何を罪として悪《にく》むのか、
その真相は誰にも分からない。
だから聖人でさえ、それを知ることを難《かた》しとするのだ。

いったい、天の理法は、
争わないでうまく勝ち、
言《ものい》わなくてうまく応答し、
招かなくても自然にやってき、
おおまかでありながら、うまく計画を立てる。
天の法網は広く大きく、
目はあらいが取りにがすことがない。
すべてを天の理法に任せればいいのだ。

【注】
○殺・活・害《かつ》／悪・故／勝・応／来・謀・恢・失（陳柱の説）と押韻。
（1）勇於敢則殺、勇於不敢則活　下文との論理のつづき方を考慮し、法家的な政治を批判する前後の章と一連の論述とみて、訳文のように解した。ただし、「勇敢に強行すれば命を失い、勇敢にふみとどまれば命を全うする」と解する説、第七十六章の「堅強なる者は死の徒、柔弱なる者は生の徒」と同義に解する説などもある。

（2）天之所悪、孰知其故　第五十八章の「〔禍福は〕孰《たれ》か其の極を知らん」と同類の表現。なお、『列子』力命篇は寿夭の論述につづいてこの二句を引用し、「天意を迎えて利害を揣《はか》るは、其の已《や》むるに如《し》かず」と説明する。

（3）是以聖人猶難之　第六十三章に既出。馬王堆本乙は一句を欠く。

（4）天之道　第七十七章、第八十一章にも見え、『荘子』では在宥篇・天道篇などに特に多く見える。「天地の道」ともいう。

（5）不争而善勝　第二十二章の「夫《そ》れ惟《た》だ争わず、故に天下能《よ》く之と争う莫《な》し」と同義。なお、「善」は第二十七章の「善行」「善言」、第五十四章の「善建」「善抱」などの善と同じく、無為自然にして為されるの意を含む（下文の「善」も同じ）。馬王堆本乙は「争」を「戦」に作る。

（6）不言而善応　「不言」は第四十三章を参照。「応」は対象世界にうまく対応してゆくこと。『荘子』天運篇四に「物に応じて窮せず」とある。

（7）繟然而善謀　「繟然」はゆったりしたさま。「善謀」は『春秋左氏伝』文公七年や『国語』呉語などに見える語。馬王堆本甲は「繟然」を「弾」、乙は「単」に作る。

（8）天網恢恢、疎而不失　「恢恢」は『荘子』養生主篇二に「恢恢乎《こ》として……余地有り」とある。『史記』滑稽列伝の「天道は恢恢、豈《あ》に大ならずや」はここに本づく。「失」を「漏」に作るテキストもある。二句は、悪の必ず滅びること、天の理法による自然の制裁の確かさをいう言葉として、古来人口に膾炙《かいしゃ》している。

第七十四章

民死を畏《おそ》れざれば、奈何《いかん》ぞ死を以て之を懼《おそ》れしめん。(1) 若使《たと》い(2)民常《つね》に死を畏れて、而《しか》して奇を為す者(3)は、吾執《とら》(4)えて之を殺すを得るも、孰《たれ》か敢えてせん。常に殺《さつ》を司《つかさど》る者(5)有りて殺す。夫《そ》れ殺を司る者に代わりて殺す、是《これ》を大匠《たいしょう》に代わりて斲《き》ると謂《い》う。(6) 夫《そ》れ大匠に代わりて斲れば、其の手を傷つけざるもの有ること希《まれ》なり。(7)

民不畏死。奈何以死懼之。若使民常畏死。而爲奇者。吾得執而殺之。孰敢。常有司殺者殺。夫代司殺者殺。是謂代大匠斲。夫代大匠斲者。希有不傷其手矣。

【現代語訳】

人民が死を畏《おそ》れない破れかぶれとなれば、どうして死をもっておどすことができよう。たとい、人民がいつも死を畏れ、怪《け》しからぬことをするやつは、わたしが執《と》えて殺すことができるとしても、どうして勝手に殺すようなことをしようか。

いつも死罪を司《つかさど》る者が天にいて彼らの命を奪うのだ。

いったい死罪を司る者に代わって殺すのは、

これを大工の名人に代わって木を斫《き》るという。

大工の名人に代わって木を斫れば、

手に怪我《けが》をするにきまっている。

【注】

○斲・手(朱謙之《しゅけんし》の説)と押韻。

(1) 民不畏死、奈何以死懼之 「民不畏死」は第七十二章の「民威を畏れざれば」と同類の表現。人民を追いつめぬ配慮が必要であるとの意をも含み、本章も刑罰政治を批判する。

(2) 若使 「縦使」と同義で、よしんばとも訓む。

(3) 為奇者 正道に叛《そむ》く者、常軌を逸した行動をする者の意。

(4) 吾 老子らしくは老子的な無為の聖人をいう。
(5) 司殺者 前章の「天網」すなわち自然の理法の裁きをいう。「司殺」は『楚辞』九歌篇や『荘子』至楽篇四に見える「司命」と同類の語。
(6) 夫代司殺者殺、是謂代大匠斲 「大匠」は『荘子』天道篇一に見える。「斲《たく》」は「斬る」「削る」と訓む。明和本は上句の「代」と「殺」、下句の「謂代」を欠くが、意味が通じにくいので、河上公本(『道蔵』)などによって改めた。馬王堆本甲・乙は下句の「謂」の字を欠く。
(7) 希有不傷其手矣 刑戮《けいりく》の斧を振りまわせば、権力者自身が必ず大怪我をする、と誡《いまし》める。

第七十五章

民の饑《う》うるは、(1)其の上《かみ》税《ぜい》を食《は》むことの多きを以て、是《ここ》を以て饑う。民の治め難きは、其の上《かみ》の為す有るを以て、(2)是《ここ》を以て治め難し。民の死を軽んずるは、(3)其の生を求むることの厚《あつ》きを以て、(4)是《ここ》を以て死を軽んず。夫《そ》れ唯《た》だ生を以て為すこと無き者は、是れ生を貴《たっと》ぶに賢《まさ》れり。(5)

民之饑。以其上食税之多。是以饑。民之難治。以其上之有爲。是以難治。民之輕死。以其求生之厚。是以輕死。夫唯無以生爲者。是賢於貴生。

【現代語訳】

人民が飢えるのは、
支配者がたくさん税金を取り立てるから、
そこで飢えるのだ。
人民が治めにくいのは、
支配者が余計な作為を弄するから、
そこで治めにくいのだ。
人民が死に急ぐのは、
余りにも生きようと求めすぎるから、
そこで死に急ぐのだ。
生きることにとらわれない者こそ、
生命《いのち》を大事がる者にまさっているのだ。

【注】

○饑・饑・治・治・死・死と押韻。

(1) 民之饑　「饑」は「飢」の借字。馬王堆本甲・乙は「民」を「人」、「饑」を「飢」に作る（下文についても同じ）。

(2) 民之難治、以其上之有為　第六十五章に「民の治め難きは、其の智多きを以てなり」とある。「有為」は第三十八章の「以て為す有り」と同義。馬王堆本甲・乙は「有以為」に作る。

(3) 軽死　『荘子』盗跖篇に「死を軽んじて、本《もと》を念《おも》い寿命を養わざる者」とある。

(4) 以其求生之厚　生に深く執着するの意で、第五十章の「其の生を生とするの厚きを以てなり」と同義。「求」を「生」に作るテキストも多く、易順鼎《いじゅんてい》らは「生」に改めるべきだとする。また、「其」の下に「上」を作るテキストもあるが、下文との関係からいえば、ない方が可。ちなみに、馬王堆本甲・乙は原文と同じ。以上の三句ずつの三連は、安らかな生を害《そこ》なう三つの反自然の行為が、足るを知らぬ欲望に本づくことをいう。

(5) 夫唯無以生為者、是賢於貴生　欲望の根源である生を否定する者こそが、却って生を貴重視する者より優れているの意。真の肯定は否定を媒介とするという、老子の逆説の論理である。「無以生為」は生を養うための作為を弄しないこと。第三十八章に「上徳は無為にして以て為す無し」とある。「賢」は「勝」と同義。「貴生」は、生命を尊ぶことであるが（『呂氏《りょし》春秋』には貴生篇がある）、ここは上文の「求生之厚」もしくは「以生為」とほとんど同じく、生にしがみつくことをいう。

第七十六章

人の生まるるや柔弱《じゅうじゃく》、其の死するや堅強《けんきょう》なり。(1) 万物草木(2)の生ずるや柔脆《じゅうぜい》(3)、其の死するや枯《こ》槁《こう》(4)す。故に堅強なる者は死の徒《と》、柔弱なる者は生の徒(5)なり。是《ここ》を以て、兵《へい》強ければ則ち勝たず、木《き》強ければ則ち共《お》（折）る。(6) 強大は下《しも》に処《お》り、柔弱は上《かみ》に処る。(7)

人之生也柔弱。其死也堅强。萬物草木之生也柔脆。其死也枯槁。故堅强者死之徒。柔弱者生之徒。是以兵强則不勝。木强則共。强大處下。柔弱處上。

【現代語訳】

人の生まれたときは、柔らかでグニャグニャしているが、死んだときには堅くてこわばっている。草や木やその他一切のものは、生きているときはみな柔らかくてふっくらしているが、死んだときには枯れてカサカサになっている。だから堅くてこわばっているものは死者の仲間、柔らかくてしなやかなのは生者の仲間。それ故に武器も剛《かた》すぎると相手に勝てず、木も堅すぎるとぽっきり折れてしまう。すべて強大なものは敗れて下位に立ち、柔軟なものが結局は優位に立つのだ。

【注】

○徒・徒／勝・共と押韻。

(1) 人之生也柔弱、其死也堅強　第五十五章に赤子を説明して「骨弱く筋柔らかくして……和の至りなり」、第四十二章に「強梁者は其の死を得ず」、第七十八章に「天下に水より柔弱なるは莫《な》し。而うして堅強を攻むる者、之に能《よ》く勝る莫《な》し」とある。馬王堆《ばおうたい》本甲は「堅強」の上に「荁仞」、乙は「[illegible]信」の各二字がある。

(2) 万物草木　「万物」の二字を欠くテキストも多いが、「草木」をその例にあげたと見れば、このままでも意味は通じる。

(3) 柔脆　文学では若い娘の形容語として多用される。

(4) 枯槁　『楚辞』漁父篇や『荘子』刻意篇などにも見られる。

(5) 故堅強者死之徒、柔弱者生之徒　第五十章の「生の徒　十に三有り。死の徒　十に三有り」の注を参照。馬王堆本甲は下句を「柔弱微細生之徒也」に作る。

(6) 兵強則不勝、木強則共　「兵強」は、第三十章の「兵を以て天下に強ならず。……敢えて以て強を取らず」などを参照すれば、強大な軍備を持つの意とも解されるが、ここの「兵」は下文の「木」と対応しているから、堅すぎる武器は折れるの意に解する方が適切であろう。「共」は、そのままで訓めば、切られて用に供されるの意に解されるが、愈樾《ゆえつ》も考証するように「折」の誤写と見るべきであろう。経訓堂傅奕《ふえき》本ほかは「兵」に作り、その場合は刃物で斫《き》られるの意に解される（『荘子』山木篇四に「直木は先ず伐《き》らる」とある）。『淮南子《えなんじ》』原道訓、『列子』黄帝篇などは「不勝」を「滅」、「共」を「折」に作り、馬王堆本甲は「共」を「恒」、乙は「競」に作る。

（7）強大処下、柔弱処上　「強大」を木の根、「柔弱」を枝葉とする王弼《おうひつ》の解釈と、第六十一章の「大なる者　宜しく下ることを為すべし」を参照して、「真に強大なものは却って下に居り、弱小なものが上に居る」と解する可能性もあるが、やはり「堅強者死之徒」以下をしめくくる、老子の生への意欲の、屈折した逞しさを表わす文章と見るべきであろう。第三十六章に「柔弱は剛強に勝つ」、第四十三章に「天下の至柔、天下の至堅を馳騁《ちてい》す」、第七十八章に「弱の強に勝ち、柔の剛に勝つは、天下知らざるは莫し」とある。馬王堆本甲は下句を「柔弱微細居上」に作る。

第七十七章

天の道は、(1)其れ猶《な》お弓を張るがごときか。(2)高き者は之を抑《おさ》え、下《ひく》き者は之を挙《あ》ぐ。(3)余り有る者は之を損し、足らざる者は之を補う。(4)天の道は、余り有るを損して足らざるを補う。(5)人の道は、(6)則ち然《しか》らず。足らざるを損して以て余り有るに奉ず。(7)孰《たれ》か能《よ》く余り有りて以て天下に奉ずるものぞ、(8)唯《た》だ有道者《ゆうどうしゃ》のみ。(9)是《ここ》を以て聖人は、為して恃《たの》まず、功成《な》りて処《お》らず、(10)其れ賢《けん》を見《あら》わすことを欲せず。(11)

天之道。其猶張弓與。高者抑之。下者擧之。有餘者損之。不足者補之。天之道。損有餘而補不足。人之道。則不然。損不足以奉有餘。孰能有餘以奉天下。唯有道者。是以聖人。爲而不恃。功成而不處。其不欲見賢。

【現代語訳】

天の道は、たとえば弓を張るようなものであろう。
まんなかの高い部分は抑えつけて、
両端《りょうはし》の低い部分は高くし、
余っているところは損《へ》らし、
足りないところはうまく足す。
天の道もそれと同じように、
多すぎるものを損《へ》らして足りないものを補ってゆく。
ところが、人間のやり方はそうではない。
足りないものをさらに損《へ》らして、多すぎるものに差し出している。
いったい多すぎるほど持っていて、
それを世のなかのために差し出しうるものは誰であろうか。

これは道を体得した無為の聖人だにである。
だから無為の聖人は、
偉大ないとなみを行ないながら手柄がおをせず、
大功が成就しても成功者の地位に居すわらない。
己れの賢《えら》さを外に示そうとしないのだ。

【注】
○与・挙・補・余・下・者・処（朱謙之の説）と押韻。
（1）天之道　天地大自然の理法。第七十三章に既出。
（2）張弓　弓に弦を張ること。『詩経』小雅「吉日」などに見える。
（3）高者抑之、下者挙之　焦竑《しょうこう》『老子翼』によれば、古代中国では、弓の中央の曲がっている部分を抑えつけ、両端を上にして弦を張った。
（4）有余者損之、不足者補之　厳遵《げんじゅん》は弦の長さを過不足なく調整する動作とする。「有余」と「不足」（遺《とぼ》しきが若し）の対比は第二十章に既出。
（5）天之道、損有余而補不足　「道」は、第二十章では「食母」、第二十五章、第五十二章では「天下の母」とよばれているが、母が子らを別け隔てしないように、万物に対して平等である。本章はこの二句によって古来有名である。

(6) 人之道　人間が作為的に立てた規範、人間社会に行なわれている原理の意。「天之道」との対比は、『荘子』在宥篇八にも「為すこと無くして尊《たっと》き者は、天道なり。為すこと有りて累《つな》がる者は、人道なり。……天道と人道とは、相い去ること遠し」とある。

(7) 損不足以奉有余　「奉」は「捧」と同じで奉納・奉仕の意。「養う」と訓んでも通じる。人間社会の不平等、富貴な者の奢侈《しゃし》に対する糾弾は、第十二章や第五十三章などにも見える。

(8) 孰能有余以奉天下　「孰能」は第十五章に既出。馬王堆本甲・乙は「下」の字を欠く。ちなみに、古くは漢末の張魯《ちょうろ》らの五斗米道が義舎（無料宿泊施設）を設けて義米・義肉を置いたこと、新しくは社会主義革命が行なったことは、この呼びかけに応じたものといえよう。

(9) 有道者　第二十四章、第三十一章などに既出。

(10) 是以聖人、為而不恃、功成而不処　「処」を「居」に作って第二章に既出。第二句は第十章、第五十一章にも見える。

(11) 其不欲見賢　「不見賢」は第二十二章の「自ら見わさず、故に明らかなり」、もしくは第七十二章の「自ら知って自ら見わさず」と同義であろうが、聖人を「賢」とするのは他章の「賢」の用例と合わない。ここでは勝るの意と解しておく。なお、この句は、「斯不見賢」「其不欲見賢邪（也）」「其欲退賢」「斯不貴賢」などに作るテキストがあって一定しない。高亨『老子正詁』は上句の「処」と韻をふむ「邪」の字が句末にあるべきだと主張するが、一おう明和本のままに訓んでおく。馬王堆本乙は句頭を「若此」、句末を「也」に作る。

第七十八章

天下に水より柔弱《じゅうじゃく》なるは莫《な》し(1)。而《しこ》うして堅強《けんきょう》を攻むる者、之に能《よ》く勝《まさ》る莫きは(2)、其の以て之を易《か》うる無きを以てなり(3)。弱《じゃく》の強《きょう》に勝ち、柔《じゅう》の剛《ごう》に勝つは(4)、天下知らざるは莫きも、能《よ》く行なう莫し(5)。是《ここ》を以て聖人は云う(6)、「国の垢《あか》を受くる、是《これ》を社稷《しゃしょく》の主《しゅ》と謂《い》い(7)、国の不祥《ふしょう》(8)を受くる、是を天下の王(9)と謂う」と。正言《せいげん》は反するが若《ごと》し(10)。

天下莫柔弱於水。而攻堅强者。莫之能勝。以其無以易之。弱之勝强。柔之勝剛。天下莫不知。莫能行。是以聖人云。「受國之垢。是謂社稷主。受國不祥。是謂天下王」。正言若反。

【現代語訳】

世のなかに水ほど柔らかでしなやかなものはない。
しかも堅くて強いものを攻めるには、
これにまさるものはないのだ。
何物もその本性を易《か》えるものはないからである。
しなやかなものが強いものに勝ち、
柔らかいものが剛《かた》いものに勝つことは、
世のなかで誰も知らぬ者がないのに、
誰も実行しうる者がない。
だから聖人の言葉に、
国の汚辱を引き受けるもの、
これを国の主《あるじ》といい、
国の不幸を引き受けるもの、
これを世界の王者という、とあるが、
本当に正しい言葉は、一見、真実とは反対のように聞こえるものである。

【注】

○強・剛・行／垢・主／祥・王／言・反（江有誥《こうゆうこう》の説）と押韻。

(1) 莫柔弱於水　水を無為の徳の象徴とする。第八章にも「上善は水の若《ごと》し。水は善く万物を利して争わず」とある。以下の論旨は第七十六章と類似するが、後者がそれを一般的な処世訓とするのに対し、本章は主として王者の徳とする。

(2) 攻堅強者、莫之能勝　戦国時代以後に行なわれた水攻めの戦術を念頭においていよう。沢庵禅師『老子講話』も「如何《いか》なる堅き城を攻むるも水なり」と注する。

(3) 以其無以易之　「之に易うる無し」と訓む説もあるが、上句の「莫之能勝」の理由を説明する言葉としては論理が薄弱である。ここでは『論語』微子篇の「誰か以て之を易えん」を参照して、「之を易うる無し」と訓んでおく。

(4) 弱之勝強、柔之勝剛　第三十六章の「柔弱は剛強に勝つ」を二句にしたもの。馬王堆本乙は「柔」を「水」に作って二句を転倒させ、それぞれの句末に「也」を加える。

(5) 天下莫不知、莫能行　第七十章に「吾が言は甚だ知り易く、甚だ行ない易きに、天下能く知る莫く、能く行なう莫し」とある。

(6) 聖人云　馬王堆本甲・乙は「云」を「之言云曰」に作る。

(7) 受国之垢、是謂社稷主　「受」は「含」と同義。「垢」は汚濁・恥辱の意。「社稷」

は土地の神と五穀の神。その祭りを国王が主宰するところから国家の意にも用いる。『荘子』胠篋篇に「宗廟《そうびょう》社稷」、徐無鬼篇二に「社稷の福」などとある。以下の四句は、『春秋左氏伝』宣公十五年にも伯宗の言葉として「国君の垢を含むは、天の道なり」とあり、古くから伝えられていた俚諺的な成語であろう。ただし、『荘子』天下篇五は老《ろう》耼《たん》の哲学を代表する言葉として、「曰く、『天下の垢を受く』と。人皆な実《じつ》を取りて、己れ独り虚を取る云々」と引用する。

(8) 不祥　不吉・災厄の意。第三十一章に既出。

(9) 天下王　『説文《せつもん》解字』が「王」を「天下の帰往する所」と説明するように、世界じゅうの人々が帰一する最高の支配者。

(10) 正言若反　「正言」は真理にかなった言葉。「若反」は、上引の聖人の言葉が世俗の常識とは反対になっているが、究極的には真実であるの意。『荘子』庚桑楚篇五にいう「名は相い反して実は相い順《したが》うなり」である。一句は老子の逆説の論理を端的に示すものであるが、後世では俚諺的に多用される。なお、呉澄・朱謙之らは、句末の「反」の字が次章冒頭の三句と押韻するので、この句をそこにつづけるべきだとする。

第七十九章

大怨《たいえん》(1)を和《わ》するも、必ず余怨《よえん》有り。安《なん》ぞ以て善と為す可けんや。(2)是《ここ》を以て聖人は、左《さ》契《けい》を執《と》りて(3)、人に責めず。(4)徳《とく》有るものは契《けい》を司《つかさど》り、徳無きものは徹《てつ》を司る。(5)天道は親《しん》無く、常に善人に与《くみ》す。(6)

和大怨。必有餘怨。安可以爲善。是以聖人。執左契。而不責於人。有徳司契。無徳司徹。天道無親。常與善人。

【現代語訳】

深く結ばれた怨みをいくら和解させても、
必ずそのあとにしこりが残る。
それでは本当に善処したとはいえず、はじめから怨みを結ばぬことこそ肝心だ。
だから無為の聖人は、
割符《わりふ》の左半分だけを握って
他人にせっかちな督促をしない。
諺にもいうように、
徳の有る者は手形で決済し、

徳の無い者は現物で取り立てる、のだ。
天の理法にえこひいきはなく、
長い目で見れば、いつも善人に味方している。

【注】 o怨・怨・善／契《せつ》・徹／親・人と押韻。

(1) 大怨　第十八章の「大偽」、第七十二章の「大威」と同じ表現。

(2) 安可以為善　「安」は「何」と同義で反語の助辞。馬王堆本甲は「焉」に作るが訓み方は同じ。「善」は第八章の「上善」と同義。一句は、無理をして怨みを解くよりも、怨みを買わぬよう無為に世に処した方がよいの意を含む。第十八章の「六親《りくしん》和せずして、孝慈有り、国家昏乱《こんらん》して、忠臣有り」、『荘子』天運篇二の〝忘親の孝〟、庚桑楚篇四の「至礼は人とせざる有り」、天地篇一三の「孝子薬を操《と》りて以て慈父に修《すす》むるや……聖人之を羞《は》ず」などと同類の論理をふまえている。

(3) 執左契　「契」は手形として用いる割符の半分。証文を書いた木の札を割って、左の半分を債権者、右の半分を債務者がもった。『礼記《らいき》』曲礼篇上に「粟《ぞく》を献ずる者は右契を執る」、『史記』田敬仲完世家に「公常《つね》に左券を執りて以て秦・韓に責む」とある。

（4）不責於人　目先の功利にとらわれず天の理法に任せるの意で、末尾の二句と対応する。

（5）有徳司契、無徳司徹　「有徳」と「無徳」の対比は第三十八章に既出。「司契」「司徹」は第七十四章の「司殺」と同類の語。「司契」は手形の管理を役目とするの意。「徹」は周代に行なわれた税法で、農地百畝の収穫の十分の一を政府が税として取り立てる。『孟子』滕《とう》文公篇上に「周人《しゅうひと》は百畝にして徹す。其の実は皆な什一なり」とある。「司徹」はその取立てを役目とするの意。「契」と「徹」は、天道の悠遠な真理性と人間のいとなみの矮少《わいしょう》さとの譬えと見ていいであろう。ちなみに、後の六朝時代にも、「賒《しゃ》」（掛売り）と「交」（現金払い）の語が、神仙術の効果の間接性と直接性（嵇康《けいこう》『養生論』など）、仏教における善悪の業報《ごうほう》のあらわれ方の遅速（宗炳《そうへい》『明仏論』など）に転用された。

（6）天道無親、常与善人　「天道」は第四十七章に既出。また、第九、七十三、七十七章の「天の道」と同義。「無親」を「無私」に作るテキストもあるが、いずれにしろ個人的な親疎の感情をもたないの意。「常」は道すなわち悠久不変の立場での意をも含む。馬王堆本甲は「恒」に作る。「善人」は、第二十七章、第六十二章などにも見えたが、ここの「善」は第八章の「上善」と同義で、それを体得した聖人をいう。李道純『道徳会元』が「善」を「聖」に作るのは、まぎらわしさを避けるために後人が改めたのであろう。『史記』伯夷叔斉列伝はこの二句を引き、「所謂《いわゆる》天道は是《ぜ》なりや非なりや」と疑ってはいるものの、司馬談・遷の父子も天道を深く信じる老子の徒であった。

なお、二句は第五章の「天地は不仁、万物を以て芻狗《すうく》と為す」という非情な自然観と一見矛盾するようにみえるが、老子は、自然に感情移入して、それを規範化しようとする人間の作為を否定しているのである。第七十三章の「天網は恢恢《かいかい》、疎にして失わず」をネガとすれば、この二句はポジである。

第八十章

小国寡民《かみん》、(1)什伯《じゅうはく》の器《き》(2)有りて用いざらしめ、民をして死を重んじて(3)遠く徙《うつ》らざらしむ。(4)舟輿《しゅうよ》有りと雖《いえど》も、之に乗る所無く、甲兵《こうへい》(5)有りと雖も、之を陳《つら》ぬる(6)所無し。人をして復《ま》た縄を結びて之を用い、(7)其の食《しょく》を甘《うま》しとし、其の服を美とし、其の居《きょ》に安んじ、其の俗を楽しましむ。隣国相い望み、鶏犬《けいけん》の声相い聞こえて、(8)民 老死《ろうし》に至るまで、相い往来せず。

小國寡民。使有什伯之器而不用。使民重死而不遠徙。雖有舟輿。無所乘之。雖有甲兵。無

所陳之　使人復結縄而用之。甘其食。美其服。安其居。樂其俗。鄰國相望。鷄犬之聲相聞。
民至老死。不相往來。

【現代語訳】

小さな国に少ない住民。
さまざまな文明の利器があっても用いさせないようにし、
人民に生命《いのち》を大切にして遠くに移住させないようにする。
かくて舟や車があってもそれに乗ることはなく、
武器はあってもそれを取り出し列《なら》べて使用するようなことはない。
人民に今ひとたび太古の時代のように縄を結んで約束のしるしとさせ、
己れの食物を美味《うま》いとし、
その衣服を立派だとし、
その住居におちつかせ、
その習俗を楽しませるようにする。
かくて隣の国は向うに眺められ、
鶏や犬の鳴き声は聞こえてくるほどに近くても、

人民は年老いて死ぬまで他国に往き来することがない。

【注】

(1) 小国寡民　老子の無為の政治の中核をなすものであったと考えられる。村落共同体とよばれるにふさわしい閉鎖的な社会であり、陶淵明の描く桃花源境と全く類似する。そのユートピア的な社会では、人民は文明に毒されず、あるがままの素朴さで安らかに己れの生を全うする。『老子』中にしばしば見られる「大国」もしくは「天下」は、そのような共同体の集合体であり、支配者(聖人)はその地位に止まるにすぎず、それぞれの共同体は自治に任せられ、第六十章にいう鍋で煮られる小鮮《こざかな》が己れの形を全うするのと同じようなものであったと考えられる。儒家が人為的な規範を設け、家父長制の大家族を単位とする中央集権的な統治体制を構想するのに対して、老子の理想政治の具体的な姿は、『漢書』のその伝に記す、曹参《そうしん》が漢初に行なったような清静無為の支配であると理解して大過ないであろう。

(2) 什伯之器　「伯」の下に「人」の字を作るテキストもあって(河上公本・馬王堆本甲)、兪樾《ゆえつ》は兵器と解し、奚侗《けいとう》はさまざまの器物と解し、蘇轍《そてつ》は十夫百夫に長たる器量をもつ人材と解するなど諸説があるが、ここでは一おう奚侗の説に従っておく。

（3） 重死　第七十五章の「死を軽んず」の反対で、第七十四章の「死を畏《おそ》る」と同義。
（4） 不遠徙　郷里に安住すること。「徙《し》」は「移」と同義。馬王堆本甲・乙が「不」の字を欠くのは誤りであろう。
（5） 甲兵　鎧と武器。第五十章に既出。
（6） 陳之　「陳」は「列」と同義。武具をならべて兵士たちに渡すこと。
（7） 使人復結縄而用之　「結縄」は『易』繫辞伝上にも「上古は縄を結んで治まる」とある。文字のできる以前のことである。以下の九句は『荘子』胠篋篇にも「至徳の世」のこととして見える（ただし、「使人」を「民」に作る）。
（8） 隣国相望、鶏犬之声相聞　同じく胠篋篇が「国」を「邑」、「犬」を「狗」、「声」を「音」に作って、「方二千余里」の大国、斉の繁栄ぶりをいうためにこの二句を引いており、道家において小国寡民の政治原理が大国にも通用すると考えられていたことを暗示する。ちなみに、本章とほとんど同じ文章が、プラトン『法律』の原始社会に関する部分に見える。

第八十一章

信言《しんげん》は美ならず、(1)美言《びげん》(2)は信ならず。善なる者は弁《べん》ぜず、(3)弁ずる者は善ならず。知る者は博《ひろ》からず、博き者は知らず。(4) 聖人は積まず。(5) 既《ことごと》く以て人の為にして、(6) 己れ愈《いよ》いよ有り、既《ことごと》く以て人に与えて、己れ愈いよ多し。(7) 天の道は、(8) 利して害せず、(9) 聖人の道は、(10) 為して争わず。(11)

信言不美。美言不信。善者不辯。辯者不善。知者不博。博者不知。聖人不積。既以爲人。己愈有。既以與人。己愈多。天之道。利而不害。聖人之道。爲而不爭。

【現代語訳】

真実味のある言葉は美しくなく、
美しい言葉には真実味がない。
本当に立派な人間は口が達者でなく、
口の達者な人間はほんものでない。
本当の知者は物識りではなく、
物識りは本当には分かっていない。
無為の聖人は蓄《た》めこまない。
なにもかも他人のために出してしまうが、

己れの所有にいよいよ増し、なにもかも他人に与えて、己れはいよいよ豊かである。天の道は万物に恵みを与えて害を加えず、聖人の道は事を行なって人と争わない。

【注】

○知・積・多（朱謙之の説）と押韻。

（1）信言不美　「信言」は欺かぬ言葉。第八章に「言は信あるを善しとす」、『論語』学而《がくじ》篇に「言いて信有り」とある。「不美」は見かけを飾らないこと、樸《ぼく》（質）である。本章は、これまで説いてきた無為自然の生き方（すなわち上徳もしくは上善）を、日常の具体的な指標として俚諺的に要約するとともに、『老子』の全章もまたその生き方と同じような言葉で語られていることを暗示して、己れの著述をしめくくるのである。

（2）美言　第六十二章に既出。ただし、ここは「信言」と対応して、見かけだけを飾った言葉をいう。

(3)善者不弁　「善者」は道を得ている人。第八章の「上善」、第七十九章の「善」と「善人」である。「弁」は雄弁、「不弁」は訥《とつ》。第四十五章に「大弁は訥なるが若《ごと》し」、『荘子』斉物論篇五に「大弁は言わず」、知北遊篇五に「之を弁《あげつら》うは必ずしも慧《けい》ならず」とある。ただし、「辯」を「辨」と同じとみて、弁解・弁証の意に解する説もある。馬王堆本乙は「辯」を「多」に作る。

(4)知者不博、博者不知　第四十七章の「其の出《い》づること弥《いよ》いよ遠くして、其の知ること弥いよ少なし」と同義。「不博」は無知の知である。第五十六章に「知る者は言わず、言う者は知らず」、『荘子』知北遊篇五に「之を博くするは必ずしも知ならず」とある。

(5)聖人不積　「積」は「蓄」もしくは「蔵」と同義、「不積」は無欲である。第九章に「持して之を盈《み》たすは、其の已《や》むるに如《し》かず」とあり、『荘子』天道篇一の「聖道運《めぐ》りて積む所無し」、天下篇五の「積む有るを以て足らずと為す」「蔵する無きなり、故に余り有り」は、いずれも本章に本づく。『戦国策』魏策一は以下の五句を「老子に曰く」として引く（ただし「既」を「尽」に作る）。

(6)既以為人　「既」は上引の『戦国策』が「尽」に作るのに従って「尽《ことごと》く」と訓むべきであろう。「為人」は『論語』憲問篇にも「今の学者は人の為にす」とある。

(7)既以与人、己愈多　上の二句と同じ意味を言葉を変えて対句で述べたもの。第四十二章に「物は或《つね》に之を損して益《えき》す」、第七章に「其の身を後にして身先んず」「其の私無きを以てに非ずや、故に能く其の私を成す」とある。この二句は『荘子』田子方篇一〇に引かれている（ただし「多」を「有」に作る）。

(8) 天之道　第七十三章、第七十七章などに既出。

(9) 利而不害　「害」は第六十章の「人を傷《そこ》なわず」と同義。第八章に「水は善く万物を利して争わず」、『荘子』大宗師篇一に「利沢は万世に施す」、秋水篇一に「大人《たいじん》の行《ふるま》いは、人を害《そこ》なうに出でず」とある。

(10) 聖人之道　『荘子』大宗師・胠篋・天地・天下の諸篇に見え、「天道」と「聖道」の対用は天道篇一に見える。馬王堆本乙は「聖」の字を欠く。

(11) 為而不争　第二、十、五十一章などの「為して恃《たの》まず」と同じ表現。「不争」(莫争)は第三、八、二十二、六十六、六十八、七十三章などに既出。第八章の注9を参照。『老子』全章がこの一句で結ばれていることの意味は大きい。老子は、天地造化のはたらきと人間社会の争いに充ちた現実から、「無為にして為さざる無し」の哲学と不争すなわち柔の処世を抽出したが、不争はまた、無知無欲の道の根源的な在り方でもあるのである。

訳者解説

「東洋文化の根底には、形なきものの形を見、声なきものの声を聞くといったようなものがひそんでいるのではなかろうか。我々の心はかくのごときものを求めてやまない」といったのは、西田幾多郎であるが（『働くものから見るものへ』の序文）、老子は中国において「形なきものの形を見、声なきものの声を聞く」ことを教えた最初の哲人である。

また、「人類を悩ますあらゆる災禍は、人間が必要なことを為すのを怠るところから生ずるのではない。かえってさまざまな不必要なことを為すところから生ずる」といい、「人がもし老子のいわゆる〝無為〟を行なうならば、ただにその個人的な災禍をのがれるのみならず、同時にあらゆる形式の政治に固有する災禍をも免れるであろう」といったのは、トルストイであるが（『無為』柳田泉訳）、人類の文明の歪みと危険性を警告し、人間の不必要ないとなみの徹底的な切り棄てを教えて、無為の安らかな社会に人類の至福を説いたのも、老子がその最初の哲人である。

老子において「形なき形、声なき声」とは、彼の哲学の根本をなす〝道〟を説明する言葉であった。そして彼のいわゆる〝道〟とは、形あり声ある一切のものが、そこから生じてき、そこにまた帰ってゆくこの世界の根源の根源にある究極的な実在であった。人間を含む一切万物は生滅変化をくり返す有限の存在であるが、〝道〟は万物の生滅と変化を超えて悠久であり無限である。有限の存在である人間が、悠久無限な実在であるこの〝道〟に根源的な目ざめをもち、その形なき形をじっと見すえ、その声なき声にじっと耳をすますとき、己れが本来どのような存在であり、何を為してゆけばいいのか、人間が本当の意味で生きるということは、いったいどのようなことであるのかが明らかになると教えるのが、老子の哲学の根本である。彼はそのために〝道〟がいかなる実在であるかをさまざまな言葉で説明する。人間の言葉で説明することのできないものが道であると前提しながらも、あるいは詩的な表現で、あるいは象徴的・譬喩的な言葉で、もしくは逆説的・否定的な言い方でさまざまに説明する。「形なき形、声なき声」というのもその一つであり、「窈《よう》たり冥《めい》たるもの」、「恍《こう》たり惚《こつ》たるもの」、「根源的に一つであるもの」などとよぶのもそれである。あるいはまた、「永遠に盈《み》ちることのないもの」、「限りなく疲れを知らぬもの」、「万物を生み出《い》だすこの世界の母」などとよぶのがそれであり、「大いなるもの」、「あるがままのもの」、「加工されぬ原木のごときもの」、「まだ染められぬ白絹のごときもの」、「人間のような欲望と知識をもたぬもの」、「人間のするようなことは何ひとつしなくて、しかも人間には及びもつかぬ偉大な仕事をおのずからにしてやってのけるもの」などと説明するのがそれである。老子の著作すなわち『老子』という書物の大部分は、このような道を説明する直接的・間接的な言葉で埋められている。『老子』という書物は何よりもまず、形なく声なき根源的な実在――〝道〟を説明する哲学的な著作なのである。

形なく声なき道をさまざまな言葉で説明する『老子』という書物はまた、それと併せてこの道に目ざめをもつ者の安らかな在り方、道に目ざめをもたぬ者の危うい在り方を説明する。道に目ざめをもつ者とは、老子において「聖人」とよばれ、あるいはまた「善く道を為《おさ》むる者」、「一《いつ》を抱く者」、「樸《ぼく》を全うする者」、「静を守り柔を守る者」などとよばれる。老子の「聖人」ないしは「柔を守る者」は、一切万物の根源にある形なく声なき道に深い目ざめをもつから、すべての形あり声あるものが、やがてはそこに帰ってゆくのだという鋭い凝視をもつ。彼は形あり声あるものが悠久絶対なのではなく、悠久絶対なのは形なく声なき道であることを諦観するから、すべての形あるもの、声あるものの「形」と「声」とに囚われることがない。形あるものに囚われることがないからまた、形あるものをよぶ「名」と「名」によって成り立つ世界に囚われることがない。彼にとって「名」の世界は、「形」の世界と同じく相対的なものであり、絶対的な存在ではあり得なかった。

彼はただ道の世界を究極的に真実なるものと観るから、道の在り方をそのまま己れの在り方とする。道は一切万物を生み出だしながら己れを創造者として意識することがなく、人間をも鳥獣をも、さらにはまた草木虫魚をも差別することがない。富める者をも貧しき者をも、善人をも不善人をも均しく受け入れてゆき、道の前ではあらゆる存在が平等である。道はまた一切万物を包容して何物とも対立せず、何物に対しても争わない。己れを固執せず、みずからの功を誇らず、ひっそりとしてただ静かに、ゆったりとしてただあるがままである。しかも万象の生滅変化、盈虚盛衰《えいきよ》の中に自ずからなる調和の理法を開示して、余り有るものを損し、足らざるものを補い、己れの理法に順《したが》うものに与《くみ》し、己れの理法に叛くものを懲らしめてゆく。いわゆる〝天の網は恢恢《かいかい》、疎《そ》にして失わず〟である。だから聖人もまた己れの英知を外に輝かさず、その光を和らげて民衆と歩みを共にし、誇らず驕《たかぶ》らず、己れに囚われることがない。人間の言葉による価値づけや作為による秩序づけをすべて相対的なものとみ、世の人の美とするものも実は醜であり、善とするものも実は不善であることを看破する。不善の人をも善人と同じように受け入れ、不信の者をも信ある者と同じように受け入れ、名の世界に自縄自縛とならず、固定観念に釘づけされることがなく、自由に物を救い、また人を救ってゆく。

　彼はまた己れを低きに置いて他人と勝ちを争わず、争わないということを己れの処世の根本とする。争わないためにはどのような汚辱にも耐え、どのような卑賤の地位にも甘んじ、凹地に溜まる濁水のように世の垢《けが》れを一身に引きうける。己れの生活を嗇《つつま》やかにし、奢《おこ》りと泰《たかぶ》りを棄て、文明の虚飾にまどわされず、盗賊の奢侈《しゃし》を求めない。己れを神の座において他人の罪を裁くことをせず、死刑を否定し、暴力を憎み、戦争を人類最大の不祥事とする。要するに彼にとっての根本的な関心は、己れのふるまいが道の在り方にかなっているか否かにあり、道の在り方にそむき、もしくはそれを歪めそれを害《そこ》なうものはすべて「偽」――人為のさかしらとして厳しく否定されるのである。

　老子は彼の聖人――道に目ざめをもつ者をこのように説明する。そして、道に目ざめをもつ者すなわち聖人のこのような在り方を〝無為〟とよび、また〝徳〟（儒教の徳と区別する場合は特に〝上徳〟もしくは〝常徳〟）とよぶ。〝徳〟とは道の在り方を己れの身につけている、それを体得しているの意であり、〝無為〟とは己れのさかしらを棄てて作為を棄てた在り方が道の本来的な無作為と同じであることをいう。

『老子』という書物の大部分はまた、このような無為の在り方を己れの徳とする者——道に目ざめをもつ聖人の、世に処する知恵を説明する言葉で埋められている。あるいは陋巷《ろうこう》に褐《ぼろ》を被《まと》う名も無き民として、あるいはまた、天下に君臨する有徳の王者として、道に目ざめをもつ者のこの世的な地位はさまざまであるが、彼が有為の批判者、無為の実践者として、道の在り方をそのまま己れの在り方とする「一を抱く者」、「柔を守る者」であることには変りない。

老子の「一を抱く者」、「柔を守る者」は、人間の作為が道の渾沌《こんとん》に崩れおちるところから人間の本当の「為」——崩れない生き方を考える。形あるものに囚われないということが彼の処世の根本であり、形あるものに囚われないために形あるものの崩れるところから崩れない生き方を考えるのである。だから彼の無為の実践はしばしば水の柔軟さを典型とする。水は器にしたがって自由に己れの形を崩しながら、いかなる場合にも崩れない己れをもつ。あるいはまた、彼の無為は女性の強靭さにしばしば譬えられる。女性は常にじっとしていて受けて立ち、受けて立ちながらしぶとい能動性をもつ。老子の無為とは、具体的には水の柔軟さと女性の強靭さとに憧憬する思想であった。『老子』という書物のなかには、水と女性の在り方を典型とする無為の処世が、生活の英知としてさまざまな言葉で説かれている。『老子』という書物は〝道〟を説明する哲学的な著作であるとともに、道に目ざめをもつ者の徳——無為の処世を説明する実践的な著作なのである。『老子』という書物は、このような〝道〟と〝徳〟——一切存在の根源にある真理とその真理に本づく人間の崩れない在り方——を主題として、老子という哲人の体験的な真理を書きとめた著作である。それは哲学的な著作であるとともに実践的な著作であり、根源的な真理を語りながら同時に処世の英知について語る。深遠な哲理がいろいろな言葉で語られ、処世の英知がさまざまな言い方で説明されているが、老子の究極的な関心は、要するに「常の道」と「常の徳」——無為自然の道と無為自然の徳について明らかにすることにあった。この書が古くから道徳経、すなわち真の道と真の徳とについて説明する不滅の古典とよばれているのも偶然ではないのである。

形なく声なき道を説明し、人間の崩れながら崩れない生き方——無為自然の処世を教える『老子』という書物は、そのなかに固有名詞が一度も見えていないという点で我々の注目を引く。とともに特異な性格をもつ「我」もしくは「吾」という一人称代名詞が、突如として現われてくる点でも我々の注目を引く。私はこの事実を『老子』という書物の理解に関して特に重要視しておきたい。

『老子』のなかに固有名詞が全く見えていないという事実を、我々はどのように理解すべきであろうか。固有名詞が時間（歴史）と空間（風土）に制約された個別的・具体的な存在をよぶ言葉であるとするならば、この書物に固有名詞が全く見えていないという事実は、それが時間と空間を超えた永遠普遍の真理を強く志向する著作であることを示すと理解していいであろう。『論語』にせよ『孟子』にせよ、あるいは『荘子』にせよ『列子』にせよ、そこには著者をとりまく弟子たちの名前や、著者がかかわりをもつ友人知己、学問上の論敵、彼に好意を持ち、もしくは持たない政治権力者たちの名前がしばしばあらわれてくる。あるいはまた、彼が遊歴したさまざまの国々の名、彼が活動し、もしくは休息したいろいろの町や村の名前があらわれてくる。しかし老子にとってそのような個々の具体的な人間、限定された地域の名前などは本質的な関心事ではありえなかった。彼もまた己れを取り巻く個別的な人間や己れと交渉をもつ具体的な人間たち、さらには己れの生きる風土や村落に切実な関心をもたないわけではない。しかし、彼にとって最も本質的な関心は、それらの個別的なるもの、具体的なるもの、もしくは歴史的・風土的な特殊性ではなくして、それらの名をもち名でよぶことのできる一切存在の根源にあるもの——永遠普遍の〝道〟の真理であった。形をもち名をもつ万象の世界よりも、その根源にある形をもたず名をもたぬ道の世界こそ、この哲人の第一義的な関心事であったと解されるのである。

ところで、固有名詞はまた人間に限っていえば、特定の肉体をもち精神をもつ具体的な人格をさす。哲学や宗教の著作において固有名詞が大きな比重をもつということは、真理が真理それ自体としてよりも、それを語る具体的な人格によって重視されることを意味する。真理そのものよりもその真理を体現し宣述する具体的な人格が重要な意味をもち、その人格に対する尊敬と帰依、さらにはひたむきな信仰が決定的な重要さをもつ。『論語』における孔子がそうであり、バイブルにおけるキリストがその典型的な例として挙げられる。しかし、『老子』という書物は、それとは異なる。『老子』の場合には、そのような人格的なものをことごとく原理的なものに還元し、真理と己れを結ぶ媒介者をしりぞけて、己れが直ちに〝道〟の真理の前に立つことを教えるのである。彼にとっては、それぞれの人間がそれぞれに道を得ること――「悟る」ことが本質的な問題であり、道を悟る絶対の知恵――「明《めい》」をもつことが第一義的な関心事であった。人格的なものよりも原理的なものに、個別的なものよりも普遍的なものに、歴史的なものよりも歴史の根源にあるものに対する強い志向が、『老子』という書物のなかから固有名詞を脱落させているのだ、と私は見たいのである。

『老子』という書物のなかに特異な性格をもつ一人称代名詞――「我」(吾)が突如としてあらわれてくることも、このことと密接に関連するであろう。『老子』のなかで幾つかあらわれてくる「我」(吾)のうち、最も特異な性格をもつそれは第二十章の「我」である。すなわち「我独り泊《はく》として其れ未だ兆《きざ》さず……儽儽《るいるい》として帰《き》する所無きが若《ごと》し」、「我独り遺《とぼ》(匱)しきが若し。我は愚人の心なるかな、沌沌《とんとん》たり」という「我」がそれであり、「我独り悶悶《もんもん》たり。澹《たん》として其れ海の若く、飂《りゅう》として止まる無きが若し」、「我独り人に異なりて食母《みち》を貴ぶ」という「我」がそれである。これらの「我」は、まぎれもなく道の前にただ独り立つ者の己れをよぶ言葉である。しかしその「我」は、道が名を持たないように己れもまた名を持たない。名を持たぬ「我」と名を持たぬ「道」とが、名を超えたところでぽっつりと向いあっているといったような「我」である。しかも、その「我」は単なる抽象的・観念的な「我」ではなく、根源的な真理——道——を見つめながら、己れの生の憂愁と歓喜を独語する実存的な「我」であり、名を持たぬが故に却って名を持つことのよそよそしさが剝ぎとられ、道に目ざめをもつ者の裸の肌のぬくもりがじかに感じられるような生きた「我」である。ここでは現実の己れを生きる個としての人間が、道の普遍とそのまま結びついている。個と普遍の中間に何の媒介者も必要とせず、己れが道を観、道が己れを観ているといったような直截《ちよくせつ》的な関係、もしくは己れが道であり道が己れであるといったような一体的な境地が実現している。このような関係もしくは境地では、己れの名——固有名詞は、もはや無用の長物でしかあり得ないであろう。

もともと「名」は世俗の世界で己れを他と区別するためのものであった。名の本質はあくまで他と区別することにあるのであり、他と区別されなければならないところに「名」の世俗性がある。しかし、道の前にただ独り立つ者は他と区別される必要がなく、したがって名をもつ必要がない。いな、名をもつことによって、彼は己れを世俗の世界に引き戻し、道との一体性をみずから遮断してしまうのである。

老子において道に目ざめをもつ「個」は、媒介者をもたずにそのまま道の「普遍」の前に立ち、道とただ独り向いあって言葉なき言葉で語りあう単独者であった。己れが直ちに道の前に立ち、「個」が直截的に「普遍」と結びつくところに、老子の思考の根本的な特徴が見られる。それはイエスを媒介者として神の国に入ろうとするキリスト教、もしくは阿弥陀仏に導かれて極楽往生を願う浄土教よりも、むしろ「仏を殺し祖を殺して」、「直指《じきし》人心《にんしん》、見性成仏《けんしょうじょうぶつ》」を説く〝悟り〟の宗教――禅宗と共通する多くのものをもつ。ともに「個」と「普遍」の媒介者、「種」としての国家を否定もしくは軽視して、すべての個人を一挙に人類普遍の真理の前に立たせようとする世界主義的な傾向を顕著にもち（それが時として無政府主義的な思想への傾斜を生むことについては、第五十三章の注9を参照）、さらにはまた現象相互の因果的な関係に注目し、事象の横の関係を重視するヨーロッパ的な科学の思考と鋭く対立する。個を直ちに普遍と結びつけようとする老子の思考は、この意味で哲学としても極めて注目すべきものをもつが、さらにまた、それが後の中国の思想と文化、さらには東洋の思想と文化一般に大きな影響力をもったことにおいて、看過することのできない重要性をもつ。老子のこのような思考は、その功罪をも含めて東洋の思想文化の一つの特質を最も典型的に代表しているといえるであろう。

『老子』は中国において始めて否定の精神と論理とを確立した注目すべき哲学書であり、人間の在り方に関して始めて否定的な警告を発した文明批判の著作書である（第一章注1参照）。『老子』に先だつ中国の古典、たとえば『書経』や『詩経』などのなかに否定詞を用いた表現や論理が全く見えないというのではない。あるいはまた礼の経典や『論語』のなかにも否定や禁止をあらわす言葉は多く見えている。しかし、それらの否定や禁止が既成の社会秩序や制度規範を根本的には肯定した上での、もしくはそれらを維持し強化するための、人間の行為に対する否定的な訓戒でしかないのに対して、老子はそれらの秩序や制度規範を支えているもの、彼らの人間観や価値観、彼らの讃美する文明や文化それ自体を根底から批判し否定するのである。

老子はまず彼らの文明が賢知を尊重し、欲望の奢侈を煽ることを批判する。彼らはもっぱら人間を知的能力において価値づけ、その能力においてすぐれている者を賢とし、劣っている者を不肖とする。賢であるために博《ひろ》く古人の書を読み、多く知識を蓄えて善く物を識《し》った人間となる。彼らの知的好奇心は新しい知的好奇心をうみ、新しい好奇心はさらに新しい好奇心をうんで、彼らの目は外にあるものを果てしなく追い求め、彼らの心は対象世界に向って無限に拡散する。いわゆる「目のためにする」生き方であり、彼らの霊妙な精神は、そのために浅く濁されてしまう。人間の生まれながらにしてもつ真の英知——自然の光——はそのために暗く掩《おお》われ、彼らが広きを求めて動き廻れば廻るほど、彼らは根源的な真理に対していよいよ盲目となる。老子はそれを「博き者は知らず」(第八十一章)と批判し、「其の出《い》づること弥《いよ》いよ遠くして、其の知ること弥いよ少なき」もの(第四十七章)と否定する。彼は外に求めて知ることを生命の内的充実を害なう危険な暴走とみ、外に求めた知によって人間を価値づけてゆく文明や文化の在り方に否定的な警告を発するのである。

人間の賢知はまた名の世界を虚構し、差別と対立の世界を作り出してゆくことにおいても危険性をもつ。道すなわち真実在の世界においては万物は根源的に一つであり平等であるのに、知は人間を他の動物と区別し、動物を植物と区別し、さらにはまた同じ人間を美と醜に分かち、善人と不善人に分かち、君子と小人《しょうじん》に分かち、文明と野蛮に分かち、その一方を是《ぜ》として他方を非《ひ》とする。知の本質は「名」とともにあれとこれとを区別することにあり、その区別を上下に秩序づけ、左右に分類して、さまざまな差別と対立の世界を虚構してゆくことにある。しかも一たび虚構された差別と対立の世界は、みずからの虚構性と仮設性を忘れて、己れの相対性を絶対性におきかえ、己れの虚構の世界に道の世界と同じい真実性を錯覚する。人間が真知すなわち道の本来的な一に目ざめた「其の妙《かそ》けきを観る」（第一章）英知に立ち返らずに、「其の徼《あき》らかなるを観る」（同上）差別知の放恣《ほうし》に任せるかぎり、彼の瞳に映ずるこの世界の相《すがた》は、ただ果てしなく分極し截断《せつだん》されてゆく差別と対立の世界にすぎない。老子は知のこのような差別し截断するものとしての危険性を〝樸《ぼく》を割《き》る〟斧として警告するのである。

　しかし、知（差別知）はそれが人間の精神の内的充実を浅く濁し、「目のためにする」人間を社会に氾濫させるだけなら、その罪はまだ軽い。もしくは差別と対立の世界を虚構し、「其の徼《あき》らかなるを観る」人間を賢者として横行させるだけなら、そこにはまだ救いがある。知が人間にとって真に恐るべき危険性をもつのは、人間の物質的な欲望が、外に求め他と区別する知のはたらきによってかきたてられ、かきたてられた欲望が知を狡知《こうち》として育て、それが争いの凶器となって、この世界に〝人が人を食う〟惨劇、〝人を殺すことを楽しむ〃修羅の巷を実現するときである。

知によってかきたてられた欲望は、その充足の度合いに応じて富める者と貧しき者を分極し、富める者は名声をもち権力をもって貴く、貧しき者はさげすまれ権力をもたずに賤しい。富める者は富によっていよいよ富み、貧しきものから惜しみなく収奪し、「足らざるものを損して余り有る己れを奉《やしな》う」。貧しき者は貧しきが故にいよいよ窮乏し、その窮乏が限界を超えれば、富者から盗み、貴者を劫《おびや》かす。その盗みと劫かしを防ぐために刑吏がおかれ、監獄が設けられ、罪人が収容せられ、処刑が行なわれる。そして、やぶれかぶれになった難民窮民が権力者を襲撃し、暴動が各地に頻発する。いわゆる「威を畏《おそ》れざれば大威至り」、「民　死を畏れざれば、奈何《いかん》ぞ死を以て之を懼《おそ》れしめん」である。一方また富者貴者は、貧者賤者から奪いとった〃盗賊の奢侈〃を極限化しようとし、己れの富貴の貪欲な拡大を国外に求めて侵略と戦争を企てる。その野望と残虐とにさまざまな尤もらしい理由づけが行なわれ、世の知者賢者たちが彼らの「非道」に阿諛《あゆ》迎合する。そこではただ力のみがあらゆる原理に優先し、堅強なるもの、剛強なるもの、強暴なるものが最大の美徳として讃美される。かくて強は弱を殺し、大は小を食らい、果てしない闘争と殺戮が人類を滅亡と破滅の淵にひたばしらせる。

老子は己れの眼前にする戦国の社会の現実をこのように見る。そして力を原理とする今の世の在り方をどこかで狂っているのだと反省し、この現実の破滅的な争いがいったい何に本づくのかと考えてみる。欲望の過剰と文明の奢侈がこの争いを生んでいることは見やすい道理であり、その欲望を煽る知の放恣がその争いを凶悪化していることも明白な事実である。その証拠に、人類の欲望がまだ今日のように肥大化せず、人知が現在のように凶悪化しない素朴な原始の社会では、人々は「其の食を甘《うま》しとし、其の服を美とし、其の居に安んじ、其の俗を楽しんで」、争うことなく欺くことがなかった。人々の行為は単純であり、その行動は狭い地域に限られていた。複雑精巧な機械の操作を知らず、それによって利便を受けることもないかわりに、危害を受け殺傷されることもなかった。何よりも人々は淳朴で誠実であり、むつかしい理屈をこねまわしたり、尤もらしい弁解を必要としなかった。

老子はこの原始の社会を〝上徳〟の世——人間が最も人間らしい在り方を実現していた理想の時代とみ、この社会と今の社会との隔たりを進歩の観念や文明の美名によって糊塗《こと》することを否定する。彼は今の社会の現実をむしろ人類の堕落とみ、人間が余りにも不必要なことを為しすぎているもの、過剰な有為にふりまわされて本来の「為」を見失ったものと反省する。人類が今ひとたび争わず殺しあわない安らかな社会を実現するためには、今の社会の欲望の奢侈と知の放恣とが抑止されて、人間の不必要な「為」が徹底的に切り捨てられなければならない。人類にとって進歩とは果たしていかなる観念なのか、価値とはいったい何をよぶ言葉なのか、文明とは人間の在るべき在り方にとって果たしてどのような価値でありうるのか、といったような問題が根本的に問い直されなければならない。老子はそれを問い直して、いわゆる進歩のなかに人類の破滅をみ、彼らの自画自讃する文明を自然の〝樸《き》〟を割る人間の器物化と批判し、今の不必要な「為」を否定する真の「為」――無為への復帰を彼の批判と否定の結論とするのである。

老子の否定は単なる否定ではなく、人間が真の人間として肯定されるための、過剰なるもの、放恣なるもの、不必要なものの否定であった。彼の否定は道の無為によって人間の偽（過剰な有為）を否定するところにその特質があるのである。人間が人間だけの立場から力を原理として他を否定しあうかぎり、そこにはただ果てしない闘争と殺戮がくり返されるだけであろう。人間が己れの根源にあり己れを超えて大いなるもの――道の真理によって己れを否定するとき、人間は始めて本来的な己れとして肯定され、本当の意味で安らかな生を実現することができるのである。真の否定は大いなるものによる自他の否定――それによって自他ともに生きる真の肯定でなければならない。『老子』という書物は、このような否定ということの真の意味を我々に教えている点でも注目すべき哲学書なのである。

人間の過剰な有為を道の無為によって否定する老子はまた、当然のことながら人間的な有為のなかで作られた世俗的な価値観を顚倒させる。彼は世俗の人々が絶対とみるものを相対とみ、上徳とするものを下徳とみ、善とするものを不善とみる。世俗の人々は富と貴とを無上の価値とし、人知人欲の限りを尽くしてそれを争い求めるが、彼は争わないことを「上善」（至高の価値）とするから「足るを知る」ことを富とし、「辱を守る」ことを貴とする。世俗的な知をもたないことを真の知とし、世俗の人々が怯懦《きょうだ》とよぶものを真の勇気とする。

「君子は下流に居るを悪《にく》む」といったのは孔子であるが、老子はその「下流」をこそ無為の聖人の居るべき場所とする。あるいはまた「之を知るを之を知ると為せ」と教え、「直《ちょく》を以て怨みに報いよ」と教えたのは孔子であるが、老子は「之を知る」をも「知らず」とし、「怨みに報いるに徳を以てすること」を教える。さらにはまた、「名の称せられざるを疾《にく》み」、「我を博くするに文を以てし」、魯《ろ》の国の司寇《しこう》(司法大臣)となって「殺《さつ》を司った」のも孔子であるが、老子は「名の無き」ことを真の有道者の在り方とし、真に「知る者は博からず」とし、「殺を司る」ことを「大匠に代わって斲《き》る」愚行として戒める。老子は孔子の価値観をさえ世俗的なるものとみて、それを顚倒させるのである。

老子は世俗的な価値観を根本的に顚倒させるのであるから、したがって彼の言葉はしばしば逆説的な表現となる。彼は世俗の人々が退くとよぶ行為を進むとよび、味《くら》いとよぶものを明るいとよび、辱《よご》れているとよぶものを白《きょ》らかとよぶ。あるいはまた、真に賢いものを愚かとよび、真に盈《み》ちているものを沖《むな》しいとよぶ。さらにはまた、「大音は希声」、「大《たい》象《しょう》は無形」、「広徳は足らざるが若し」、「建徳は偸《かりそめ》なるが若し」など、『老子』の書中から逆説的な表現を拾ってゆけば際限《きり》がない。そして、無為を説き不争を説く彼の処世の英知もまた、このような逆説の真理を身を以て実践し、世俗的な反価値のなかに真の価値を実現しようとするものであった。彼の処世の根本原理である「弱」——柔弱もまた真の強を逆説的に表現しているものにすぎず、彼は真の意味で強いものを世俗の言葉で「弱」とよんでいるにすぎないのである。もしくは真の意味で勝つことを世俗の言葉で負けるとよび、真の意味で貴いものを世俗の言葉で卑しいとよんでいるにすぎない。我々は老子の用いるこのような逆説の論理を周到に把握することなしに、老子の哲学を十分に理解することは困難であろう。

『老子』という書物が箴言《しんげん》集としての性格をもつことは、よくいわれることである。確かに『老子』のなかには箴言もしくは箴言として通用する言葉が数多く見えている。たとえば、「多言なれば数《しば》しば窮す、中《ちゅう》を守るに如《し》かず」（第五章）、「信足らざれば、信ぜられざる有り」（第十七章）、「美言は以て尊を市《か》ぅ可く、美行は以て人に加ぅ可し」（第六十二章）などがそれであり、「兵強ければ則ち勝たず、木強ければ則ち折る」（第七十六章）、「躁なれば寒に勝ち、静なれば熱に勝つ」（第四十五章）、「九層の台も累土より起こり、千里の行も足下より始まる」（第六十四章）などがそれである。また、明らかに一種の箴言――「建言」――と名づけられた言葉も、「明道は昧《くら》きが若く、進道は退くが若し」以下の十二句として第四十一章に引用されており、「古《いにしえ》の所謂《いわゆ》る」として引用されている第二十二章の「曲なれば則ち全し」、「人の教うる所」として引用されている第四十二章の「強梁者《きょうりょうしゃ》は其の死を得ず」、さらにはまた、「兵を用うるに言えること有り」として引用されている第六十九章の「敢えて寸を進まずして尺を退く」なども、この当時、世に伝えられていた一種の箴言とみていいであろう。これらの言葉は大抵暗誦しやすいように韻をふんでおり、

第五十六章の「知る者は言わず、言う者は知らず」、第八十一章の「信言は美ならず、美言は信ならず」のように、同一の主張を正反の対偶形式で強調しているものも少なくない。そして『老子』の文章の大部分が有韻の文字であり、対偶形式の表現が多く用いられていることから逆にいえば、そのほとんどの言葉が箴言的な性格をもつともいえるわけであり、この書が箴言集として特徴づけられるゆえんもまたここにあるのである。

しかし、『老子』のなかの箴言にはソロモンの箴言（旧約聖書）やストアのそれと共通もしくは類似したものも多く、このことは箴言とよばれるものがもともと民族を超え地域を超えた人類普遍の生活の知恵という性格をもつことに起因すると考えられる。そして、この点からいえば、老子の箴言もソロモンの箴言も生活の英知としては大差がないことになり、『老子』という書物の箴言集としての性格を余り強調することは、却ってこの書の本質と独自性を見落とすことになるであろう。『老子』という書物に箴言集としての性格が見られることも事実であるが、それはこの書物を特徴づける一つの性格であり、それを特徴づける本質的な性格ではありえない。

すでに上述したように、『老子』のなかには固有名詞が全く見えておらず、箴言・俚諺《りげん》と共通する普遍的・原理的・没個性的な性格が顕著に指摘される。しかしまた一方、『老子』の書中には「我」もしくは「吾」という一人称代名詞を用いた論述も十数章にわたって見えており、多くの箴言・俚諺的な言葉の背後には、それらを根底において一つの哲学として統一し、有機的な全体としてまとめる哲人としての「己れ」が儼然《げんぜん》として存在する。

『老子』を『老子』として特質づけているのはこの「己れ」であり、この「己れ」によって『老子』は無為自然の真理を語る独自な哲学の書でありうるのである。だから、この「己れ」はまた、「吾が言は甚だ知り易く行ない易きに……我を知る者は希《まれ》なり」と歎き、「我をして介然として知有らしめば、大道を行きて、唯だ施《よこしま》なるを是《こ》れ畏《おそ》れん」と自省する。「希なり」と歎き、「知有らしめば」と自省する「己れ」は、箴言的・没個性的一般者ではなくて、特定の歴史的な社会のなかに位置づけをもち、その社会の現実を邪偽として眺める生きた具体的人格である。

『老子』という書物のもつ一貫した哲学的な性格、求道的・宗教的な性格もまた、すべてこの道に目ざめをもつ「己れ」から発する。中国の宗教思想史のなかで、老子を始祖と仰ぐ道教はいうにおよばず、仏教の天台や華厳《けごん》、さらにはまた禅宗や浄土教などが、常にこの書を彼らの求道の伴侶とし、この書によって彼らの追求する宗教的な真理の験証を求めてきたことも決して理由のないことではないのである。その具体的な例証については本文の解説のなかでそのつど言及するであろうが、とくにこの書のなかで反覆強調されている「道」「無為」「自然」「知足」などの概念は、中国仏教の教理展開と密接な関係をもち、したがって中国仏教の流れを汲む我が国の仏教とも密接な関係をもつものであった。親鸞の「自然《じねん》」や道元の「無為」を想起すれば、このことは思い半ばにすぎるものがあろう。老子の明らかにした形なく声なき〝道〟の真理は、道教の〝道〟の真理であるとともに仏教の明らかにする〝道〟の真理でもあった。少なくとも中国人にとっての仏教はそうであったのである。

中国の数千年の社会において、道教を信奉し仏教の信徒となった人々は、その道教と仏教の教理によって、またそのような既成の宗教に背を向けた人々は、直接『老子』のなかに生きるための英知と死ぬための諦観とを学んだ。『老子』は人間存在の根源に形なき形を見、声なき声を聞くことを求めてやまない多数の東洋人にとって、キリスト教におけるバイブルのような役割と地位とをもちつづけてきたのである。つまり『老子』はキリスト教のような〝神〟をもたない東洋人にとって、超越的・絶対的な真理を語る宗教的な英知の書でもあったのである。

『老子』という書物のもつこのような宗教的な性格とともに、今ひとつ見落とされてならない重要な性格は、この書物に全体として顕著な政治的性格である。老子はしばしば政治的人格としての「聖人」や「侯王」について語り、被治者としての「百姓《ひゃくせい》」や「民」について語る。また、聖人の君臨する「天下」について語り、侯王の統治する「大国」や「小国」について語る。それらの在るべき姿について語るとともにその在るべからざる姿について語り、「民 之に令する莫《な》くして自ずから均しい」理想の政治を明らかにするとともに、「為して之を敗り」、「驕りて其の咎《とが》を遺し」、「人を殺すことを楽しむ」現実の為政者たちの邪偽を批判する。彼の道に目ざめをもつ眼《まなこ》は、一切存在の根源にある形なく声なき道を見すえるとともに、その道を母として生まれ出た今在るもの——万物の在り方にじっと注がれ、今在るものはやがては道に帰ってゆく有限者であることを諦観するが故に、今在るものが今在る己れの生を全うして安らかに道に帰ってゆける平和な社会――上徳の世の実現を政治に期待する。上徳の世をこの現実世界に実現させること、そのためにその実現を妨害する一切の過剰な有為を徹底的に切り棄ててゆくこと、これが老子の政治に対する関心のすべてであった。老子は現実の社会に強い政治的な関心をもち、時として現実の為政者たちの在り方に鋭い批判を浴びせるが、その政治的な関心は無為の立場に立つものであり、有為の立場に立つ世俗のそれとは根本的に性格を異にする。だから彼は力を原理とする有為の支配を否定し、さまざまな制度規範を設けて人民を束縛する作為の政治を否定するのである。彼にとって政治とは、現実の社会に道の無為を実現することであり、生きとし生ける一切のものを、争うことなく害なうことなき上徳の世に安らがせる〝無為の為〟にほかならなかった。

要するに、老子の政治とは有為の支配を否定する無為の政治であり、それは世俗の人々が通念とする政治とは根本的に性格を異にするという意味で、むしろ〝政治なき政治〟ともよばるべきものであった。しかし政治なき政治ではあっても、老子の政治がやはり一種の政治であることには変りがなく、その政治を実現しようとする老子の無為の聖人は、「天下を用《もつ》て為す所無し」と揚言する荘子の真人とは大きく性格を異にする。とともに、それは彼の無為の政治哲学を法による無為の政治哲学に改変し、絶対権力の座に専制の無為を構想する法家の聖人と、「無為」という言葉の共通性によって結ばれる。老子の政治哲学と法家のそれとは似て非なるものの最たるものであり、民衆の〝樸〟に安らぐ無為の実現を政治の根本とし、民とともに「甘露の降る」太平の世を謳歌しようとする老子の無為の政治哲学と、権力者のための平和を政治の目的とし、足らざる民からの抵抗なき搾取と収奪の狡知を説く法家の無為の政治哲学との間には、天と地ほどの隔たりがある。しかし法家の政治哲学がどれほど老子のそれを悪用したものであろうとも、あるいはまた、その装われた無為が老子の無為をどれほど歪曲したものであろうとも、老子の政治哲学としての無為を政治として継承したのは現実に法家の政治哲学であった。老子において無為の聖人に一体化されていた哲学と政治とは、やがて荘周《そうしゅう》の「天下を用て為す所無き」真人の〝道〟の哲学と、法家の法による無為の権力政治とに分極するのである。そして、無為の道を説く老子の言葉もまた、大別してこの二派の思想家たちによって伝承され祖述され、それぞれのテキスト（道徳経）としてまとめられてゆく。我我はその痕迹《こんせき》を二派のテキストの併合に成ると思われる現在の『老子』テキストのなかに、あるいは顕著な法家的論調として、もしくは精緻な荘子的思弁として、間接的ではあるが推測することができるであろう。

現在、老子の言葉として伝えられている五千余字の『老子』テキスト（道徳経）は、その成立年代と著者の正体とに関して古来論議のかまびすしい書物である。老子が老聃《ろうたん》（「聃」は耳の大きな人の意）という思想家として戦国時代に実在していたであろうことは、先秦《せんしん》の文献である『荀子』天論篇や『呂氏《りょし》春秋』不二篇、さらには『荘子』内篇の養生主《ようせいしゅ》篇・応帝王篇などの記載によって知られるが、この老聃と現在の『老子』テキストとが具体的にどのような関係をもつかという問題になると、学者の意見はまたさまざまに分れる。

老子（老聃）という人物について現存する最古のまとまった伝記資料は、西暦前一世紀、漢の司馬遷《しばせん》の書いた「老子伝」（『史記』）であるが、司馬遷の時代すでに老子は半ば伝説的な人物となっていて、楚《そ》の哲人老莱子《ろうらいし》や周の太史（宮廷の記録を司る長官）の儋《たん》と同一視する説が行なわれていたくらいである。もっとも、同じ『史記』老子伝のなかには老聃から九代目の子孫、名は解《かい》と称する者に至る「老聃―宗―注―宮―〇―〇―〇―仮―解」の系譜が載せられていて、解は漢の膠西《こうせい》王の卬《こう》（前一五四年歿）に大傅《たいふ》（官名）として仕えていたというから、これによれば老子は西暦前四〇〇年ごろ、墨子や孔子の孫の子思《しし》と時代を同じくして世に生きていたことになる（武内義雄『老子と荘子』）。ところでまた一方では、孔子は老子を師として礼を学んだという記述が『荘子』外篇の天運篇や儒家の経典『礼記』曾子問篇などに載せられていて、司馬遷も『史記』の「老子伝」や「孔子世家」にその事を載せているから、これが事実であるとすれば孔子（前四七九年、七十三歳歿）の先輩ということになり、西暦前五〇〇年ごろ世に生きていた人物ということになる。しかし孔子が老子に学んだという前記諸書の記載は、先人も多く考証するように到底歴史的な事実とは考えられないから、私としては一おう武内氏に従って前四世紀のはじめ、ただし孟子と前後する時代の生存とみたいが、要するに『老子』の著者の正体は『論語』の著者ほど明確ではないのである。

現在我々の手にする『老子』という書物が、どのようにして成立し、それは老聃という哲人の思想や言葉をどの程度確実に伝えているのかという問題に関しても、学者の意見はさまざまである。その詳細をここで紹介することもまたすべて省略するが、この書が一人の思想家の著述をそのままの形で現在にまで伝えたものでないことだけは確かであろう。老聃という人物の歴史的な実在性を否定し（伊藤蘭嵎《らんぐう》『紹衣稿鈔』上巻）、この書を『荘子』に載せる老聃の言葉などを逆に集めて戦国時代に作られた後次的編纂物とみる説（帆足万《ほあしばん》里《り》『入学新論原教』）も極端であるが、しかし本文の訳解でも個々に指摘しておいたように、それが『荘子』とくに外・雑篇『荘子』と重複・類似する文章を多数含むこともまた事実であり、明らかに法家の学説の混入したものとみられる文章も幾つか指摘される。また、この書のなかに同一の文章や語句がしばしば重複してあらわれ、論述に同じ主張のくり返しが目だつことも、それが一時一人の著作でないことを推測させるに十分である。ところでまた、ひるがえって考えれば、すでにこれまでも強調してきたように、この書の論述が哲学として一つの全体的な統一をもち、その統一の主軸になる「我」もしくは「吾」が儼然として存在していることもまた否定できない事実である。結局、私としてはこの書の成立を、老聃という村落に隠棲する一人の哲人の哲学ノート的な著作――したがってそれは彼以前の箴言・俚諺的な処世の知恵、道家的な古語・成句を己れの思索の助けとして多く摘録する――を基として、それが彼の哲学に共鳴し、彼の処世の知恵に学ぼうとした人々によって伝承され祖述されているうちに、敷衍《ふえん》や加増の文章をつけ加え、さらに漢代以後における幾度かの校訂整理の作業を経て現在のテキストに落ち着いたものと理解するほかないであろう。

なお、『老子』を上下二篇に分かつことは『史記』老子伝に既に明文があり、『老子』を経とよぶことも漢代（『漢書』芸文志《げいもんし》）に始まるが、上下篇をとくに「道経」「徳経」とよんで全体を八十一章に分けたのは河上公本に始まる（王弼《おうひつ》本が本来どのように章を分けていたかは明らかでないが、現行王弼本はみな河上公本と同じく八十一章に分章している）。ただし、上下篇の区別、および「道経」「徳経」の名称は便宜的なものにすぎず、必ずしも本文の内容と本質的なかかわりをもつものではない。

『老子』のテキストとしての成立については、これまで既に武内義雄氏の綿密な研究があり（『老子の研究』）、また中国や日本の『老子』研究の歴史に関しても同氏に詳細な論考がある（上掲書および岩波文庫『老子』所載「日本に於ける老荘学」）。現在の私としてはそれにつけ加えるものをほとんどもたないので、ここではすべて省略することにする。さらに関心のある読者は上述した同氏の著書について見られたい。本書において、我々は『老子』の著者やテキストの問題はこの程度の理解に止めて、むしろ『老子』という書物の具体的な内容——老聃の言葉として伝えられている八十一章の論述——の思想を思想として把握すれば、それで足りるであろう。そのなかの言葉に我々の胸を打つものがあれば『老子』の言葉として取りあげればいいわけであるし、それがなければ老聃の言葉であるのかないのかなどは、第二義的な問題となろう。本書の訳解もまた、できるだけそのような『老子』理解の参考となるように配慮して執筆したつもりである。

解説　福永光司の中国宗教思想史研究と『老子』

興膳　宏

本書の訳者福永光司（一九一八〜二〇〇一）の研究領域は多岐にわたるが、もし一言で概括するとすれば、中国宗教思想史の研究者だったということになろうか。戦時下の一九四二（昭和一七）年に、当時の緊急情勢により、京都帝国大学文学部哲学科（支那哲学史専攻）を繰り上げ卒業した福永は、直ちに兵士として中国の戦地に派遣されるという非情な運命を経験した。卒業論文のテーマは「荘周の遊びについて」である。この論文には、「遊戯《ゆげ》と彷徨［一所不住］の中国古代の宗教哲学」という副題がついている。後年、自らの半生をふり返って、「私にとって哲学とは最初から宗教哲学であったともいえよう」（『中国の哲学・宗教・芸術』あとがき、一九八八年、人文書院）というように、福永は生涯をかけて中国宗教思想史の研究に取り組んだのである。

福永光司の名を一躍世に高からしめたのは、三十八歳のときに、朝日新聞社から「中国古典選」の一冊として刊行された『荘子』内篇の訳解（一九五六年）である。これは『荘子』内篇の文章を、単なる訳注形式によるのではなく、語釈と哲学的解説とを自在に織りまぜながら、せいぜい平易に、けれども決して俗に流れず明快に解きほぐした書で、私が学生のころ、はじめて『荘子』の思想に目を開かれた思い出深い書でもある。そのころ手近に読める『荘子』の訳注としてはほとんど唯一のものだったが、いま読み返しても、この書の魅力は少しも色あせていない。因みにいえば、わが国の中国思想研究は、長く儒家を対象としてきたために、『老子』『荘子』などの道家思想に関する研究が本格的に始まったのは、第二次大戦後のことである。

魅力は、しかし、その平易さだけにあるのではない。時には原著者たる荘周の精神が乗り移ったかのような、情熱をこめた対象理解の姿勢が全書に一貫していて、それこそが読者を魅するゆえんというべきかも知れない。福永は、かつて砲弾の飛び交う戦場で『荘子』に精神の慰藉《いしゃ》を見出したといっている。「自己の実在の一に渾沌化した無心無我の境地において荘子的絶対者の解脱が成り立つ」という著者の『荘子』理解、いわば著者の内部に血肉化した『荘子』の思想には、自己の全実在を投じたような、野太くしたたかな重みがある。

福永は、その後、規模を拡大した「新訂 中国古典選」の中で、『荘子』外篇(一九六六年)と雑篇(一九六七年)、また『老子』(一九六八年)の訳解を、相継いで著わした。これらの書は、十年前に出た『荘子』内篇とは、訳解の態度方法においてかなり違ったところがあるが、訓詁的な解釈にとどまらず、広く世界的な思想史の視野の中で『老子』や『荘子』の思想の現代的な意義を見つめなおすという基本的な立場は一貫している。清新な感覚で古典に新たな生命を吹きこんだ福永版『老子』『荘子』が、その後も多くの読者を得たのは当然のことといえよう（現在では、朝日文庫版の「中国古典選」全三十四冊、うち『老子』二冊、『荘子』六冊が普及している。以下、朝日版と略称する）。

『老子』に対する福永の訳解の態度を、ごくかいつまんで述べれば次のようなことになろうか。話を具体的にするために、『老子』八十一章のうち、最初の第一章について、福永の論述のあり方を朝日版をもとに、概括してみることにしよう。

『老子』第一章は、よく知られるように、「道可道非常道、名可名非常名」（道《みち》の道とす可きは常《つね》の道に非ず、名の名とす可きは常の名に非ず）に始まる。これは「『老子』の哲学の根本をなす「道」について説明する」章であることをまず説いてのち、全体について解説を交えながら口語訳する。その訳は本書に収めた訳と基本的に同じである。そして、『老子』と関係の深い『荘子』との語句や思想上の関連について、逐一例を挙げながら詳しく分析する。『荘子』との関連を語句に即して具体的に追究する、いいかえれば『老子』と『荘子』の思想を疎通させるのは、この書の大きな特色である。次には『老子』の哲学の基本的な立場を、ヨーロッパの哲学と対照しながら、その特徴を述べる。「それはロゴスを超えたもの、カーオスを問題とする哲学であり、ヨーロッパ的な理性〈合理〉の哲学の対極に立つ哲学である」。さらに、『老子』の思想が厳しく否定する孔子学派の「道」と「名」との違いについても詳しく言及される。『老子』の哲学は、儒家の拠りどころとする「絢爛たる文明をもつ都会の生活」にではなく、「農村の自然と素朴の中に崩れない生き方の典型」を見出したことを指摘する。最後に、この章の結びの句「玄の又た玄、衆妙《しゅうみょう》の門」について、「玄」が「もともと暗く定かでないもの、ぼんやりとして捉えどころのないものを意味」するところから、これが「老子の哲学を特徴づけるにふさわしい言葉」であると主張する。

ここからも窺えるように、福永の論述は字句の訓詁からその表象する思想、さらには中国内外の他の思想哲学との比較へと縦横無尽に展開する。その文体は雄弁であり、むしろ饒舌でさえある。ここに一端を見た方法論が、福永『老子』全編を貫いている。読者は福永の論述を通じて、『老子』の思想はもとより、その周辺に広がる古代中国の思想についても展望を得ることができる。

『老子』八十一章の著者が特定できないことについては、本書に付された著者の解説に述べられている通りだが、伝統的にその著者とされてきた老子あるいは老聃《ろうたん》は、やがて中国の民族宗教である道教の教祖と仰がれるようになる。道教はヨーロッパのことばで taoism と称されるが、その概念には哲学・思想的な philosophical taoism と、宗教的な religious taoism とがあり、両者はさながらコインの両面のように、一体不可分の関係にある。道教は日本人にとってはなじみの薄い宗教だが、中国では今日まで根強くその伝統が持続している。そして二つのtaoismは、我々が想像する以上に切っても切れない関係にある。

福永の前期の研究は、これまで述べたようなphilosophical taoismの文献を対象としてきたが、やがて次第にreligious taoismの方向に重点を移してゆく。その集成となる業績が、『道教思想史研究』（一九八七年、岩波書店）である。それ以後も、福永の研究対象はもっぱら宗教的な道教に向けられた。また道教と日本文化との関わりにも注意が払われている。道教研究は今でこそ中国思想史研究における主要な領域になっているが、福永の修学時代においては、アカデミズムの異端としてほとんど顧みられない存在だった。福永はあえてその世界に切りこんでいったのである。

しかし、福永の究極的な関心は決して道教だけにあったのではなく、むしろ儒教や仏教（とりわけ禅宗と浄土宗）を含む中国の宗教思想全体にあったとすべきであろう。禅宗の形成に大きな作用を及ぼした東晋の僧肇《そうじょう》や、浄土宗の始祖とされる東晋の慧遠《えおん》について、彼はつとに論考を著わしており、中国仏教史の研究は、中国思想史研究の一環として扱うべきだという主張を持っていた。福永自身が編集委員の一人であった「岩波講座 東洋思想」のうち、自ら編集した『中国宗教思想』１（一九九〇年）の巻において、「中国宗教思想史」の長編論文を執筆したのは、その具体的な実践であった。なお、僧肇や慧遠をはじめとする魏晋時代の仏教思想研究の論考は、福永の没後に刊行された『魏晋思想史研究』（二〇〇五年、岩波書店）に収められている。

朝日版の『老子』は、福永の研究が老荘思想を機軸とするphilosophical taoismからreligious taoismへ、あるいはより包括的な中国宗教思想史へと次第にスタンスを移してゆく、その境目の時期に書かれている。それだけに単なる『老子』の訳解だけにとどまらず、思想史全般への広い目配りが随所に感じられる。

本書は、朝日版『老子』の内容を縮約したものである。朝日版では『老子』の本文が、一句ごとに改行して口語訳されており、それがほぼそのまま本書の訳文になっている。『老子』の原文は、ほとんどの章が押韻していて、一種の韻文といえる。それは暗誦するのに便であるという効果を意図したものだが、本書の訳が一句ごとに改行されるのも、原文の持つ詩的リズムを生かそうとしたからに他ならない。一方、注釈はといえば、朝日版の本文解説を、訓詁を中心としてコンパクトに圧縮再編したものである。朝日版では先に一部を垣間見たように、議論が縦横無尽に行き交うが、本書ではそれを適宜整理してまとめている。たとえば、第一章では、「道可道非常道、名可名非常名」など、ポイントとなる六つの語句に焦点を絞り、字義や押韻の説明に始まって、新出土資料である馬王堆《ばおうたい》本『老子』との異同、『老子』の他の章との関係、『荘子』『韓非子』との思想的な関連などについて、簡潔な解説がなされている。

朝日版の饒舌調の解説には独特の魅力があるが、『老子』本文の意味するところを字句に沿って過不足なく把握するためには、本書の方法がより直截で便宜といえよう。関心のある読者は、本書と朝日版を併せ読むことによって、著者福永の『老子』理解のあり方を総体的に確かめることができるだろう。

本書は筑摩書房から刊行された「世界古典文学全集」の『老子・荘子』巻のために書かれたものである。朝日版『老子』にもとづいて、筑摩書房編集部の大西寛氏が訳注の草案を作成し、著者の福永がそれに全面的な修訂を施して一書が成った。同巻は二〇〇四年五月に出版され、長年にわたるこの全集の最後を飾った。ただ残念ながら、福永はその巻の完成を見ることなく、二〇〇一年一二月に亡くなったので、最終的には私が全体を見わたして、新たに押韻などについて多少の補筆と調整を行なった。本書は、中国宗教思想史学者福永のいわば最後の仕事でもあった。

二〇一二年一一月

和を知るを常と曰う　214
和す
　音声相い和す　10
　大怨を和す　299
　光を和す　17, 219
和することを為す　167
和せず
　六親和せず　67
和光同塵　17, 219
窪(わ)なれば則ち盈つ　82
殃(わざわ)いを遺す　201
禍いか福の倚る所　226
禍いの伏す所　226
禍いは足るを知らざるより大なるは莫し　180
禍いは敵を軽んずるより大なるは莫し　269
私無きを以てに非ずや　24
私を成す　24
笑う
　大いに之を笑う　160
笑わざれば以て道と為すに足らず　160
吾が言は甚だ知り易し　272
吾が宝を喪う　269
吾敢えて主と為らずして客と為る　269
吾是を以て無為の益有るを知る　172
吾之を信とす　189
吾之を善とす　189
吾其の得ざるを見るのみ　112
吾其の名を知らず　94
吾大患有る所以の者　45
吾誰の子なるかを知らず　17
吾執えて之を殺すを得　283
吾何の患いか有らん　45
吾何を以てか天下の然るを知るや　209
吾何を以て衆甫の状を知るや　79
吾何を以て其の然るを知るや　222
吾将に之を鎮むるに無名の樸を以てせんとす　141
吾将に以て教えの父と為さんとす　167
吾亦た之を信とす　189
吾亦た之を善とす　189
吾身有るが為なり　45
吾身無きに及ぶ　45
吾以て復るを観る　59
我が道は大にして不肖に似たり　261
我静を好みて民自ずから正し　222
我に三宝有り　261
我に則る者貴（匱）し　272
我は愚人の心なるかな　72
我独り頑にして鄙に似る　72
我独り昏昏たり　72
我独り遺（匱）しきが若し　72
我独り泊として其れ未だ兆さず　72
我独り人に異なりて食母を貴ぶ　72
我独り悶悶たり　72
我無事にして民自ずから富む　222
我無為にして民自ずから化す　222
我無欲にして民自ずから樸なり　222
我も亦た之を教えん　167
我を自然と謂う　64
我をして介然として知有らしむ　205
我を知らず　272
我を知る者希なり　272

善く物を救う　102
善く行くもの　102
善し
　治まるを善しとす　27
　信あるを善しとす　27
　仁なるを善しとす　27
　地を善しとす　27
　時なるを善しとす　27
　能あるを善しとす　27
　淵きを善しとす　27
施(迆)〔よこしま〕なるを是れ畏る　205
辱(黷)〔よご〕れたるが若し　161
塵(よご)れを同じくす　17, 219
倚る
　福の倚る所　226
弱くす
　志を弱くす　14
弱し
　骨弱し　214
弱めんと将欲す　137

ら

楽推　259
珞珞　石の如し　151
乱
　昏乱　67
　未乱　250
乱の首　145

り

利
　或いは利或いは害　279
　民の利　69
　万物を利す　27
　有の以て利を為す　40
利を棄つ　69
利して害せず　306
利す可からず　219
利器　138, 222
利剣　205
六親和せず　67
陸に行いて兕虎に遇わず　193
飂(りゅう)として止まる無きが若し　72
両者　6, 238, 255, 279
隣
　四隣　53
隣国相い望む　302

る

累土に起こる　249
儽儽として帰する所無きが若し　72

れ

令
　法令　222
令する莫くして自ずから均し　125
礼
　義を失いて而る後に礼あり　145
　上礼　145
　喪礼　120
礼は忠信の薄にして乱の首なり　145
霊
　一を得て以て霊なり　151
霊なること無し　151
廉にして劌らず　226

ろ

老死　302
琭琭　玉の如きを欲せず　151

わ

和の至り　214

余食贅行　91
用
　器の用　40
　車の用　39
　室の用　40
　其の用窮まらず　177
　其の用弊れず　177
　不用　303
　道の用　158
　無の以て用を為す　40
用を為す　40
用光　201
用人　267
用兵　120, 223, 269
妖と為る　226
要妙　103
容
　孔徳の容　79
　容を為す　53
窈たり冥たり　79
陽を抱く　167
欲
　寡欲　69
　夫れ亦た将に無欲ならんとす　141
　常に無欲　6, 132
　常に有欲　6
　無知無欲　14
　無欲　222
欲作る　141
欲を寡なくす　69
能く
　孰か能く　54, 291
能く嬰児たらんか　33
能く行なう莫し　272, 295
能く古始を知る　49
能く之と争う莫し　82, 259
能く之を守る　125, 141
能く雌と為らんか　33
能く知る莫し　272
能く臣とする莫し　125
能く成器の長たり　261
能く疵うこと無からんか　33
能く其の大を成す　131, 246
能く其の私を成す　24
能く長えに生ず　24
能く離るること無し　33
能く百谷の王為り　258
能く広し　261
能く勝る莫し　295
能く守る莫し　30
能く無為ならんか　33
能く無知ならんか　33
能く敝れて新たに成る　54
能く勇　261
善く言うもの　102
善く抱く者　209
善く応ず　280
善く数うるもの　102
善く勝つ　280
善く之に下る　258
善く士為る者　53, 266
善くする者は果すのみ　115
善く生を摂する者　193
善く戦う者　266
善く建つる者　209
善く敵に勝つ者　266
善く閉ざすもの　102
善く謀る　280
善く万物を利す　27
善く人を救う　102
善く人を用うる者　266
善く貸し且つ成す　161
善く道を為す者　255
善く結ぶもの　102

其の用弊れず　177
已む
早く已む　115, 214
已むことを得ず　115
已むるに如かず　30
已むを得ずして之を用う　120
歇(や)むを恐る　151
和らぐ
光を和らぐ　17, 219
柔らかし
筋柔らかし　214

ゆ

有
今の有　49
有せず
生じて有せず　10, 33, 197
名を有せず　131
有の以て利を為す　40
有は無より生ず　158
有より生ず　158
有為　285
有益　172
有功　83
有国之母　231
有罪　242
有志　129
有事　187
有象　79
有身　45
有信　79
有精　79
有知　206
有道　180
有道者　91, 120, 291
有徳　146, 299
有物　79
有無相い生ず　10
有名　6, 125
有余　72
有欲　6
有力　129
勇
敢えてするに勇　279
敢えてせざるに勇　279
慈　故に能く勇なり　261
慈を舎てて且に勇ならんとす　261
悠として其れ言を貴（遺）る　63
猶として四隣を畏かるが若し　53
雄を知る　106
牖(ゆう)を窺わず　183
行かず
跨かる者は行かず　91
行かずして知る　183
行く
或いは行き或いは随う　112
終日行く　99
大道を行く　205
善く行く　102
陸に行く　193
行く無きに行く　269
往いて害あらず　134
往く
天下に往く　134
逝く
大なれば日に逝く　94
逝けば日に遠し　94
豊か
其の徳乃ち豊か　209
弓を張る　291

よ

予として冬に川を渉るが若し　53
余怨　299

用いて勤れず　22
用いて或に盈たず　17
用う
　縄を結びて之を用う　302
　光を用う　201
　人の力を用う　266
　人を用う　266
　兵を用う　120, 222, 269
　已むを得ずして之を用う　120
用うれども既くす可からず　135
用うれば則ち官長と為す　106
纇(もつ)る
　夷道は纇れたるが若し　160
本と為す　151
本を失う　99
基と為す　151
求む
　生を求む　285
求めて以て得らる　242
物
　其の中に物有り　79
　道の物為り　79
物有り混成す　94
物之に形わる　197
物壮なれば則ち老ゆ　115, 214
物或に之を悪む　91, 120
物と反す　255
物無し　49
物は芸芸　59
物は或に之を損して益す　167
物を救う　102
物を棄つる無し　102
脆きは泮き易し　249
門
　衆妙の門　6
　天門　33
門を閉ざす　201, 219
悶悶　72, 226

や

刃を容る　193
畜(やしな)う
　兼ね畜う　238
　之を生じ之を畜う　33
　徳　之を畜う　197
養う
　之を養い之を覆う　197
安きは持し易し　249
安らかにして以て之を動かす　54
安んず
　其の居に安んず　302
易きに作る　246
易きに図る　246
易し
　行ない易し　272
　持し易し　249
　知り易し　272
　散らし易し　249
　泮き易し　249
　謀り易し　249
易しとすること多ければ必ず難きこと
　多し　246
寧きこと無し　151
寧し
　一を得て以て寧し　151
敗る
　事を敗ること無し　250
　常に幾んど成らんとするに於て之を
　　敗る　249
　為す者は之を敗る　112, 249
敗るること無し　249
敝るれば則ち新た　82
敝れて新たに成る　54
弊れず

無為　141, 145
無為ならんか　33
無為に至る　186
無為にして民自ずから化す　222
無為にして為さざる無し　187
無為にして以て為す無し　145
無為の益　172
無為の事に処る　10
無為故無敗　250
無為を為す　14, 246
無間　172
無極に復帰す　106
無隅　161
無形　161
無功　91
無私　25
無疵　33
無失　250
無執　250
無状の状　49
無身　45
無知　33, 272
無知無欲　14
無敵　269
無道　180
無徳　146, 299
無敗　250
無不為　141, 187
無物　49
無物に復帰す　49
無物の象　49
無味　135, 246
無名　125, 161
無名の樸　141
無尤　27
無憂　72
無有は無間に入る　172
無誉　152
無欲　6, 131, 141
無欲にして民自ずから樸なり　222
迎えて其の首を見ず　49
昔の一を得たる者　151
報ゆ
　怨みに報ゆるに徳を以てす　246
冲(むな)しきが若し　177
冲しけれども之を用いて或に盈たず　17
虚し
　倉は甚だ虚し　205
　其の心を虚しくす　14
虚しくして屈きず　19

め

目の為にせず　42
目をして盲いしむ　42
命に復る　59
命ずる莫し　197
明
　小を見るを明と曰う　201
　常を知るを明と曰う　59, 214
　微明　137
　自ら知る者は明　129
明に襲る　102
明にするに非ず　255
明に復帰す　201
明道は昧きが若し　160
明白にして四達す　33
綿綿として存するが若し　22

も

妄作して凶なり　59
猛獣も攫まず　214
用いず
　什伯の器有りて用いざらしむ　302

道に法る　94
道の華　145
道の紀　49
道の口に出づ　134
道の尊し　197
道の常は名無し　125
道の常は無為　141
道の天下に在けるを譬う　125
道の動　158
道の道とす可きは常の道に非ず　6
道の物為り　79
道の用　158
道は一を生ず　166
道は隠れて名無し　161
道は自然に法る　94
道は大　94, 261
道は万物の奥　241
道は冲しけれども之を用いて或に盈たず　17
道は善く貸し且つ成す　161
道も亦た之を得るを楽しむ　87
道を保く　54
道を失いて而る後に徳あり　145
道を聞く　160
道を進む　241
道を尊ぶ　197
道を貴ぶ　242
道を為す者　255
道を為せば日に損す　186
道を以て人主を佐くる者　115
道を以て天下に莅む　234
盈つ
　一を得て以て盈つ　151
　持して之を盈たす　30
　夫れ唯だ盈たず　54
　或に盈たず　17
　以て盈つること無し　151
　窪なれば則ち盈つ　82
盈つるを欲せず　54
耳をして聾れしむ　42
妙
　衆妙の門　6
　微妙　53
　要妙　103
妙を観る　6
見えず
　視れども見えず　49
見ず
　其の首を見ず　49
　其の後を見ず　49
見ずして名づく　183
見る
　得ざるを見るのみ　112
　小を見る　201
　天道を見る　183
見るに足らず　134
視れども見えず　49
視れども見るに足らず　134
観る
　家を観る　209
　郷を観る　209
　徼(皦)を観る　6
　国を観る　209
　天下を観る　209
　妙を観る　6
　身を観る　209
　吾以て復るを観る　59

む

無なるに当たって器の用有り　40
無なるに当たって車の用有り　39
無なるに当たって室の用有り　40
無の以て用を為せばなり　40
無より生ず　158

み

未央　72
未孩　72
未知　214
未兆　72, 250
未有　250
未乱　250
身
　愛するに身を以てす　45
　貴ぶに身を以てす　45
　名と身と孰れか親しき　174
身有るが為なり　45
身先んず　24
身退く　30
身と貨と孰れか多れる　174
身存う　24
身無きに及ぶ　45
身に修む　209
身の若くす　45
身の殃いを遺す無し　201
身を終うるまで救われず　201
身を終うるまで勤れず　201
身を外にす　24
身を後にす　24
身を没するまで殆うからず　59, 201
身を以て之に後る　258
身を以て天下に軽がろしくす　99
身を以て身を観る　209
右に居る　120
右を尚ぶ　120
右を貴ぶ　120
水の若し　27
水は善く万物を利して争わず　27
水より柔弱なるは莫し　295
自ら愛す　277
自ら見わさず　82, 277
自ら勝つ　129
自ら孤寡不穀と謂う　151
自ら見す　91
自ら生ぜず　24
自ら知る　129, 277
自ら是とせず　82
自ら其の咎を遺す　30
自ら大と為さず　131
自ら貴しとせず　277
自ら伐らず　82
自ら矜らず　82
自ら伐る　91
自ら矜る　91
自ら是しとす　91
道
　古の道　49
　事に道に従う者　87
　此の道を保く　54
　之に字して道と曰う　94
　聖人の道　306
　長生久視の道　231
　常の道　6
　天下に道有り　180
　天下に道無し　180
　天なれば乃ち道なり　59
　天の道　31, 280, 291, 306
　人の道　291
　我が道　261
道　之を生ず　197
道と為すに足らず　160
道なれば乃ち久し　59
道なれば道に同じくす　87
道に非ざるかな　205
道に在けるや余食贅行　91
道に同じくする者　87
道に是れ従う　79
道に幾し　27

法令滋ます彰らか　222
蜂蠆虺蛇も螫さず　214
亡
厚亡　174
得と亡と孰れか病いある　174
樸
民自ずから樸なり　222
無名の樸　141
樸散ずれば則ち器と為る　106
樸に復帰す　106
樸は小なり　125
樸を抱く　69
伐(ほこ)る
自ら伐らず　82
自ら伐る　91
伐る勿し　115
矜る
自ら矜らず　82
自ら矜る　91
矜る勿し　115
欲す可きを見さず　14
欲する所を得　238
欲せざるを欲す　250
欲せずして以て静なり　141
貸(ほどこ)す
善く貸し且つ成す　161
幾(ほと)んど成る　249
幾んど吾が宝を喪う　269
骨弱く筋柔らかし　214
骨を強くす　14
誉れ無し　151
誉む
数しば誉むるを致せば誉れ無し　151
其の次は親しみて之を誉む　63
滅ぶるを恐る　151

ま

前に処りて民　害とせず　259
誠に全くして之を帰す　82
益して損す　167
益す
生を益す　214
損して益す　167
日に益す　186
全くして之を帰す　82
全し
曲なれば則ち全し　82
惑う
多ければ則ち惑う　82
学ばざるを学ぶ　250
免る
罪有りて以て免る　242
召かずして自ずから来たる　280
守る
侯王若し能く之を守れば　125, 141
柔を守る　201
辱を守る　106
雌を守る　106
静を守る　59
中を守る　19
母を守る　201
能く守る莫し　30
守れば則ち固し　262
衛る
慈を以て之を衛る　262
迷う
智と雖も大いに迷わん　102
人の迷う　226
希(まれ)なり
有ること希なり　283
之に及ぶこと希なり　172
我を知る者希なり　272

武ならず　266
無事　187, 222, 246
無難　246
富貴にして驕る　30
深いかな遠いかな　255
深きこと識る可からず　53
復す
　過つ所を復す　250
　孝慈に復す　69
復帰
　嬰児に復帰す　106
　光を用いて其の明に復帰す　201
　樸に復帰す　106
　無極に復帰す　106
　無物に復帰す　49
復命　59
服を美とす　302
服す
　早く服す　231
　文綵を服す　205
福
　国の福　255
福か禍いの伏す所　226
福の倚る所　226
含む
　徳を含む　214
塞ぐ
　兌を塞ぐ　201, 219
伏す
　禍いの伏す所　226
両つながら相い傷なわず　235
淵
　魚は淵より脱る可からず　137
　心は淵を善しとす　27
冬に川を渉る　53
紛を解く　17, 219
糞す
　走馬を却けて以て糞す　180
文足らず　69
文綵を服す　205

へ

平
　安・平・大（泰）　134
兵
　佳兵　120
　甲兵　193
兵強ければ則ち勝たず　288
兵無きに執る　269
兵は不祥の器　120
兵も其の刃を容るる所無し　193
兵を抗げて相い加う　269
兵を用う　120, 222
兵を用うるに言えること有り　269
兵を以て天下に強ならず　115
病
　知らずして知るは病なり　274
　得と亡と孰れか病ある　174
病あらず　274
病を病とす　274
偏将軍は左に居る　120
弁
　大弁　177
弁ずる者は善ならず　306
弁ぜず
　善なる者は弁ぜず　306

ほ

牡
　牝牡の合　214
牡に勝つ　238
方
　大方　161
方にして割かず　226

人に於てをや　87
人に勝つ者は力有り　129
人に伎巧多し　222
人に加う　241
人に異なる　72
人に示す　138
人に責めず　299
人に事えんと欲す　238
人の生まるるや柔弱　288
人の行ないをして妨げしむ　42
人の教うる所　167
人の畏るる所　72
人の口をして爽わしむ　42
人の心をして発狂せしむ　42
人の生動いて死地に之く　193
人の為にす　306
人の力を用う　266
人の悪む所　167
人の不善　241
人の迷う　226
人の道は則ち然らず　291
人の耳をして聾れしむ　42
人の目をして盲いしむ　42
人は地に法る　94
人を治め天に事う　231
人を兼ね畜わんと欲す　238
人を殺す　120
人をして復た縄を結びて之を用う　302
人を知る者は智　129
人を救う　102
人を棄つる無し　102
人を傷なわず　235
人を用うる者　266
百谷の王　258
百姓の心を以て心と為す　189
百姓皆な其の耳目を注ぐ　189
百姓皆な我を自然と謂う　64
百姓を以て芻狗と為す　19
百倍　69
飄風は朝を終えず　87
博からず
　知る者は博からず　306
博き者は知らず　306
牝
　玄牝　22
　天下の牝　238
牝は常に静を以て牡に勝つ　238
牝牡の合　214
賓す
　自ずから賓す　124

ふ

不言　219
不言の教え　10, 172
不穀　151, 167
不死　22
不祥
　国の不祥　295
不祥の器　120
不肖に似たり　261
不信　306
不仁　19
不信なる者も吾亦た之を信とす　189
不善　10, 241, 306
不善なる者も吾亦た之を善とす　189
不善人の師　102
不善人の保とする所なり　241
不善人は善人の資　102
不争　14, 27, 83, 259, 267, 280, 306
不知　219, 275, 306
不道　115
不道は早く已む　115, 214
不和　67

攘（はら）う
臂無きに攘う 269
臂を攘う 145
春台に登るが如し 72
反は道の動 158
反す
正言は反するが若し 295
物と反す 255
汎として其れ左右す可し 132
万乗の主 99
万物
天下の万物 158
万物作りて辞せず 10
万物焉に帰して主と為らず 131
万物之を恃みて生じて辞せず 131
万物並び作る 59
万物の奥 241
万物の自然を輔く 250
万物の宗 17
万物の母 6
万物は一を得て以て生ず 151
万物は陰を負うて陽を抱く 166
万物は道を尊びて徳を貴ぶ 197
万物は有より生ず 158
万物将に自ずから化せんとす 141
万物将に自ずから賓せんとす 125
万物以て生ずること無し 151
万物を衣養して主と為らず 132
万物を生ず 167
万物を以て芻狗と為す 19
万物を利して争わず 27
万物草木の生ずるや柔脆 288
晩成 161

ひ

日に損す 186
日に益す 186
日固より久し 226
日を終えず 87
被褐懐玉 272
被甲 193
美とす
之を美とす 120
其の服を美とす 302
美とせず
勝ちて美とせず 120
美ならず
信言は美ならず 306
美の美為るを知る 10
美言は信ならず 306
美言は以て尊を市う可し 241
美行は以て人に加う可し 241
微
名づけて微と曰う 49
微なるは散らし易し 249
微妙玄通 53
微明 137
光ありて耀かさず 226
光を用いて其の明に復帰す 201
光を和らぐ 17, 219
下（ひく）き者は之を挙ぐ 291
下くして而も取る 238
久し
其の所を失わざる者は久し 129
其の日固より久し 226
地は久し 24
長く且つ久し 24
道なれば乃ち久し 59
久しいかな其の細たることや 261
久しき能わず 87
左に居る 120
左を尚ぶ 120
左を貴ぶ 120
人に与う 306

人の生まるるや柔弱　288
水より柔弱なるは莫し　295
柔弱なる者　288
柔弱は上に処る　288
柔弱は剛強に勝つ　138

ね

熱
静は熱に勝つ　178
埴(ねばつち)を埏ねて以て器を為る　39

の

能あるを善しとす　27
能成　25, 131
後を舎てて且に先んぜんとす　261
法る
自然に法る　94
地に法る　94
地は天に法る　94
天は道に法る　94
則る
我に則る者　272
式(のり)
天下の式　106
乗る所無し　302

は

配す
天に配す　266
廃せんと将欲す　137
謀り易し　249
謀る
善く謀る　280
白を知る　106
泊として其れ未だ兆さず　72
始まる
足下に始まる　249
始め
愚の始め　145
天下に始め有り　201
天地の始め　6
始め制られて名有り　125
始めの如し　249
辱しめられず　174
辱しめを守る　106
跨(はだ)かる者は行かず　91
発狂　43
甚だ愛す　174
甚だ蕪る　205
甚だ行ない易し　272
甚だ知り易し　272
甚だ真　79
甚だ夷らか　205
甚だ虚し　205
甚だ除る　205
甚だしきを去る　112
離る
輜重を離れず　99
常徳離れず　106
離るること無からんか　33
母
国を有つの母　231
天下の母　94, 201
万物の母　6
食いの母　72
母を得る　201
母を守る　201
畏(はば)かる
四隣を畏かる　53
早く服す　231
早く已む　214
腹の為にす　42
腹を実たす　14

に

徳乃ち真　209
徳乃ち長し　209
徳乃ち豊か　209
徳善なり　189
徳無きものは徹を司る　299
徳無し　145
徳なれば徳に同じくす　87
徳に同じくする者　87
徳の貴し　197
徳も亦た之を得るを楽しむ　87
徳を失いて而る後に仁あり　145
徳を貴ぶ　197
徳を積む　231
徳を含むことの厚し　214
泮(と)き易し　249
独立して改めず　94
長え
　天は長え　24
長えにして且つ久しき所以　24
長えに生ず　24
所を失わざる者　129
閉ざす
　其の門を閉ざす　201, 219
　善く閉ざすもの　102
訥なるが若し　177
止まる
　過客止まる　134
止まる無し　72
止まるを知る　125
止まるを知れば殆うからず　125, 173
貴(とぼ)し
　我に則る者貴（匱）し　272
富む
　自ずから富む　222
　足るを知る者は富む　129
与(とも)にするは仁なるを善しとす　27
虎も其の爪を措く所無し　193
執えて之を殺すを得　283
執る
　古の道を執る　49
　左契を執る　299
　大象を執る　134
　兵無きに執る　269
執ること無し　249
執る者は之を失う　112, 249
沌沌　72
敦として其れ樸の若し　53

な

名
　其の名去らず　79
　常の名　6
名有り　6, 125
名づく
　小と名づく可し　131
　見ずして名づく　183
名づく可からず　49
名づけて夷と曰う　49
名づけて希と曰う　49
名づけて大と為す可し　131
名づけて微と曰う　49
名と身と孰れか親しき　174
名無し　6, 125, 161
名の名とす可きは常の名に非ず　6
名も亦た既に有り　125
名を異にす　6
名を知らず　94
名を為して大と曰う　94
名を有せず　131
直し
　枉なれば則ち直し　82
長く保つ可からず　30
長し

天道は親無し　299
天道を見る　183
天網は恢恢　280
天門開闔す　33
恬淡を上と為す　120
田は甚だ蕪る　205
田猟　42

と

徒
　死の徒　193, 288
　生の徒　193, 288
盗を為さざらしむ　14
盗夸　205
盗賊　69, 222
同
　玄同　219
同ず
　失に同ず　87
　徳に同ず　87
　道に同ず　87
同出　6
堂に満つ　30
動
　道の動　158
道
　夷道　160
　常道　6
　進道　160
　尊道　197
　大道　67, 131, 205
　天道　183, 299
　非道　206
　不道　115, 214
　無道　180
　明道　160
　有道　180
　有道者　91, 120, 291
道紀　49
道常　125, 141
遠く徙らざらしむ　302
遠ければ日に反る　94
遠し
　出づること弥いよ遠し　183
　深いかな遠いかな　255
　逝けば日に遠し　94
咎は得んと欲するより大なるは莫し　180
咎を遺す　30
尤め無し　27
時なるを善しとす　27
得と亡と孰れか病いある　174
得一　151
得志　120
徳
　争わざるの徳　266
　怨みに報ゆるに徳を以てす　246
　下徳　145
　建徳　161
　玄徳　197, 255
　孔徳　79
　広徳　161
　上徳　145, 160
　常徳　106
　道を失いて而る後に徳あり　145
　無徳　146, 299
　有徳　146, 299
徳有り　145
徳有るものは契を司る　299
徳交ごも帰す　235
徳之を畜う　197
徳信なり　189
徳乃ち普し　209
徳乃ち余る　209

企(つまだ)つ者は立たず　91
罪有りて以て免ると曰わずや　242
積む
　徳を積む　231
爪を措く　193
強きを取る　115
強し
　或いは強く或いは羸し　112
　木強ければ則ち共（折）る　288
　之を強くす　137
　天下に強し　115
　兵強ければ則ち勝たず　288
　骨を強くす　14
　自ら勝つ者は強し　129
陳ぬる所無し　302

て

手を傷つけざるもの　283
貞
　天下の貞　151
帝の先に象たり　17
亭之毒　197
敵無きに扔く　269
敵に勝つ者　266
敵を軽んず　269
滌除(てきじょ)　33
轍迹　102
徹を司る　299
天
　王なれば乃ち天なり　59
天なれば乃ち道なり　59
天に事う　231
天に法る　94
天に配す　266
天の悪む所　279
天の道　31, 280, 291, 306
天は一を得て以て清し　151
天は大　94
天は長え　24
天は道に法る　94
天将に之を救わんとす　262
天以て清きこと無し　151
天下　10, 45, 82, 99, 112, 120, 125, 134, 141, 177, 183, 187, 189, 201, 209, 222, 234, 259, 261, 272, 291, 295
天下の王　295
天下の貴　219, 242
天下の交　238
天下の先　261
天下の式　82
天下の至堅　172
天下の至柔　172
天下の正　177
天下の大事　246
天下の貴きもの　242
天下の谷　106
天下の谿　106
天下の貞　151
天下の難事　246
天下の式　106
天下の母　94, 201
天下の万物　158
天下の牝　238
天子を立つ　241
天地相い合す　125
天地すら尚お久しき能わず　87
天地なり　87
天地に先だちて生ず　94
天地の間　19
天地の根　22
天地の始め　6
天地の能く長えにして且つ久しき所以　24
天地は不仁　19

中士道を聞く 160
冲
　道は冲 17
冲なるが若し 177
冲気以て和することを為す 167
忠臣 67
忠信の薄 145
籌策(ちゅうさく) 102
長
　官長 106
　成器の長 261
　天長 24
長じて宰せず 33, 197
長ず
　之を長ず 197
長久 174, 231
長生 24
長生久視の道 231
長短相い較る 10
長保 31
重積徳 231
朝は甚だ除る 205
朝を終えず 87
超然 99
寵を下と為す 45
寵辱に驚くが若くす 45
直
　枉なれば則ち直 82
　大直 177
直にして肆ならず 226
散らし易し 249

つ

費ゆ
　甚だ愛すれば必ず大いに費ゆ 174
勤(つか)れず
　之を用いて勤れず 22
　身を終うるまで勤れず 201
扔(つ)く
　敵無きに扔く 269
竭くるを恐る 151
慎む
　終りを慎む 249
強め行なう者は志有り 129
勤めて之を行なう 160
或(つね)に 17, 120, 167
常
　道の常 125, 141
　命に復るを常と曰う 59
　和を知るを常と曰う 214
常あるに習（襲）る 201
常に稽式を知る 255
常に事無きを以てす 187
常に自然 197
常に死を畏る 283
常に静を以て牡に勝つ 238
常に善人に与す 299
常に民をして無知無欲ならしむ 14
常に足る 180
常に幾んど成らんとするに於て之を敗る 249
常に無欲 6, 131
常に有欲 6
常に善く人を救う 102
常の心 189
常の徳 106
常の名 6
常の道 6
常を知るを明と曰う 59, 214
常を知れば容る 59
角を投ず 193
積まず
　聖人は積まず 306
蹷(つまず)くを恐る 151

民をして争わざらしむ　14
民をして死を重んじて遠く徙らざらしむ　302
民をして盗を為さざらしむ　14
民をして無知無欲ならしむ　14
民を明にす　255
保つ
　此の道を保つ者　54
　持して之を保つ　261
　長く保つ可からず　30
　不善人の保つ所　241
足らざる者は之を補う　291
足らざるを補う　291
足らざるを損して以て余り有るに奉ず　291
足らず
　信足らず　63, 87
　足らざるが若し　161
　文足らず　69
足る
　常徳乃ち足る　106
足るを知らず　180
足るを知るの足る　180
足るを知る者は富む　129
足るを知れば辱しめられず　174
孰(たれ)か敢えてせん　283
孰か此を為す者ぞ　87
孰か其の極を知らん　226
孰か其の故を知らん　279
孰か能く余り有りて以て天下に奉ずるものぞ　291
孰か能く濁りて以て之を静む　54
孰か能く安らかにして以て之を動かす　54
誰の子　17
淡乎として其れ味無し　134
湛として或に存するに似たり　17
澹として其れ海の若し　72

ち

地に法る　94
地は一を得て以て寧し　151
地は大　94
地は天に法る　94
地は久し　24
地以て寧きこと無し　151
地を善しとす　27
知
　不知　275
　無知　14, 33
知有らしむ　205
知止　125, 174
知者をして敢えて為さざらしむ　14
知常　59
知足　129, 174, 180
知足之足　180
知和　214
致詰す可からず　49
致虚　59
致柔　33
智
　人を知る者は智　129
智多きを以てなり　255
智と雖も大いに迷わん　102
智を棄つ　69
智を以て国を治む　255
智慧出でて大偽有り　67
馳騁(ちてい)　43, 172
力有り　129
力を用う　266
父
　教えの父　167
歙(ちぢ)めんと将欲す　137
中を守る　19

戦い勝つも喪礼を以て之に処る　120
戦う
　善く戦う者　266
戦えば則ち勝つ　262
建つ
　善く建つる者　209
貴きは賤しきを以て本と為す　151
貴し
　徳の貴し　197
　自ら貴しとせず　277
貴ばず
　貨を貴ばず　14, 250
　其の師を貴ばず　102
貴ぶ
　食母を貴ぶ　72
　生を貴ぶ　285
　大患を貴ぶ　45
　徳を貴ぶ　197
　左を貴ぶ　120
　右を貴ぶ　120
　道を貴ぶ　242
貴ぶに身を以てす　45
貴ぶ可からず　219
尊きを市う　241
尊し
　道の尊し　197
尊ぶ
　道を尊ぶ　197
譬う
　道の天下に在けるを譬う　125
谷
　天下の谷　106
谷の若し　54, 161
谷は一を得て以て盈つ　151
谷以て盈つること無し　151
谿(たに)
　天下の谿　106
楽しむ
　推すを楽しむ　259
　之を得るを楽しむ　87
　俗を楽しむ　302
　人を殺すを楽しむ　120
恃まず
　為して恃まず　10, 33, 197, 291
恃む
　万物之を恃む　131
玉を懐く　272
民弥いよ貧し　222
民威を畏れず　277
民自ずから化す　222
民自ずから正し　222
民自ずから富む　222
民自ずから樸なり　222
民重しとせず　258
民害とせず　259
民欠欠たり　226
民孝慈に復る　69
民之に令する莫くして自ずから均し　125
民　淳淳たり　226
民死を畏れず　283
民常に死を畏る　283
民に上たらんと欲す　258
民に先んぜんと欲す　258
民に利器多し　222
民の饑う　285
民の治め難し　255, 285
〔民の〕心をして乱れざらしむ　14
民の事に従う　249
民の死を軽んず　285
民の利は百倍　69
民は径を好む　205
民老死に至るまで　302
民を愛す　33

た

多言なれば数しば窮す　19
多少　246
多蔵　174
多難　246
兌（あな）を開く　201
兌（あな）を塞ぐ　201, 219
大
　安・平・大（泰）　134
　王も亦た大　94
　強大　288
　強いて之が名を為して大と曰う
　　94
　四大　94
　夫れ唯だ大　261
　地は大　94
　天は大　94
　名づけて大と為す可し　132
　道は大　94
大と為さず　132
大なるは莫し　180, 269
大なる者　238
大なれば曰に逝く　94
大にして不肖　261
大を其の細に為す　246
大を為さず　246
大を成す　131, 246
大威　277
大盈　177
大怨　299
大音　161
大患　45
大器　161
大偽　67
大軍　115
大巧　177
大国　238
大事　246
大順　255
大匠　283
大笑　161
大象　134, 161
大(太)上　63
大小　246
大丈夫　145
大成　177
大制　106
大直　177
大道　67, 131, 205
大費　174
大弁　177
大方　161
大迷　103
太白は辱(縟)れたるが若く　161
太牢　72
泰を去る　112
台
　九層の台　249
台に登る　72
夷(たい)らか
　大道は甚だ夷らか　205
高きは下きを以て基と為す　151
高き者は之を抑う　291
宝
　三宝　261
　善人の宝　241
宝を喪う　269
橐籥(たくやく)　19
輔く
　万物の自然を輔く　250
唯だ孤寡不穀　167
唯だ有道者のみ　291
唯だ施(迆)なるを是れ畏る　205

盗賊　69, 222
疵(そこな)うこと無からんか　33
傷なわず
神人を傷なわず　235
両つながら相い傷なわず　235
注ぐ
耳目を注ぐ　189
其の上は皦らかならず　49
其の中に象有り　79
其の中に信有り　79
其の中に精有り　79
其の中に物有り　79
其の上　税を食むことの多きを以て　285
其の鬼　神ならず　234
其の極を知る莫し　231
其の事還るを好む　115
其の之を致すは一なり　151
其の然るを知る　222
其の下は昧からず　49
其の政　察察たり　226
其の政　悶悶たり　226
其の精甚だ真　79
其の民　欠欠たり　226
其の民　淳淳たり　226
其の智多きを以てなり　255
其の次は之を侮る　63
其の次は之を畏る　63
其の次は親しみて之を誉む　63
其の手を傷つけざるもの　283
其の徳乃ち真　209
其の所を失わざる者は久し　129
其の名去らず　79
其の日固より久し　226
其の用窮まらず　177
其の用弊れず　177
其れ猶お橐籥のごときか　19
其れ猶お弓を張るがごときか　291
夫れ軽諾は　246
夫れ之に命ずる莫し　197
夫れ慈は　262
夫れ大匠に代わる　283
夫れ唯だ厭かず　277
夫れ唯だ争わず　27, 82
夫れ唯だ居らず　10
夫れ唯だ識る可からず　53
夫れ唯だ病を病とす　274
夫れ唯だ盈たず　54
夫れ唯だ道は善く貸し且つ成す　161
夫れ佳(唯)だ兵は　120
夫れ何の故ぞ　193
夫れ人を殺すを楽しむ　120
夫れ両つながら　235
夫れ亦た将に止まるを知らんとす　125
夫れ亦た将に無欲ならんとす　141
夫れ物は芸芸たり　59
夫れ両者　238
存す
身存す　24
存するが若し　22, 160
存するに似たり　17
損して益す　167
損し又た損す　186
損す
余り有る者は之を損す　291
余り有るを損す　291
之を益して損す　167
足らざるを損す　291
道を為せば日に損す　187
尊を市う　241
尊道　197

寂たり寥たり 94
拙なるが若し 177
摂す
善く生を摂する者 192
千里の行 249
川
渉川 54
川谷の江海に於けるがごとし 124
先
帝の先 17
天下の先 261
賤を以て本と為す 151
繟然(せんぜん)として善く謀る 280
前後相い随う 10
前識は道の華 145
善
斯れ不善のみ 10
之を善とす 189
上善は水の若し 27
徳 善なり 189
不善 10, 241, 306
不善なる者 189
不善人 102, 241
善と悪と 72
善と為す可けんや 299
善ならず 306
善なる者は弁ぜず 306
善なる者は吾 之を善とす 189
善の善為るを知る 10
善復た妖と為る 226
善結 103
善建 210
善言 103
善行 103
善者 115, 190, 306
善勝 280
善数 103
善戦 267
善人に与す 299
善人の資 102
善人の宝 241
善人は不善人の師 102
善抱 210
善謀 280

そ

疎にして失わず 280
素を見わし樸を抱く 69
壮なれば則ち老ゆ 115, 214
早服 231
走馬を却く 180
宗
言に宗有り 272
万物の宗 17
草木
万物草木 288
喪礼を以て之に処る 120
躁なれば則ち君を失う 99
躁君 99
躁は寒に勝つ 177
蔵す
多く蔵す 174
足
知足 129, 174, 180
知足之足 180
不足 64, 69, 87, 161, 292
不知足 180
足下に始まる 249
俗を楽しむ 302
俗人は察察たり 72
俗人は昭昭たり 72
属する所有らしむ 69
賊
国の賊 255

人を棄つ　102
物を棄つ　102
利を棄つ　69
既に
名も亦た既に有り　125
既に其の子を知る　201
既に其の母を得る　201
清む
徐ろに清む　54
鋭きを挫く　17
鋭し
揣ちて之を鋭くす　30
寸を進まずして尺を退く　269

せ

正
天下の正　177
正無し　226
正は治まるを善しとす　27
正復た奇と為る　226
正を以て国を治む　222
正言は反するが若し　295
生
長生　24, 231
人の生　193
生の徒　193, 288
生を出でて死に入る　193
生を生とするの厚き　193
生を摂する者　193
生を貴ぶ　285
生を益すを祥と曰う　214
生を以て為すこと無き者　285
生を求むることの厚きを以て　285
成
混成　94
新成　54
大成　177
晩成　161
成器の長　261
政察察たり　226
政悶悶たり　226
清静にして天下の正と為る　177
聖を絶ち智を棄つ　69
聖人　10, 24, 42, 82, 99, 102, 112, 222, 226, 246, 249, 258, 272, 277, 279, 291, 295, 299
聖人之を用う　106
聖人の智　14
聖人の道　306
聖人は常の心無し　189
聖人は積まず　306
聖人は猶お之を難しとす　279
聖人は不仁　19
聖人は病あらず　274
聖人は皆な之を孩にす　189
聖人も亦た人を傷なわず　235
精
其の中に精有り　79
其の精甚だ真　79
精の至りなり　214
静
之を静にす　54
根に帰るを静と曰う　59
清静　177
欲せずして以て静なり　141
静は躁の君　99
静は熱に勝つ　177
静を好む　222
静を守ること篤し　59
静を以て下ることを為す　238
静を以て牡に勝つ　238
税を食む　285
贅行　91
赤子に比す　214

知ること弥いよ少なし 183
知ること無し 272
知る者は言わず 219
知る者は博からず 306
識る可からず 53
臣
　忠臣 67
臣とする莫し 125
信
　言は信あるを善しとす 27
　其の中に信有り 79
　忠信の薄 145
　徳　信なり 189
信ある者は吾　之を信とす 189
信あるを善しとす 27
信寡なし 246
信足らざれば信ぜられざる有り 63, 87
信言は美ならず　美言は信ならず 306
信言は美ならず 306
神
　谷神 22
神ならず
　其の鬼　神ならず 234
神は一を得て以て霊なり 151
神　人を傷なわず 235
神以て霊なること無し 151
神器 112
真
　其の精甚だ真 79
　其の徳乃ち真 209
深根固柢 231
進道は退くが若し 160
新成 54
親
　六親 67
親無し 299
人主を佐くる者 115
仁
　上仁 145
　聖人は不仁 19
　天地は不仁 19
　徳を失いて而る後に仁あり 145
仁なるを善しとす 27
仁を失いて而る後に義あり 145
仁を絶ち義を棄つ 69
仁義有り 67
甚を去る 112
甚愛 174
甚夷 206
甚真 79

す

芻狗 19
救う
　天将に之を救わんとす 262
　身を終うるまで救われず 201
　善く人を救う 102
　善く物を救う 102
少なければ則ち得 82
少なし
　知ること弥いよ少なし 183
　私を少なくす 69
寡なし
　信寡なし 246
　欲を寡なくす 69
進む
　坐して此の道を進む 241
　寸を進まずして尺を退く 269
棄つ
　義を棄つ 69
　智を棄つ 69
　何の棄つることか之れ有らん 241

自ら生ぜず　24
道之を生ず　197
無より生ず　158
以て生ずること無し　151
有より生ず　158
有無相い生ず　10
能く長えに生ず　24
消なり　261
昭昭　72
将軍
上将軍　120
偏将軍　120
祥
生を益すを祥と曰う　214
不祥の器　120
称と為す　167
象
其の中に象有り　79
大象　134
無物の象　49
上
知って知らざるは上なり　274
大（太）上　63
上と為す　120
上義は之を為して以て為す有り　145
上士道を聞く　160
上将軍は右に居る　120
上仁は之を為して以て為す無し　145
上善は水の若し　27
上徳は谷の若し　160
上徳は徳とせず　145
上徳は無為にして以て為す無し　145
上礼は之を為して之に応ずる莫し　145
状
衆甫の状　79
無状の状　49
常
習常　201
道常　125, 141
常心　190
常足　180
常道　6
常徳　106
常無欲　6, 131
常名　6
常有欲　6
縄縄として名づく可からず　49
縄約　102
食
飲食　205
余食　91
食を甘しとす　302
食税　285
食母　72
嗇
夫れ唯だ嗇　231
嗇に若くは莫し　231
辱
寵辱　45
辱の若し　161
辱を守る　106
退く
尺を退く　269
身退く　30
退くが若し　160
知らず
博き者は知らず　306
知らずして知るは病なり　274
知りて知らざるは上なり　274
知り易し　272
知る
常を知る　214
和を知る　214

奢を去る 112
尺を退く 269
弱
柔弱 288
弱の強に勝つ 295
弱は道の用 158
主
社稷の主 295
人主 115
万乗の主 99
主と為らず 131, 269
舟輿有りと雖も之に乗る所無し 302
周行して殆れず 94
終日号いて嗄れず 214
終日行く 99
習常 201
衆人の過つ所を復す 250
衆人の悪む所に処る 27
衆人は熙熙たり 72
衆人は皆な余り有り 72
衆人は皆な以うる有り 72
衆甫の状 79
衆甫を閲ぶ 79
衆妙の門 6
襲明 103
驟雨は日を終えず 87
十に三有り 193
什伯の器 302
戎馬　郊に生ず 180
柔
天下の至柔 172
柔の剛に勝つ 295
柔を致む 33
柔を守るを強と曰う 201
柔弱
人の生まるるや柔弱 288
水より柔弱なるは莫し 295
柔弱なる者 288
柔弱は上に処る 288
柔弱は剛強に勝つ 137
柔脆 288
淳淳 226
順
大順 255
小
樸は小なり 125
小と名づく可し 131
小を大とす 246
小を見るを明と曰う 201
小国に下る 238
小国は入りて人に事えんと欲するに過ぎず 238
小国以て大国に下る 238
小国を取る 238
小国寡民 302
小鮮を烹るが若し 234
少なければ則ち得 82
少を多とす 246
少私寡欲 69
生じて辞せず 132
生じて有せず 10, 33, 197
生ず
一を得て以て生ず 151
一を生ず 166
徐ろに生ず 54
荆棘生ず 115
毫末に生ず 249
之を生じ之を畜う 33
三を生ず 166
戎馬　郊に生ず 180
天地に先だちて生ず 94
二を生ず 166
万物を生ず 166
万物草木の生ず 288

死の徒　193, 288
死を得ず　167
死を畏る　283
死を畏れず　283
死を重んず　302
死を軽んず　285
死を以て之を懼れしむ　283
死地無し　193
死地に之く　193
自然
　希言は自然　87
　万物の自然　250
　百姓皆な我を自然と謂う　64
　命ずる莫くして常に自然　197
自然に法る　94
至堅　172
至柔　172
私を少なくし欲を寡なくす　69
師
　不善人の師　102
師の処る所　115
師を貴ぶ　102
肆ならず
　直にして肆ならず　226
資を愛す　102
雌と為る　33
雌を守る　106
輜重を離れず　99
駟馬に先だつ　241
耳目を注ぐ　189
兕(じ)も其の角を投ずる所無し　193
兕虎に遇わず　193
持して之を保とす　261
持して之を盈たす　30
持し易し　249
餌
　楽と餌　134
慈
　一に曰く慈　261
慈　故に能く勇なり　261
慈を舎てて且に勇ならんとす　261
慈を以て之を衛る　262
強いて之が名を為す　94
強いて之が容を為す　53
而るを況んや人に於てをや　87
然るを知る　222
式
　稽式　255
　天下の式　82, 106
静かなるは躁がしきの君　99
静む
　濁りて以て之を静む　54
鎮むるに無名の樸を以てせんとす　141
随いて其の後を見ず　49
親しみて之を誉む　63
親しむ
　得て親しむ　219
失なれば失に同じくす　87
失に同じくする者　87
失も亦た之を得るを楽しむ　87
室の用　40
室を為る　40
質真(悳)　161
実に処る　145
数しば誉むるを致せば誉れ無し　151
固(しばら)く之を与う　137
固く之を興す　137
固く之を強くす　137
固く之を張る　137
下之有るを知る　63
下と為る　266
下に処る　288
社稷の主　295

殺を司る者有りて殺す　283
殺を司る者に代わりて殺す　283
執えて之を殺すを得　283
人を殺すことの衆し　120
人を殺すを楽しむ　120
昏昏　72
昏乱　67
根
軽きの根　99
深根固柢　231
天地の根　22
根に帰る　59
根に帰るを静と曰う　59
混じて一と為す　49
混として其れ濁の若し　54
混成　94
渾
其の心を渾にす　189

さ

左契を執る　299
左右す可し　131
坐して此の道を進むるに如かず　241
全(朘)〔さい〕作つ　214
宰す
長じて宰せず　33, 197
祭祀して輟まず　209
細たること　261
細より作る　246
綵
文綵　205
財貨　余り有り　205
割かず
大制は割かず　106
方にして割かず　226
裂くるを恐る　151
殺
敢えてするに勇なれば則ち殺　279
殺を司る者　283
察察　72, 226
躁がしきの君　99
躁がしければ則ち君を失う　99
三
十に三有り　193
三に曰く敢えて天下の先と為らず　261
三は万物を生ず　166
三を生ず　166
三公を置く　241
三十輻一轂を共にす　39
三者　49, 69
三宝　261
散ず
微なるは散じ易し　249
樸散ずれば則ち器と為る　106

し

士
善く士為る者　53, 266
子孫　以て祭祀して輟まず　207
司契　299
司殺者　283
司徹　299
四大　94
四達　33
四隣　53
死
先んぜんとすれば死す　261
死して亡びざる者は寿し　129
死するや堅強　288
死するや枯槁　288
死せず
谷神死せず　22
死に入る　193

事
其の事還るを好む 115
無事を事とす 246
無為の事 10
事有るに及ぶ 187
事遂ぐ 64
事無きを以てす 187
事に君有り 272
事に従う 249
事に道に従う者 87
事は能あるを善しとす 27
事を済す 201
事を敗ること無し 250
異なる
我独り人に異なりて食母を貴ぶ 72
異にす
名を異にす 6
既(ことごと)く以て人に与う 306
既く以て人の為にす 306
此の三者 49, 69
此の道 54, 242
此の両者 6, 255, 279
交ごも帰す 235
之に命ずる莫し 197
之を失いては驚くが若くす 45
之を得ては驚くが若くす 45
之を孩にす 189
之を易うる無きを以てなり 295
之を聴けども聞くに足らず 134
之を亭め之を毒くす 197
之を生じ之を畜う 33
之を損し又た損す 186
之を長じ之を育つ 197
之を重積徳と謂う 231
之を為さんと将欲す 112
之を美とす 120
之を不道と謂う 214
之を視れども見るに足らず 134
之を用うれども既くす可からず 134
之を養い之を覆う 197
此……に非ざるか非か 151
此を取る 43, 145, 277
此を為す者 87
此を以てす 79, 209, 222
是(これ)を争わざるの徳と謂う 266
是を玄同と謂う 219
是を玄徳と謂う 33, 197, 255
是を玄牝と謂う 22
是を惚恍と謂う 49
是を社稷の主と謂う 295
是を習常と謂う 201
是を深根固柢　長生久視の道と謂う 231
是を早服と謂う 231
是を大匠に代わりて斲ると謂う 283
是を寵辱に驚くが若くすと謂う 45
是を天下の王と謂う 295
是を天地の根と謂う 22
是を天に配すと謂う 266
是を道紀と謂う 49
是を盗夸と謂う 205
是を人の力を用うると謂う 266
是を微明と謂う 137
是を不道と謂う 115
是を無状の状　無物の象と謂う 49
是を明に襲ると謂う 102
是を命に復ると謂う 59
是を要妙と謂う 103
焉に帰す 131
斯れ悪のみ 10
斯れ不善のみ 10
殺す
敢えてするに勇なれば則ち殺す 279

　大巧　177
巧を絶ち利を棄つ　69
広徳は足らざるが若し　161
甲兵　193, 302
交
　天下の交　238
江海　125, 258
孝慈　67, 69
侯王　125, 141, 151
垢
　国の垢　295
恍
　惚恍　49
　惚たり恍たり　79
　惟れ恍　惟れ惚　79
恍たり惚たり　79
荒として其れ未だ央きず　72
郊に生ず　180
高は下を以て基と為す　151
高下相い傾く　10
曠として其れ谷の若し　54
合
　牝牡の合　214
合抱の木　249
剛に勝つ　295
剛強　138
毫末に生ず　249
嗄(こえか)れず　214
氷の将に釈けんとするが若し　53
谷
　川谷　125
　百谷の王　258
谷神死せず　22
国
　小国　238, 302
　大国　238
　隣国　302
国家昏乱して忠臣有り　67
国家滋ます昏し　222
黒を守る　106
是(ここ)を以て厭かず　277
是を以て饑う　285
是を以て治め難し　285
是を以て侯王は　151
是を以て去らず　10
是を以て死を軽んず　285
是を以て聖人の治は　14
是を以て聖人は　10, 24, 42, 82, 99, 102, 112, 183, 226, 246, 249, 250, 258, 272, 277, 279, 291, 295, 299
是を以て大丈夫は　145
是を以て徳有り　145
是を以て徳無し　145
是を以て万物は　197
是を以て病あらず　274
是を以て我を知らず　272
心
　心　気を使うを強と曰う　214
　常の心　189
　百姓の心を以て心と為す　189
　我は愚人の心なるかな　72
心は淵きを善しとす　27
心を渾にす　189
心をして発狂せしむ　42
心をして乱れざらしむ　14
心を虚しくす　14
志有り　129
志を天下に得可からず　120
志を弱くす　14
惚
　恍たり惚たり　79
　惟れ恍　惟れ惚　79
惚たり恍たり　79
惚恍　49

鶏犬の声　302
剿(けず)らず　226
蓋し聞く　193
欠欠　226
結縄　303
建言　160
建徳　161
倹
　二に曰く倹　261
倹　故に能く広し　261
倹を舎つ　261
堅
　天下の至堅　172
堅強　288
堅強なる者　288
堅強を攻むる者　295
賢を見わす　291
賢を尚ばず　14
玄と謂う　6
玄の又た玄　6
玄通　53
玄同　219
玄徳　33, 197, 255
玄牝　22
玄牝の門　22
玄覧　33
言
　希言　87
　虚言　82
　建言　160
　信言　306
　正言　295
　善言　103
　多言　19
　美言　241, 306
　不言　10
　不言の教え　10, 172
　吾が言　272
言に宗有り　272
言は信あるを善しとす　27
言を以て之に下る　258
言を貴（遺）る　63
儼として其れ客の若し　53

こ

戸を出でず　183
戸牖を鑿つ　40
古始を知る　49
夸
　盗夸　205
固柢　231
孤寡不穀　151, 167
枯槁　288
子
　誰の子　17
子を知る　201
五音　43
五色　43
五味　43
公
　容るれば乃ち公なり　59
　王公　167
　三公　241
公なれば乃ち王たり　59
孔徳の容　79
功有り　82
功遂げ身退く　30
功無し　91
功成り事遂ぐ　64
功成りて処らず　291
功成りて居らず　10
功成りて名を有せず　131
巧
　伎巧　222

強梁者は其の死を得ず　167
郷に修む　209
郷を以て郷を観る　209
徼(皦)〔きょう〕を観る　6
皦ならず　49
曲なれば則ち全し　82
極
　古の極　266
　無極　106
極を知る　226
極を知る莫し　231
清く静か　177
清し
　一を得て以て清し　151
　徐ろに清し　54
　以て清きこと無し　151
制(き)られて名有り　125
斲(き)る
　大匠に代わりて斲る　283
窮まらず
　其の用窮まらず　177
金玉　堂に満つ　30
筋柔らかし　214

く

愚
　之を愚にす　255
愚の始め　145
愚人の心　72
隅無し　161
下りて以て取る　238
下る
　言を以て之に下る　258
　小国に下る　238
　大国に下る　238
　善く之に下る　258
下ることを為す　238
口をして爽わしむ　42
屈するが若し　177
邦に修む　209
国
　大国　238
国の垢　295
国の賊　255
国の福　255
国の不祥　295
国の利器　138
国を治む　33, 222, 255
国を有つ　231
国を以て国を観る　209
倉は甚だ虚し　205
昧きが若し　160
昧し
　其の下は昧からず　49
車の用　39
君子居れば則ち左を貴ぶ　120
君子の器　120
軍
　上将軍　120
　大軍　115
　偏将軍　120
軍に入る　193

け

下
　高下　10
下を以て基と為す　151
径を好む　205
契
　左契　299
契を司る　299
荊棘生ず　115
軽諾　246
稽式　255

天下の貴　219, 242
富貴　30
貴は賤を以て本と為す　151
貴高　151
貴生　286
貴徳　197
熙熙　72
器
君子の器　119
什伯の器　302
神器　112
成器　261
大器　161
不祥の器　120
利器　138, 222
器と為る　106
器の用　40
器を為る　40
木
合抱の木　249
木強ければ則ち共（折）る　288
伎巧　222
義
上義　145
仁義　67
仁を失いて而る後に義あり　145
義を失いて而る後に礼あり　145
義を棄つ　69
聴けども聞くに足らず　134
聴けども聞こえず　49
吉事には左を尚ぶ　120
君
事に君有り　272
躁がしきの君　99
君を失う　99
客
過客　134
客と為る　269
客の若し　53
九層の台　249
久
地久　24
長久　24, 174
久視　231
歙歙（きゅうきゅう）　189
窮す
多言なれば数しば窮す　19
窮せず
其の用窮せず　177
居に安んず　302
虚
倉は甚だ虚　205
心を虚にす　14
虚にして屈きず　19
虚を致すこと極まる　59
虚言　82
凶
妄作して凶なり　59
凶事には右を尚ぶ　120
凶年　115
拱璧　241
強
或いは強或いは羸　112
堅強　288, 295
剛強　137
心　気を使うを強と曰う　214
柔を守るを強と曰う　201
其の骨を強にす　14
兵を以て天下に強ならず　115
自ら勝つ者は強　129
強なる勿し　115
強に勝つ　295
強を取る　115
強大は下に処る　288

得難きの貨　14, 42, 250
民の治め難し　255, 285
猶お之を難しとす　246, 279
形無し　161
活
敢えてせざるに勇なれば則ち活　279
褐を被て玉を懐く　272
克たざる無し　231
勝たず
兵強ければ則ち勝たず　288
勝ちて美とせず　120
勝つ
争わずして善く勝つ　280
哀しむ者勝つ　269
寒に勝つ　177
弱の強に勝つ　295
柔の剛に勝つ　295
戦い勝つ　120
戦えば則ち勝つ　262
敵に勝つ者　266
柔弱は剛強に勝つ　137
熱に勝つ　177
牡に勝つ　238
自ら勝つ　129
哀しむ者勝つ　269
兼ね畜わんと欲す　238
上　税を食むことの多し　285
上たらんと欲す　258
上に処る　258, 288
上の為す有るを以て　285
偸(かりそめ)なるが若し　161
軽きの根　99
軽がろしくす　99
彼を去てて此を取る　42, 145, 277
川を渉る　53
代わる
殺を司る者に代わる　283
大匠に代わる　283
渝(か)わるが若し　161
甘露を降す　125
官長と為す　106
寒
躁は寒に勝つ　177
関鍵　102
渙として氷の将に釈けんとするが若し　53
含徳　214
頑にして鄙　72

き

気
冲気　167
気を使う　214
気を専らにす　33
希
名づけて希と曰う　49
希言は自然なり　87
希声　161
忌諱　222
奇と為る　226
奇を為す者　283
奇を以て兵を用う　222
奇物滋ます起こる　222
虺蛇(きだ)　214
鬼　神ならず　234
帰
復帰　49, 106, 201
帰す
交ごも帰す　235
焉に帰す　131
誠に全くして之を帰す　82
帰する所無し　72
貴

居らず　10, 145
居る
　其の一に居る　94
　左に居る　120
　右に居る　120
居る所に狎るること無し　277
居るには地を善しとす　27
居れば則ち左を貴ぶ　120
終りを慎むこと始めの如し　249
音
　五音　42
音声相い和す　10

か

下
　足下　249
下士道を聞く　160
下徳は之を為して以て為す有り　145
下徳は徳を失わざらんとす　145
下流　238
化して欲作る　141
化す
　自ずから化す　141, 222
華
　道の華　145
華に居らず　145
貨
　得難きの貨　14, 42, 250
　財貨　205
　身と貨と孰れか多れる　174
過客　止まる　134
瑕讁　102
寡
　孤寡不穀　151, 167
寡民　302
寡欲　69
介然として知有らしむ　205
恢恢　280
開闔　33
孩
　之を孩にす　189
　未孩　72
害
　或いは利或いは害　279
害あらず　134
害とせず　259
害す可からず　219
害せず
　利して害せず　306
反る
　遠ければ曰に反る　94
帰す
　誠に全くして之を帰す　82
帰る
　根に帰る　59
復す
　過つ所を復す　250
復る
　孝慈に復る　69
　命に復る　59
復るを観る　59
還るを好む　115
耀かさず
　光ありて耀かさず　226
攫鳥も搏たず　213
欠けたるが若し　177
学を絶てば憂い無し　72
学を為せば日に益す　186
楽と餌　134
隠れて名無し　161
重ねて徳を積む　231
難きこと多し　246
難きこと無し　246
難し

行なう莫し　272, 295
驕る
富貴にして驕る　30
驕る勿し　115
治まらざるは無し　14
治まるを善しとす　27
治む
未だ乱れざるに治む　249
国を治む　33, 222, 255
大国を治む　234
人を治む　231
治め難し　255, 285
修む
家に修む　209
郷に修む　209
邦に修む　209
天下に修む　209
身に修む　209
教う
人の教うる所　167
不言の教え　10, 172
我も亦た之を教えん　167
教えの父　167
推すを楽しむ　259
畏る
威を畏る　277
死を畏る　283
其の次は之を畏る　63
人の畏るる所　72
施(迆)なるを是れ畏る　205
畏れざる可からず　72
懼る
死を以て之を懼れしむ　283
驚くが若くす　45
同じく出でて名を異にす　6
同じく之を玄と謂う　6
同じくす
失に同じくす　87
徳に同じくす　87
道に同じくす　87
塵れを同じくす　17, 219
各おの其の根に帰る　59
各おの其の欲する所を得　238
自ずから化す　141, 222
自ずから来たる　280
自ずから定まる　141
自ずから正し　222
自ずから富む　222
自ずから均し　125
自ずから賓す　125
自ずから樸なり　222
己れ愈いよ有り　306
己れ愈いよ多し　306
重きは軽きの根為り　99
重し
民重しとせず　258
重んず
死を重んず　302
徐ろに生ず　54
徐ろに清む　54
老ゆ
壮なれば則ち老ゆ　214
物壮なれば則ち老ゆ　115, 214
処らず　91, 120, 291
処る
上に処る　257, 288
師の処る所　115
下に処る　288
喪礼を以て之に処る　120
其の厚きに処る　145
其の実に処る　145
悪む所に処る　27
前に処る　259
無為の事に処る　10

得難きの貨　14, 42, 250
得ざるを見る　112
得ず
　摶てども得ず　49
　死を得ず　167
　已むことを得ず　115
　已むを得ずして之を用う　120
得て賤しむ可からず　219
得て疎んず可からず　219
得て害す可からず　219
得て親しむ可からず　219
得て貴ぶ可からず　219
得て利す可からず　219
得る
　一を得　151
　志を天下に得　121
　少なければ則ち得　82
　執えて之を殺すを得　283
　欲する所を得　238
　求めて以て得らる　242
得るを楽しむ　87
得んと欲す　180
怨
　大怨　299
　余怨　299
淵として万物の宗に似たり　17
燕処して超然たり　99

お

王
　天下の王　295
　百谷の王　258
王　其の一に居る　94
王なれば乃ち天なり　59
王も亦た大　94
王公は以て称と為す　167
応ず
　善く応ず　280
応ずる莫し　145
往来　303
枉なれば則ち直し　82
奥
　万物の奥　241
終う
　朝を終えず　87
　日を終えず　87
　身を終う　201
大いに之を笑う　160
大いに費ゆ　174
大いに迷う　102
覆う
　之を養い之を覆う　197
多く有り　222
多く蔵すれば必ず厚く亡う　174
多ければ則ち惑う　82
多し
　愈いよ多し　306
　難きこと多し　246
　忌諱多し　222
　伎巧多し　222
　税を食むことの多し　285
　智多し　255
　易しとすること多し　246
　利器多し　222
正(おきて)は治まるを善しとす　27
補う
　足らざる者は之を補う　291
　足らざるを補う　291
行ない易し　272
行ないをして妨げしむ　42
行なう
　強め行なう　129
　勤めて之を行なう　160
　不言の教えを行なう　10

入りて人に事う 238
入る
　死に入る 193
　無間に入る 172
容る
　常を知れば容る 59
　刃を容る 193
容るれば乃ち公なり 59
陰を負うて陽を抱く 166
飲食に厭く 205

う

饑う
　是を以て饑う 285
　民の饑う 285
上は皦らかならず 49
魚は淵より脱る可からず 137
受く
　国の垢を受く 295
　国の不祥を受く 295
発くを恐る 151
動いて死地に之く 193
動かす
　以て之を動かす 54
動きて愈いよ出づ 19
動くには時なるを善しとす 27
失いては驚くが若くす 45
失う
　君を失う 99
　義を失う 145
　仁を失う 145
　徳を失う 145
　執る者は之を失う 112, 249
　本を失う 99
失うこと無し 249
失わず
　疎にして失わず 280
　其の所を失わず 129
　徳を失わざらんとす 145
喪う
　吾が宝を喪う 269
薄きに居らず 145
揣(う)ちて之を鋭くす 30
搏たず
　攫鳥も搏たず 214
搏てども得ず 49
器の用 40
器を為る 40
臂(うで)無きに攘う 269
臂を攘う 145
奪わんと将欲す 137
生まるるや柔弱 288
海の若し 72
怨みに報ゆるに徳を以てす 246
患い
　吾　何の患いか有らん 45
憂い無し 72
芸芸 59

え

栄を知る 106
栄観有りと雖も 99
営魄に載りて一を抱く 33
鋭を挫く 17, 219
嬰児たらんか 33
嬰児に復帰す 106
嬰児の未だ孩わざるが如し 72
益
　無為の益 172
益して損す 167
益す
　生を益す 214
　損して益す 167
　日に益す 186

夷道は纇れたるが若し 160
易
難易 10
易に図る 246
易より作る 246
威
大威 277
威を畏れず 277
唯と阿と 72
言う者は知らず 219
言えること有り 269
言わず
知る者は言わず 219
言わずして善く応ず 280
家に修む 209
家を以て家を観る 209
活かす
敢えてせざるに勇なれば則ち活
279
怒らず 266
奈何ぞ死を以て之を懼れしめん 283
奈何ぞ万乗の主にして 99
域中に四大有り 94
勢い之に成る 197
生くる所に厭くこと無し 277
石の如し 151
孰れか病いある 174
孰れか親しき 174
孰れか多れる 174
抱く
一を抱く 33, 82
樸を抱く 69
陽を抱く 167
善く抱く者 209
保(いだ)く
此の道を保く者 54
懐く
玉を懐く 272
致す
之を致すは一なり 151
一と為す 49
一に曰く慈 261
一に居る 94
一は二を生ず 166
一を抱く 33, 82
一を得 151
一を生ず 166
一轂 40
出づ
愈いよ出づ 19
同じく出づ 6
口に出づ 134
戸を出でず 183
生を出づ 193
智慧出づ 67
出づること弥いよ遠し 183
古の所謂る 82
古の極 266
古の此の道を貴ぶ所以の者 242
古の道を執りて以て 49
古の善く士為る者は 53
古の善く道を為す者 255
古自り今に及ぶまで 79
寿(いのちなが)し
死して亡びざる者は寿し 129
今 慈を舎つ 261
今に及ぶ 79
今の有を御む 49
未だ有らざるに為す 249
未だ兆さず 72, 249
未だ央きず 72
未だ牝牡の合を知らず 214
未だ乱れざるに治む 249
未だ孩わず 72

敢えて天下の先と為らず　261
敢えて為さざらしむ　14
敢えて為さず　250
敢えて以て強を取らず　115
明らか
　自ら見わさず故に明らかなり　82
皦(あき)らか
　其の上は皦らかならず　49
悪
　斯れ悪のみ　10
　善と悪と　72
厭く　205
厭くこと無し　277
字して道と曰う　94
味無し　134
厚きに処る　145
厚く亡う　174
厚し
　生を生とするの厚き　193
　生を求むることの厚きを以て　285
　徳を含むことの厚き　214
侮る
　其の次は之を侮る　63
豈に虚言ならんや　82
普し
　其の徳乃ち普し　209
余り有り
　財貨　余り有り　205
　衆人は皆な余り有り　72
余り有りて以て天下に奉ず　291
余り有るに奉ず　291
余り有る者は之を損す　291
余り有るを損して足らざるを補う　291
余る
　其の徳乃ち余る　209
殆うからざる所以　125
殆うからず　59, 174, 201
樸(あらき)
　敦として其れ樸の若し　53
争う莫し　82, 259
争わざるの徳　266
争わざるを以て故に　259
争わず
　夫れ唯だ争わず　27
　夫れ惟だ争わず　82
　民をして争わざらしむ　14
　為して争わず　306
　万物を利して争わず　27
争わずして善く勝つ　280
新た
　敝るれば則ち新た　82
新たに成る　54
有り
　言えること有り　269
　愈いよ有り　306
　多く有り　222
　之れ有り　160
有ること希なり　283
有るを知る　63
存るが若く亡きが若し　160
或いは行き或いは随う　112
或いは挫け或いは隳つ　112
或いは下りて以て取り或いは下くして而も取る　238
或いは強く或いは羸し　112
或いは歔き或いは吹く　112
或いは利或いは害　279
安・平・大（泰）　134

い

衣養　131
夷
　名づけて夷と曰う　49

語句索引

1　収録対象を原文及び訓読文とし、原文からは代表的な熟語を抽出した。熟語とは、例えば訓読「常の道」に対する「常道」である。さらに、重要項目には親項目の下に子項目を立てた。例えば、「道」の下に「常道」「天道」「有道」等をまとめた。また、別の訓み方をも項目に立て、利用者の便を図った。例えば、本書の訓読「光を和らぐ」に対する「光を和す」である。

2　漢字の音読みは原則として漢音によったが（例えば「一」はイツ）、「世」（セ・セイ）、「六」（リク・ロク）等は二音にわけた。なお、促音便は避け、例えば、「欲求」はヨッキュウではなくヨクキュウで採った。

3　配列は原則として、第一字の漢字の、現代仮名遣いによる音読み、ついで訓読みの五十音順とし、清音の次に同音の濁音を配した。同音・同訓の場合は画数順、同画の場合は部首順（「新字源」による）とし、第二字以下もこれに順じた。なお、動詞等の活用語は基本的には終止形によって配列した。

あ

阿　72
哀悲を以て之に泣（涖）む　120
愛す
　其の資を愛す　102
　民を愛す　33
　甚だ愛すれば必ず大いに費ゆ　174
　自ら愛す　277
愛するに身を以てして天下を為む　45
相い往来せず　302
相い較（形）る　10
相い傾く　10
相い合す　125
相い聞こゆ　302
相い加う　269
相い去ること何若　72
相い去ること幾何ぞ　72
相い随う　10
相い生ず　10
相い傷なわず　235
相い成す　10
相い望む　302
相い和す　10
敢えて主と為らずして客と為る　269
敢えてするに勇なれば則ち殺　277
敢えて寸を進まずして尺を退く　269
敢えてせざるに勇なれば則ち活　279

ちくま学芸文庫

老子《ろうし》

二〇一三年一月十日　第一刷発行
二〇二〇年十二月五日　第三刷発行

著者　福永光司（ふくなが・みつじ）
発行者　喜入冬子
発行所　株式会社　筑摩書房
東京都台東区蔵前二―五―三　〒一一一―八七五五
電話番号　〇三―五六八七―二六〇一（代表）

装幀者　安野光雅
印刷所　大日本法令印刷株式会社
製本所　株式会社積信堂

ISBN978-4-480-09513-8 C0114